农业科技与政策案例集

刘 迪 主编

中国农业大学出版社
· 北京 ·

内容简介

本书共十一章(含绪论),重点介绍农业科技特派员案例、农村合作社案例、农业技术推广站案例、农村环境政策案例、农村新型合作医疗案例、农产品流通政策案例、农村土地政策案例、提高农民收入案例、科技小院案例、美丽乡村建设案例。案例内容深入浅出,有助于学生理论联系实际,提高自身的分析和解决问题的能力,是一本体现案例成果的教材。

本教材适合于综合大学、农林院校硕士研究生的案例教学,同时也可供从事农业方面的科研工作者参考。

图书在版编目(CIP)数据

农业科技与政策案例集/刘迪主编.--北京:中国农业大学出版社,2023.12

ISBN 978-7-5655-3130-9

Ⅰ.①农… Ⅱ.①刘… Ⅲ.①农业技术-科技政策-中国-研究生-教材 Ⅳ.①F323.3

中国国家版本馆 CIP 数据核字(2023)第 245703 号

书　　名 农业科技与政策案例集
Nongye Keji yu Zhengce Anli Ji

作　　者 刘　迪　主编

策划编辑 杜　琴　　**责任编辑** 杜　琴
封面设计 李尘工作室
出版发行 中国农业大学出版社
社　　址 北京市海淀区圆明园西路 2 号　　**邮政编码** 100193
电　　话 发行部 010-62733489,1190　　读者服务部 010-62732336
编辑部 010-62732617,2618　　出　版　部 010-62733440
网　　址 http://www.caupress.cn　　**E-mail** cbsszs@cau.edu.cn
经　　销 新华书店
印　　刷 河北虎彩印刷有限公司
版　　次 2023 年 12 月第 1 版　　2023 年 12 月第 1 次印刷
规　　格 185 mm×260 mm　　16 开本　　10.75 印张　　261 千字
定　　价 39.00 元

编审人员

主　编　刘　迪（延边大学）

参　编　（按姓氏拼音排序）

曹天旭（长江师范学院）

程　明（吉林益隆长白山实业有限公司）

侯立娟（江苏省农业科学院）

李文海（延边绿品源农林科技有限公司）

梁运江（延边大学）

孙成忠（吉林桑黄生物科技集团有限公司）

孙　森（汪清桃源小木耳实业有限公司）

周会明（滇西科技师范学院）

周丽洁（延边特色产业发展中心）

宗成文（延边大学）

主　审　杨兴龙（吉林农业大学）

前　言

案例(Case)是具体情境下发生的典型事件。案例教学方法(Case Method)是通过模拟或者重现现实生活中的正面的以及反面的一些场景，让学生把自己融入案例中，通过了解、讨论或研讨，从而进行换位思考、投入其中的教学方法。它是一种理论联系实际的、启发式的、教学相长的教学过程，该教学方法可以使学生的认知行为更深入、高效，有利于提高教学质量、提高教学效率，更好地达到教学目标。

本教材是典型案例教学理念融入"农业科技与政策"教学活动的成果。"农业科技与政策"是农业硕士专业学位农艺与种业领域的主干课，更是一门实践性和应用性很强的社会科学专业必修课。我国在农业发展过程中，从中央到地方都制定了大量的农业科技政策，有许多成功的经验，也有许多失败的教训，大量的案例亟须整理和总结，教师和学生在收集、整理、分析案例的基础上，经过分享展示和教师的点评，最终根据不同方向(农业科技特派员、农村合作社、农业技术推广站、农村环境政策、农村新型合作医疗、农产品流通政策、农村土地政策、提高农民收入、科技小院、美丽乡村建设等)形成案例成果。本教材即为这些成果的汇总。在专业学位的硕士研究生教学中使用该案例成果效果较好。专业学位是相对于学术型学位而言的学位类型，其目的是培养具有扎实理论基础，以专业实践为导向，重视实践和应用，符合实际工作需要的应用型高层次专门人才。党的二十大报告指出，教育、科技、人才是全面建设社会主义现代化国家的基础性、战略性支撑。农艺与种业领域农业硕士是与该领域任职资格相联系的专业学位，主要为农艺与种业领域技术研究、应用、开发及推广，农村发展和农业教育等企事业单位和管理部门培养应用型、复合型高层次人才。积极挖掘专业课实践环节中的典型案例，有利于推进农艺与种业硕士研究生"农业科技与政策"教学顺利开展；有利于农艺与种业硕士研究生进一步深入研究科教兴农的典型案例，为农业、农村和农民提供更优质的服务；有利于构建高校、农艺与种业硕士教学实习基地两方沟通平台，共同研究，共助农村教育事业的发展。

通过对本教材的学习，学生对我国现行的农业科技与政策会有一个全面的认识和整体把握，从而培养其构建农业科技与政策知识体系的系统化思维能力。因此，以农业科技和解决"三农"问题的重要政策案例为基础选取案例素材，开展"农业科技与政策"教学(学习和考核)，培养农艺与种业专业研究生实践创新思维和解决科教兴农实际问题的能力。

在教材编写过程中，吉林农业大学杨兴龙教授对全书的内容提出了指导性意见，农艺与种业专业的研究生参与了案例的整理工作，在此一并表示感谢。由于时间较短，专业知识水平有限，书中难免有疏漏之处，恳请专家、读者批评指正，以进一步提高教学案例水平。

编　者

2023 年 8 月

目　录

第一章
绪 论

党的十九届五中全会审议通过的《中共中央关于制定国民经济和社会发展第十四个五年规划和二〇三五年远景目标的建议》，对新发展阶段优先发展农业农村、全面推进乡村振兴作出总体部署，为做好当前和今后一个时期“三农”工作指明了方向。

2023年中央一号文件提出，要立足国情农情，体现中国特色，建设科技装备强、经营体系强、产业韧性强、竞争能力强的农业强国。文件还指出，坚持和加强党对“三农”工作的全面领导，坚持农业农村优先发展，强化科技创新和制度创新，坚决守牢确保粮食安全，防止规模性返贫等底线，扎实推进乡村发展、乡村建设、乡村治理等重要工作，加快建设农业强国，建设宜居宜业和美丽乡村，为全面建设社会主义现代化国家开好局、起好步打下坚实基础。

党的二十大报告中指出，全面建设社会主义现代化国家，最艰巨最繁重的任务仍然在农村。坚持农业农村优先发展，坚持城乡融合发展，畅通城乡要素流动。加快建设农业强国，扎实推动乡村产业、人才、文化、生态、组织振兴。全方位夯实粮食安全根基，全面落实粮食安全党政同责，牢牢守住十八亿亩耕地红线，逐步把永久基本农田全部建成高标准农田，深入实施种业振兴行动，强化农业科技和装备支撑，健全种粮农民收益保障机制和主产区利益补偿机制，确保中国人的饭碗牢牢端在自己手中。树立大食物观，发展设施农业，构建多元化食物供给体系。发展乡村特色产业，拓宽农民增收致富渠道。统筹乡村基础设施和公共服务布局，建设宜居宜业和美乡村。巩固和完善农村基本经营制度，发展新型农村集体经济，发展新型农业经营主体和社会化服务，发展农业适度规模经营。深化农村土地制度改革，赋予农民更加充分的财产权益。完善农业支持保护制度，健全农村金融服务体系。

“农业科技与政策”这门课程是面向农业硕士农艺与种业领域专业研究生开设的专业必修课程，本着传授现代农业科技发展和现行农业政策基本知识的教学理念，通过两条思维主线：一条沿着农业科技进步促进农业现代化进程展开；另一条是研究我国农业、农民和农村问题的影响和成因，结合实际进行案例分析教学，目的在于通过本课程的学习，学生系统地了解农业科技发展趋势、农业技术创新重要意义、农业政策制定与执行以及我国解决“三农”问题的重要政策，了解我国农业发展过程中存在的主要问题，学会运用农业技术创新和政策手段研究和解决农业生产中存在的实际问题。本书包含10个方向16个案例。

(1)农业科技特派员案例　以科技特派员机制的发源地南平市为例，剖析科技特派员形成历史背景、工作特点，新时期我国在推动科技特派员机制创新发展中产生的问题与成因，以及南平市政府在面对新挑战和克服困难的过程中采取的一些创造性措施。以浙江省科技特派员制度的实施为主要研究对象，归纳总结科技特派员制度在浙江省的实施历程与现状，分析科技特派员制度“浙江模式”的优缺点和原因，并提出对于科技特派员制度转型升级的思考与见解。该案例教学旨在使学习者了解科技特派员制度是一项旨在解决乡村人才和科技瓶颈的重大举措，面对新形势新要求，是全面推进乡村振兴、推动高质量发展、促进共同富裕的有效实践途径；是坚持人才下沉、科技下乡，大量适用人才、技术直接对接“三农”、服务“三农”，创新适合“三农”发展的人才供给模式和科技“双创”机制。

（2）农村合作社案例　主要围绕农村合作社的现实意义、合作社的探索、发展现状以及农村合作社对策展开分析。农村合作社的主要目的是加强农业组织，维护农民利益，增加农民收入。在农村合作经营模块下，可以有效地加强对新型农民的培训，这将有助于中国农业产业的现代化和农业的发展。该案例教学旨在使学习者懂得建立农村合作社要以市场为导向，以效益为中心，依靠龙头企业的带动作用，形成龙头企业带基地连农户的农业发展格局，把分散经营的农户通过合作社的形式组织起来，提高农业生产的集约化和规模化生产。

（3）农业技术推广站案例　主要阐述农业技术推广在种植业中的重要性，介绍农业技术推广的相关内容。以南阳市农业技术推广站为例，介绍当地粮食作物的病虫害防治技术、种植实用技术以及农技服务等相关内容，提出促进南阳市农业技术推广应用的有效方法，依据我国现在农业方面的发展情况，对相关应用技术进行具体研究。以北京市农业技术推广站为例，分析“科技引领农业现代化发展”的可行性，总结国内外农业现代化发展的经验，运用农技推广相关理论，得到加强农技推广现代化发展的策略。该案例教学旨在使学习者理解农业技术推广站是直接对农民负责的，它的主要功能是推广新技术、新产品，指导农民使用新型农技，为增加农民收入、发展农业生产、振兴农村经济服务。

（4）农村环境政策案例　主要围绕秸秆利用的正面和反面案例深入研究和剖析目前的农作物秸秆的综合利用状况和面临的困难，对固安县康益园食用菌发展公司采用大田秸秆种植食用菌的实践加以研究，进而提出合理使用秸秆杂物的对策措施，对促进和实现秸秆的利用性质，实现秸秆的经济、环保性和社会效益三者合一具有重要的现实意义。讨论白洋淀地区的农村环境政策，并通过对供应与需求的分析来探讨如何构建有效的乡村环境政策，并提出一些可能的解决方案来确保乡村环境得到有效改善，为建立适合白洋淀流域农村环境治理的长效机制提供可靠建议。该案例教学旨在使学习者理解农村环境保护政策的重要性，明白该政策是农村环境保护行动的重要依据和引导，也是指导农村环境保护的重要途径。

（5）农村新型合作医疗案例　主要介绍农村新型合作医疗含义，合作医疗的发展历史，简单分析农村新型合作医疗的制度优势，针对性叙述其对于国家可持续发展战略起到的作用，等等。以河南省信阳市为例，运用前人的评价指标体系对其进行评价，从评价的结果上简单探讨信阳市新农合发展中存在的问题，并分析原因，针对性地提出合理对策。该案例教学旨在使学习者通过对信阳市新农合制度实施效果的实证分析，评价新农合发展的现状，发现其中存在的问题，进而探索问题出现的原因，并根据原因提出可行的对策。这对于完善我国农村医疗保障体系有一定的意义，同时，也能够在一定程度上充实我国新农村合作医疗研究的素材。

（6）农产品流通政策案例　围绕农产品流通体系发展现状，农产品批发市场的提升转型，进一步完善农产品流通体系，大力发展农业生产经营主体，发挥政府的宏观调控功能，健全和完善现代农产品流通体系，实现农业产业化、现代化经营的必然需要。该案例教学旨在使学习者懂得如何发展多元化的农产品市场，构建现代化的农产品流通方式，扩大农业消费，提升农产品流通效率。

（7）农村土地政策案例　围绕着农村土地改革历程、农村土地改革对发展农村经济的影响。选用陕西省榆林市榆阳区赵家峁村和山东省阳信县以及安顺市平坝区飞虎山生态农业观光园为例，介绍土地改革的具体政策和相关措施。该案例教学旨在使学习者充分认识农村土地制度改革对于加快农业现代化、推动城市化、提高国民经济运行质量、改善国民居住形态等方面具有重大意义。

（8）提高农民收入案例　介绍吉林省大安市、前郭县哈拉毛都镇、伊通满族自治县、通榆县、汪清县、和龙市、长春市双阳区鹿乡镇鹿乡村、白山市、永吉县等九个地区，2022 年增加农民收入的具体措施与不同做法。以衡阳县为例，介绍提高农民收入主要措施、成效及经验，阐明提高农民收入对于国民经济增长的重要性。该案例教学旨在使学习者深入理解增加农民收入是当前我国农村工作的首要任务，充分认识农业是基础产业，它的发展水平不仅决定着农民收入能否持续增长，也决定着我国国民经济能不能持续增长。

（9）科技小院案例　围绕布拖县马铃薯产业中存在的问题，依托布拖马铃薯科技小院，针对性地设计试验方案，制定相关的培训计划，通过散户进行小范围的示范试验，依靠公司进行大规模的生产示范，经由政府推广，取得了很好的推广效果，可有效促进农民脱贫增收。该案例教学旨在使学习者懂得科技小院的建立能够形成特有的人才培养体系，通过科技小院的培训示范工作，培养本地的农业人才，带动更多的人参与“三农”工作，也让学生了解农村农业发展的趋势，顺应农村发展规律，培养农业情怀，开阔眼界，大大提高综合素质。

（10）美丽乡村建设案例　以武隆仙女山荆竹村归原小镇为例，着力阐明美丽乡村建设的积极意义、具体措施及常见模式。该案例教学旨在帮助学习者了解农村环境污染、生态破坏、基础设施落后等突出问题，严重制约农村的发展和农民生活水平的提高。为了解决这些问题，我国提出了推进美丽乡村建设的战略目标，旨在通过一系列措施打造宜居、宜业和宜游的美丽乡村。

第二章
农业科技特派员案例

案例一：科技特派员制度的开端——福建省南平市

摘要：科技特派员机制源自南平、兴于福建，是由习近平总书记亲自指示创立、总结提高和促进，并开展新的农业工作机制的探索。为加大国家对现代农业的科学技术扶持，有效推动中国农村地区的新型社会主义建设，健全当前的农业科技推广体制，进一步提高农业转化率和科学技术贡献率提供政策性建议。本案例以科技特派员机制的发源地南平市为例，剖析科技特派员形成历史背景、工作特点，新时期我国在推动科技特派员机制创新发展中产生的问题与成因，以及南平市政府在面对新挑战和克服困难的过程中采取的一些创造性措施。

科技特派员制度是一种旨在解决新时代农业、农村和农民问题的创新方法，经过多年的实践探索，该制度已经逐渐成熟。党的十九大报告强调，要不断发挥科技人才在支撑农业发展方面的作用，加强科技创新，推动农业发展。1999 年，福建省南平市率先推出科技特派员制度，这是我国科技特派员制度的开端。习近平总书记在福建工作期间，对南平科技特派员工作给予充分肯定，总结推广“高位嫁接、重心下移”的农村工作机制，科技特派员制度在地方实践后即在全国范围内推广实施。

创新是推动发展的关键因素。在福建工作期间，习近平总书记高度重视科技创新，并亲自指导和推动科技特派员制度的建立和完善。1999 年，南平市首次建立了科技特派员制度；2002 年，时任福建省省长的习近平在对南平市向农村选派干部的工作进行专题调研后，在《求是》刊文《努力创新农村工作机制——福建省南平市向农村选派干部的调查与思考》，指出南平市的这种做法是对新形势下农村工作机制的创新；此后科技特派员制度在全国推行。进入新时代，在全国各地推进科技特派员制度创新产生了一些新问题，如选派机制创新不足、管理机制不够完善、科技特派员服务水平有待提升、供需双方沟通有待增强等，导致科技特派员不能最大限度发挥服务成效。南平市也面临这样的挑战与问题，但在应对挑战和克服困难过程中实施的一些创新性做法，在选派机制、管理机制、运作机制等方面取得了一定的成效，或许可以被其他地方借鉴。

一、科技特派员制度产生的背景

长期以来，农业技术推广机构按照“条条管理”的模式设置，在市场经济发展和科技需求的新形势下，分为不同的部门，如农业、畜牧业、农业机械、水产品和林业。农业往往是多样化和多层次的，尤其是对于“小农”来说，他们需要不同的行业、产品与生产技术的连接。因此，市场经济体系下的技术服务不符合农民在市场经济体系下的“多工业区域综合技术服务”要求。而且，“农科教”分离也是长期以来存在的问题，农业技术推广部门、农业科研部门、教育部门一直都存在着各自为政的倾向，严重阻碍农业技术进步，使得长期以来我国农业技术的转化率和农业的科技进步贡献率一直在 40%左右的较低水平。因此，如何改革现有的农业技术推广模式，调动科研人员的积极性以有效满足市场经济条件下兼业小农的多样化技术需求、加快新世纪现代农业的建设步伐成为一个亟待解决的重要问题。

随着市场经济体制的推进，自 1990 年代以来，农产品市场从卖家到买家，农产品质量低、品质差的缺点开始显现，几乎各种农林产品都程度不同地出现了销售难的问题，农民收入也随之迅速下滑，1998 年，南平市农民收入的增长速度为 0.2%，有的地方甚至是负增长，严重影响了农民的生产热情，遏制了农村经济的发展。而在接下来的结构调整过程中，新技术的推广又成为最大的制约因素之一。为了走出困境，1999 年，南平市率先成为科技特派员制度的试点，力图在农业实用技术供给和需求之间搭建一个桥梁，利用现代的农业生产技术去改变原来单一粮林的农村经济结构，同时提高产品的质量和品质，改变粗放型的生产模式和大众化的产品结构。实践表明，通过在乡村传播现代生产技术，提高农民的素质，改变农民的生产方式，不仅促进了农村经济的发展，还提高了农村地区的文明水平、民主和法律意识。经过 6 年的试点和摸索，南平科技特派员制度取得了显著成果。科技对农业的贡献率从 40%上升到 50%，农产品销售比例从 50%上升到 75%。有科技特派员的地方农民收入年均增长 11.5%，有些甚至高达 20%。从 2001 年开始，南平市农民收入平均增幅在 5%以上，有效地提高了农民的收入，促进了农村经济的发展。因此，南平市科技特派员制度的实施为探索新时期的农业技术扩展提供了有益参考。

二、科技特派员的制度特征和运行规则

作为满足农民科技需求的体制安排，科技特派员制度通过建立利益共同体和在科技特派员之间组建联合经济实体来应对市场竞争。农民们充分利用各种生产要素的结合进行生产，这样，不仅使广大科技人员的科学技术知识产生了物质回报，调动了相关科研人员的工作积极性，还适应了农户风险规避的特性，加快了技术扩散的速度和幅度。

（一）通过“双向选择”的方式，将南平市相关科研机构的科技人员以科技特派员的身份“下派驻村”，并签订相应的科技特派员服务合约

为了满足农民的技术需求，充分发挥科技人员的专业技能，南平市在选择科技特派员时采用了“双向选择”的方法。首先，调查相关科技干部，并按专业对其进行分类。同时，在信息网站和公告栏发布科技特派员相关资料和信息。其次，调查南平市农村地区的产业结构和产品

结构，以此确定当地的主要技术需求。在此基础上，通过签订相关合约的方式，一方面，利用下派的方式，直接将科技特派员下派到能发挥其特长的相关村庄；另一方面，通过网站和公告栏对相关技术特派员相关资料的公布，利用单个特派员与相关村、农业企业、专业大户直接联系、洽谈的方式，实现科技特派员与相关技术需求者的对接。

(二)通过鼓励各种有偿服务模式，利用“利益共同体”的方式让科技特派员在乡村“扎下根”

利用“双向选择”的方式将科技特派员“下派驻村”之后，为了让科技特派员在农村“扎下根”，除了财政补贴之外，政府还鼓励通过技术、管理、资本投资等方式，通过签订技术合同、有偿服务和其他方式，与农民组建利益共同体。其中，有偿服务模式主要有承包型、技术入股型、实体创业型等三种，这三种有偿模式基本上都是和农户结成“利益共同体”，通过与农户的直接接触，向农民传递先进的生产技术，实现技术供需的结合；此外，通过各种有偿服务模式，还可以对其他对新技术采取观望态度的农户起到示范的作用，引导其采纳先进技术。对于科技特派员来说，有偿服务模式还可以增加其自身的收益，实现自身的价值，调动其下乡的积极性。

(三)利用创造了双重指挥链的矩阵结构。既有效发挥了科技特派员个人的专业特长，又有效发挥了团体优势

在市场经济体系框架内，随着农村经济的发展和产业结构的调整，农户对农业技术的需求也趋向复杂化、多样化，单一的“条条管理”已经不能有效满足农户的技术需求，必须对传统的农业技术推广体制和管理结构进行改革。尤其是对于科技特派员，由于其负责的是一个村庄或者是几个村庄，在村庄这个地域范围内，产业类型、产品结构、技术结构日益趋向多样化，随着技术的专业化不断加强，单个技术特派员根本无法有效提供一个村庄内全体村民所需要的全部技术。经济发展的大环境和村庄内部产业结构的多样化都要求对以前的技术推广模式和管理结构进行大规模的变革。

长期以来，我国的技术推广结构大体上属于职能型的管理结构，在专业化的基础上，分别设置相关的推广结构。为了满足农户综合性的技术服务需求，南平市打破技术专业化的机构设置模式，按照行业，将相关科技人员分成了畜牧、兽医、果树、茶叶、水产业等类型，所有专员加入适当的技术行业服务团队。在这种矩阵型的管理模式下，每个科技特派员既要听从原来单位的安排，又要听从所属的行业科技服务组的安排。这样不仅可以对科技特派员进行专业化管理，促进科技人员技术交流和技术水平的提高；还可以按照行业进行统一管理，发挥团队优势，满足农户的各种技术需求。

(四)在保证农户生产经营自主权的前提下，利用“典型示范”的方式逐步引导农户采纳先进的生产技术

农户作为一个独立的生产经营单位，具有主决策的权利，传统的农业技术推广大多停留在口头向农户传达技术的先进性、实用性。要么采取行政命令强制的方式，要么是仅仅采取口头形式宣传，这都不利于农业生产技术的变迁。农户作为一个弱小的经营实体，具有很强的风险规避性，属于典型的风险厌恶者，这与自身抗风险能力弱、缓解风险的手段有限、保险制度缺失等有很大的关系。而新技术一般都伴随着一定的风险，没有一定的把握，农户不会轻易地接受一个新的项目，采纳一项新技术。

南平市根据农户的特点，引导农户逐渐接受先进的生产技术，通过广大的鼓励科技特派员与大型专业家庭和加工公司建立利益共同体。通过这种方式，一个村庄甚至几个村庄的农民得到了科技特派员广泛的项目指导，共同建立基地、开展示范活动并承担领导角色。科技特派员引项目、建基地、搞示范、接龙头，对一个村庄甚至几个村庄的农民都起到了很好的带动、辐射、示范作用。这种通过与农户、企业结成利益共同体的方式比传统的行政强制命令或者是口头宣传政策显然更适应小农户"风险规避"的特性。

（五）构造"宝塔型"的新型科技传导网络，利用科技特派员的桥梁与纽带作用实现"科农携手"的良性循环

我国科学技术的研究、推广、应用链条中，存在着很多脱节现象，在传统的农业技术推广体制下，产、学、研一体化一直都没有得到很好的实现，没有建立科研院校、推广机构、农户科技需求之间的良好互动机制。南平市为了解决产、学、研脱节的现象，与福建省农业科学院建立了长期合作关系，并共同成立了南平市科技特派员进修学院，分别对科技特派员和农民进行系统培训，使其掌握更多的现代农业科学知识。一方面，为了适应农村地区农民技术需求多样化和素质偏低现状，科技特派员通过相关科研机构的技术培训不断更新他们的知识；另一方面，系统培训提高了农民素质，培养了大批新型乡土科技人才。可以说，科技特派员在现代农业技术传播中发挥着关键作用。

三、福建省南平市农业科技特派员制度的主要运行模式

农业科技是实现小农户与现代农业有机衔接的关键。南平地处闽北，素有"福建粮仓"之称，当地农业是基础。经查阅，总结出福建省南平市科技特派员制度的主要运行模式如下。

（一）科技特派员扎根一线领衔创办企业

安然家庭农场位于南平市建阳区崇雒乡，目前该农场的负责人是南平市选派的科技特派员。在农场成立之前，这里曾是一片荒地，多年来，从土地规划到土壤改良，一代又一代的科技特派员通过引进和测试种子，寻找能在这片土地上种植的经济作物，如日本的橘子和柚子被引进后比较适应当地的生长环境。通过更新种植技术、种植引进品种和使用高位嫁接等新技术，几代科技特派员不断探索，终于在这片土地上建立了一系列现代农业项目，这些项目融合了新品种、新技术和新模型，现在已成为当地有名的示范基地。

（二）科技特派员引领当地农民集资组建农民合作社

2003年，仁山特派员根据林山村的现实情况，对土壤、水、交通、气候等农业因素进行了全面调查，邀请仁山党员和干部研究共同确定当地葡萄种植的方案。特派员充分发挥技术专长的作用，将种植技术教给村干部和党员，并带动周边地区的村民也加入葡萄种植，得到了很高的经济收入，尝到"甜头"后，众筹集资建立了由村委班子领导的专业葡萄合作社。为了发展当地葡萄产业，特派员从其他省份引进了温室种植技术，通过建造现代温室来解决露天种植的技术问题，并通过使用简单竹板防雨减少病虫害发生。

技术进步促进了葡萄产业的持续发展，合作社现在已将其份额扩大到17个相邻的行政村

庄。仁山村通过科技特派员进行农业规划、技术指导和技术推广,以及当地党员和村委会领导示范和创新组织模式,发展葡萄产业使当地农民发家致富。

(三)科技特派员通过传帮带发展创业型特派员

在仁山柑橘生态园,特派员在科学和技术领域提供援助的同时,更加专注于提高小农户的技术和能力。从农业生产环节带动引领果农致富,生态园负责人是在科技特派员带动下通过承包果园发展而来的,已经从普通的水果种植户成长为有技术、有组织能力的农民。在靠科技致富后,他加入了科技特派员的队伍,现在是柑橘协会会长。为了鼓励更多的村民通过知识和技术致富,他建立了柑橘农民田间学校,并在田间培训和指导果农,从而带动数百个贫困家庭得以发展柑橘产业。仁山果园合作社通过培训创业型科技特派员,以及建立合作社利益共同体的运营模式,已成为绿色品牌和科技特派员示范基地。

(四)组合型科技特派团联合龙头企业开展技术攻关

吉翔牧业有限公司于2002年由地方政府牵头引入,为了企业发展,公司需要创建一个结合农业和畜牧业的有效生态系统。工业管理、技术要求非常高,涉及粪便废水处理、有机肥料、农业和畜牧业循环经济等多个领域。为了解决项目开发问题,该公司在政府的帮助下,成立了一个由多学科专家组成的组合型科技特派团,为项目提供技术支持。核心团队成员包括中国科学院上海分院的三名专家和南平畜牧站站长。在组合型科技特派团的技术指导下,该公司与周边水吉村村民共同建造了239 hm^2 农田,并构建了“水稻-玉米-芥菜”的农田耕作模式,每年三季水旱轮种。通过租用农民土地,由村干部组织转包给村民种植收购的形式,帮助村民获得“提高质量、减少化肥、增加收入”的经济效益和生态效益,形成农业、畜牧业高效率结合产业化经营的循环经济生态圈。

(五)不同方向组合型科技特派团联合解决茶产业化生产难题

子巢生态茶园位于武夷山燕子峰下,该茶园有肥沃的土壤,岩层富含矿物质,气候环境非常适合岩茶生长。在福建农林大学科技特派团和武夷山岩上茶叶研究所特派员的指导下,该生态园采用“有机肥+绿肥”轮作模式,既增加了土壤有机物含量,又通过生物和物理防控方法控制病虫害的发生,大力提升了茶鲜叶产量和质量。中国农业科学院在这里部署了一支科技专员团队,不定期地组织茶农进行现场教学,指导生态综合防治。生态园已经成为武夷山高品质、安全、高效的燕子巢示范基地,旨在建设人与自然和谐共生的现代化先行示范茶园。

四、新时代科技特派员制度创新面临的新挑战

虽然科技特派员制度不断深入推进使越来越多的人民群众受益,但如今我国已经进入新发展阶段,科技特派员制度创新面临着一些新挑战,产生了一些新问题,制约着科技特派员发挥服务“三农”、服务经济发展的作用。

(一)选派机制创新不足

随着市场经济的发展,科技特派员制度由实行之初的“定向选派”发展到如今的“双向选

择”,增加了选派的市场属性,提高了精准度,但同时也存在着选派机制创新不足的问题,具体表现为:一是精准选派不到位,资源错配。有的地方和部门出现“科技特派员是个筐,啥都往里装”的泛化现象,服务范畴和领域出现偏离科技特派员专业技术的问题,导致科技特派员工作不够聚焦,精力不够集中,不能根据当地农业发展实际需求,为服务对象提供技术培训和技术指导,而农户需要解决的技术问题与科技特派员个人专业不对应,在一定程度上浪费了科技资源。二是供需不匹配和政治属性弱化。一些偏远落后的贫困农村在“双向选择”中无人问津,对接不到真正需要的科技服务,绝大多数科技特派员愿意到工作生活条件好、工作见效快的城区或近郊村居,愿意到经济实力雄厚、经济效益好的企业、合作社,而工作生活条件较差的乡村和偏僻企业、合作社则少有人问津。有的科技特派员把工作的关注点放在收益和报酬上,没能充分体现科技特派员服务“三农”的初心使命,弱化了科技特派员的政治属性。

(二)管理机制不够完善

一是组织管理部门人员不足。科技特派员队伍来源广泛,服务方式多样,管理如此庞大的队伍必须要有足够的管理人员。如福建省省级科技特派员工作办公室依托于省科技厅,市级科技特派员工作办公室依托于市科技局,都属于科技部门内设科室,缺少管理科技特派员的工作人员,一般 3～5 人,各县(市、区)则更少,一般 1～2 人,且多为外聘人员。因此,管理人员的缺乏,使得对科技特派员的管理跟不上科技特派员发展需求。二是监督机制存在不足。随着科技特派员制度的不断普及,科技特派员队伍的规模急剧扩大,管理和绩效考核变得更加困难。由于缺乏准确的标准,很难全面掌握科技特派员的服务情况,不同的管理部门也难以界定绩效考核的标准。同管理部门对绩效考核标准的界定也不够准确,科技特派员在职称评聘等方面未能充分体现表彰奖励、评先评优等方面的考核结果,这些因素在一定程度上制约科技特派员服务的积极性。

(三)科技特派员服务水平有待提升

如今,全面推进乡村振兴战略对科技特派员的服务手段和服务能力有了更高的要求。部分科技特派员知识更新不够快,与现代先进科学技术的发展不够适应,服务的主动性还不够强,服务成效还不明显。全国的县(市、区)都有科技特派员服务,科技特派员要为基层农村提供全方位指导和服务,现代产业发展不仅需要种植、养殖技术指导,也需要“互联网+”、项目策划、产品设计、产品研发、品牌营销等高新技术人才。在发展数字乡村背景下,广大农村更需要科技特派员具备较高的专业技术能力、沟通协调能力,学会通过应用大数据、物联网等技术,重点围绕农业科技、农村民生、农村新能源,以及地方特色产业转型升级等,进行农业科技知识的传授和指导,才能有效实现全链条式服务,为实现乡村振兴带来科技效应。

(四)供需双方沟通有待增强

虽然下派科技特派员已经基本实现乡镇全覆盖,但在村一级的范围还没有广泛设立服务点,农民有农业技术上的难题往往得到当地乡镇政府部门和农技站寻求帮助,对科技特派员名称及职能的了解只停留在表面;有些偏远贫困乡村农民仍然用“靠天吃饭”的思想和祖辈传承的经验来从事农业生产,借助农药化肥等手段来提高农产品产量,认为采用科技特派员传授的技术反而未必能达到同等效果;有些地方的农民已经基本上掌握了农业的基础知识和基本技能，需要科技特派员帮助他们实现产业的融合发展。因此，一些地方的农民对科技特派员的帮扶作用了解甚少，对科技特派员服务情况知晓率也不高，即使有些地方农民希望得到有针对性的技术帮助，却不知道该如何与掌握有关技术的科技特派员联系，在信息对接上存在沟通不畅的问题，制约了双方的交流。

五、新时代深化科技特派员制度创新的对策建议

针对目前科技特派员制度创新中面临的新挑战、存在的新问题，借鉴南平市在实施科技特派员制度过程中的一些创新性做法，从以下四个方面，提出完善和巩固科技特派员制度的对策建议。

（一）创新选派机制，提高科技特派员服务积极性

从最初“解决农民生产经营中的现实科技难题”的目标，到如今贯彻落实党的二十大提出的“全面推进乡村振兴”，科技特派员服务“三农”的政治属性一直没有改变。因此，在坚持双向选择、按需选任、精准对接的前提下，坚持党管人才，将行政手段和市场手段相统一，提高科技特派员服务的积极性。

(1)坚持党管人才　习近平总书记曾强调，聚天下英才而用之，充分激发广大科技人员积极性、主动性、创造性。科技特派员是党管人才建设的一项重要举措，在新发展阶段，要充分利用党管科技人才的优势，让科技特派员的政治属性更加明晰，职责更加明确，回归科技特派员的选派初衷。最初下派科技特派员，是为了解决“三农”发展面临的矛盾；如今随着时代的发展，必须更加精准地贯彻新发展理念，深入实践探索，解决供需不平衡不协调的问题。

(2)优化选派方式　将科技特派员队伍建设纳入党管人才工作大局统筹谋划，采用政府派、市场派、社会派多管齐下的手段，适当强化行政手段效用，改变部分地区将科技特派员内涵过度扩大的混乱局面。一是通过行政手段指定选派。在农村偏远地区，贫困地区、乡村振兴示范村、一村一品重点村，通过行政手段脱产下派一批科技特派员，或者让下派书记兼任科技特派员。二是为了提高科技水平，组建由高端专家担任技术特派员和法人技术特派员的团队，以项目为纽带，吸纳相关专业领域的科研人才、社会技术人才、返乡创业青年和大学生、乡土人才、非遗传承人等各种人才，加入到科技特派员队伍中来，提高社会化程度，为推动构建创新链、成果链、服务链为一体的全产业链提供强有力的科技支撑。三是加强重点突破。从追求制度的覆盖面转向重点突破，在每个县(市、区)择优选取 1～2 个行政村作为试点村，整合力量、集中优势资源，通过导入科技人才和资源的方式，以打造每个县(市、区)有潜力的行政村为抓手，使其改头换面、脱胎换骨，突出科技特派员的“明星示范”作用；同时，完善科技特派员引进退出机制，在科技特派员服务期间，可由科技特派员本人或服务对象，根据实际情况，按一定比例提出调换申请，确保科技特派员到能够发挥自身专业特长的领域中去。

(3)成立专项科技服务基金　针对欠发达地区科技服务不到位的问题，创新科技管理基金的服务方式，建议在省级层面设立“欠发达地区科技扶持(服务)产业专项基金”，引导鼓励掌握先进技术的主体到落后地区开展科技服务。专项科技扶持基金以政府为主导，以欠发达地区产业发展亟须的科技服务为导向，可以采用选派或是政府购买服务等方式，引导服务主体到欠发达地区开展科技服务，进一步提升科技特派员开展科技服务的精准性和实效性。

（二）构建科学管理体系，促进科技特派员良性竞争

（1）加强管理机构与职能建设　可设立省市县乡四级科技特派员独立管理机构，明确工作职责，增加编制，加强人员配置，做好科技特派员的组织协调工作与服务管理，确保科技特派员政策得以落实，打通科技特派员联系服务群众的“最后一公里”。此外，对于一些科技特派员常态管理内容，如网站建设、培训交流等业务，可以通过政府购买服务将业务外包，由第三方承担，减轻科技特派员管理部门的负担，把主要精力集中投入到核心管理工作中。

（2）建立科学的绩效评价制度　一是注重发挥考核结果的作用。建立工作年报制度，由科技特派员个人对全年服务工作开展情况进行梳理，按规定形成总结报告，并由服务单位和基层管理单位签署意见上报，作为评先评优参考依据。二是依托积分管理系统科学管理。依托“科技特派员服务云平台”，建设集管理服务、成果展示、绩效考评等功能的一体化运作云平台，由系统定期进行专家服务积分的排名，积分名列前茅的给予奖励，同时将服务积分排名情况作为考评省市县乡的指标之一，以促进各级管理部门跟进抓好科技特派员管理工作。

（三）提升科技特派员服务水平，拓宽服务领域和范围

新时代的科技特派员不仅要懂农业科技理论知识，还要具有更高的政策应用、沟通协调、科技创新、数字化服务等能力。

（1）建立培训需求生成机制　发挥科技特派员教育培训平台作用，在培训前、中、后等各个环节以问卷、座谈、走访等方式，准确把握科技特派员实际需求和岗位需求，以此作为设计培训项目、制订培训计划的依据，实施科技特派员能力提升培训工程。在开展科技特派员素质培训活动方面，可以结合线上线下学习，建立灵活高效的运行机制，提供科技特派员理论研究和科技特派员深造平台。线下依托科技特派员学院，开展以理想信念、政策解读为主的岗前培训和集中教学培训；线上依托互联网媒体平台，开展以专业技能和特色主题为主的业务培训。组织广大科技特派员参加轮训，让科技特派员的服务延伸到全产业链，为延链、补链、强链注入科技动能。

（2）建设数字赋能平台发展乡村数字经济　在发展数字乡村背景下，通过建设数字赋能平台，选派科技特派员发展乡村数字经济。一方面，借助物联网、人工智能等高新技术，在科技特派员服务点构建互联网服务平台，让科技特派员运用“互联网＋”的服务模式，加大微信公众号、手机 App、自动终端功能的运用范围。在网络安全充分保障的基础上，有针对性地放置自助终端一体机，将“一网”建设延伸至村级服务点和企业园区，提升 24 小时不打烊自助式科技指导服务，提高科技特派员服务效率和透明度，实现科技特派员管理数字化、服务在线化、生产智能化。另一方面，科技特派员通过搭建线上线下融合发展的农产品销售渠道，拓宽服务范围，从生产、加工、流通、销售、消费等关键环节加快数字化改造，推动科技农业、智慧农业、品牌农业的发展，有利于解决农村因劳动力资源减少而给农业生产带来的困境，让科技特派员制度在服务乡村振兴中始终紧跟时代脉搏。

（四）加大宣传示范力度，提高群众满意度和认同感

（1）发挥榜样的宣传作用　加大对科技特派员制度的宣传，利用各级融媒体建立全媒体宣传矩阵，如学习强国、抖音、微信公众号等平台，通过制作系列微视频、纪录片等形式，努力传播

科技特派员的先进故事，这些故事植根于草根、无私、奉献和为“三农”服务，讲好一个个引人入胜的故事。为新一代特派员制定标准、树立典范，并创造一种全社会关注和支持的良好氛围。

(2)发挥好工作载体示范作用 “服务”“创业”“引领”“示范”才是最好的宣传，一是要发挥科技特派员工作站的作用，通过各工作站之间交流互动，组建团队服务，提高科技特派员为农户服务的效率，扩大服务范围；增设院士专家工作站，通过工作站聚集人才，探索推进“揭榜挂帅”项目攻关机制，以此为基础构筑产业科技创新公共服务平台。二是发挥科技特派员示范基地的作用，完善示范基地的配套设施，突出基地示范功效，让科技特派员进行现场培训，让更多农民亲身体验科学技术对农业的推动作用，认可科学发展、绿色发展的理念，进而提升农业产业现代化和农业科技服务的效率。

六、结语

乡村振兴作为新时代“三农”工作的重要抓手，离不开科技发挥的重要作用，而科技的核心因素是人。南平市实施科技特派员制度，通过人力资源重组，把有技术、有经验、有能力的科技人才导入农村，既让长期“困”在城市的科技人才有了用武之地，推动科学技术的转化，又提高了农业生产率，有效破解了农业弱质化、农村发展“科技荒”的困境。

参考文献

丁自立，焦春海，郭英，等．科技特派员制度的特征及功能[J]．中国农学通报，2009(9)：305-306.

费振新，张国平．我国科技特派员制度研究综述[J]．常熟理工学院学报，2010，24(7)：116-120.

贺岚．农村科技特派员制度下科技兴农的运行框架与主要模式[J]．科技管理研究，2021(3)：222-228.

黄安胜，朱春奎，张一博．中国省域科技特派员制度实施绩效评估[J]．科技进步与对策，2020(10)：32-40.

黄慧．农业科研院所科技特派员选派工作新模式：福建省科技特派员制度的启示[J]．农业科技管理，2022，41(4)：19-22，82.

孔祥智，李圣军．科技特派员：产生背景、运行特征和对策建议：福建省南平市案例分析[J]．新疆农垦经济，2008(5)：16-21.

两院院士大会中国科协第十次全国代表大会在京召开[EB/OL]．(2021-05-29)[2022-05-05]．http://politics.people.com.cn/n1/2021/0529/c1024-32116593.html.

林农，林明山．乡村振兴视阈下的高校科技特派员制度实践与创新：以福建省高校为例[J]．漳州职业技术学院学报，2021，23(2)：37-41.

刘涛．浅议国家现代农业科技推广体系发展策略[J]．农业科技管理，2019，38(2)：50-52.

莫荣康，农君鑫，赵金萍，等．基于科技特派员制度下的乡村振兴对策研究：以A单位为例[J]．农业灾害研究，2020，10(8)：177-178，180.

巫素芳，梁俊芬，岁伟雄，等．广东农村科技特派员制度实施现状与发展对策[J]．热带农业工程，2021，45(2)：109-113.

吴世娟．新时代深化科技特派员制度创新研究：以福建省南平市为例[J]．南京理工大学学报(社会科学版)，2022，35(6)：39-45.

习近平．努力创新农村工作机制：福建省南平市向农村选派干部的调查与思考[J]．求是，2002(16)：13-16.

席虎，汪艳霞．政策兼容性与地方政府政策再发明：基于科技特派员制度的案例追踪与比较[J]．公共行政评论，2021(5)：119-139.

杨越冬，郑桂茹，闫立英．乡村振兴视阈下科技特派员制度建设与改革[J]．河北科技师范学院学报(社会科学版)，2019(4)：11-14.

杨增权．福建省推进科技特派员制度助力乡村振兴的调研与思考[J]．安徽农学通报，2022，28(1)：1-3.

叶文青．南平市科技特派员制度现状调查研究[J]．中国科技纵横，2020(21)：10-12，39.

詹国兵，李韧筠．20年前，科特派制度在这里萌生[J]．海峡通讯，2019(9)：36-37.

中共福建省委党校科技教研部课题组，郑少春．福建省南平市科技特派员制度的实践与思考[J]．中国科技论坛，2007(10)：117-121.

中共中央文献研究室．习近平关于科技创新论述摘编[M]．北京：中央文献出版社，2016.

案例二：浙江省科技特派员制度案例分析

摘要：改革开放以来，我国社会面貌发生了巨大且喜人的变化。但是，作为一个农业大国，“三农”问题一直是我国发展的基础性问题，每年的中央一号文件都高度重视、着重讨论。我国的农业发展目前亟须从传统农业向现代农业转型，解决仍然存在的农民收入不高、城乡差距过大等难题。而要想摆脱这一困境，核心即为“科技驱动，科技兴农”。在全国省(自治区、直辖市)中，浙江省是试点最早、取得相对优秀成绩的省份之一。从2003年起，在浙江省试点开展十余年的发展运作，使浙江省受派地区的经济社会发展水平明显提升，农民整体收入和产业效益大大增加，可以说，科技特派员制度“浙江模式”运行成果突出。本案例以浙江省科技特派员制度的实施为主要研究对象，归纳总结科技特派员制度在浙江省的实施历程与现状，分析科技特派员制度“浙江模式”的优缺点及其原因，并提出对于科技特派员制度转型升级的思考与见解。

一、背景

（一）科技特派员

科技特派员是我国科技服务推广工作中诞生的一支特殊队伍，是经过自愿报名、公平选派等政府主导的公开程序，被选中从事专项科技服务推广相关工作的专业技术人员，多由高校、科研院所等派出机构中的懂技术、有项目的技术人员组成。当前，科技特派员已扩大到企业技术人员、高校相关专业的大学生等，成为百姓口中的“农民科学家”。科技特派员经过二十余年的发展，为满足乡村发展的个性化需要，已形成如工业科技特派员、法人科技特派员等多种新形式。

科技特派员一般分为省、市、县三级，也有校级的。科技特派员的工作重点是解决“三农”问题，按照市场和人民群众的实际需求，开展科普知识宣传、科技成果转化、优势产业创业。科技人员常常投身于农村，与他们同吃、同住，为当地的工业和“三农”服务。科技人员将知识、运营等技术力量送往欠发达的乡镇农村，建立科研基地、技术成果转化等，带动当地的工业发展，既能实现自身的价值，又能获得一定的利润，让基层群众实现增产增收，成为“共同进步，共同收获”的一家人。

（二）科技特派员制度

科技特派员制度，以“农民增收、农村发展、农业增效”为基本出发点，以满足农村科技需求为根本出发点，以科技服务为联通，面向广大人民群众，通过政府引导、市场驱动、多主体利益同步实现、利益共享、风险共担机制构建利益共同体，是科技特派员与基层群众共同利用技术、资金、管理等要素组成的一种创新型科技服务推广制度。

福建省南平市首次建立科技特派员制度。南平是一个得天独厚的地方，有着良好的发展条件和基础。南平当时有七成以上的人口居住在乡村，可以说，福建南平的经济主要依靠农业。南平的传统农业由于其生产管理模式落后，已逐步走向没落。与此同时，在城市化过程中大量的农村青年涌入城市，造成劳动力大量短缺，导致农业生产低效和农民生活贫困。再加上受天灾的影响，农民的收入大幅度下降。

针对以上问题，南平市委于1999年决定采取技术措施，大力发展农业科技，以振兴当地农业。为此，南平市委在深入调研的基础上，制定了《南平市科技特派员下村服务实施方案》，指出：选择具备科技服务推广经验的技术干部和技术骨干，以强带弱的战略，实现先富带后富，最终辐射周边，共同建设新农村。其特别之处在于：任用期间，他们与原来的工作完全脱离关系，但他们的职称、晋升资格、福利待遇等都不会改变；并且，还可以建立一个与农民，乃至龙头企业结成的利益同盟，根据自愿原则，参与市场经济中的利润分配。

经过一段时期的发展和演变，受派的县、乡取得了显著的成绩和进步，科技特派员也在全国范围内推广，成为一种新的制度和实践，“南平经验”的火花在全国各地绽放。科技特派员最突出的特点就是利益分享，除一些传统的免费科技服务外，还有付费科技服务推广，其主要以收益为导向，以公平的方式进行合作，实现双赢、分享收益。科技特派员是由政府主导和市场推动的，政府有关部门为被选中的科技特派员提供各种保障和奖励政策，同时也支持和鼓励科技特派员的一切生产和经营活动。经过二十多年的发展，科技特派员制度逐渐形成了一种以科技服务、保障落实、利益共享、政府引导和市场推动为一体的新型科技服务体系，并在当地形成了"宁夏模式""浙江模式"等多个区域创新模式。

二、浙江省科技特派员制度探索实践现状

（一）浙江省科技特派员制度的实施情况

1. 浙江省科技特派员制度的实施背景

浙江省地处中国东部沿海，与上海和江苏并称为"江浙沪"，是中国东南沿海较发达的省份。浙江省国土面积相对于其他省份来说比较小，地形自西南向东北呈阶梯状倾斜，西南以山地为主，中部以丘陵为主，东北部是低平的冲积平原。大致可分为浙北平原、浙西丘陵、浙东丘陵、中部金衢盆地、浙南山地、东南沿海平原及滨海岛屿等六个地形区。浙江虽然多山区和丘陵，但平原上的城市聚集了很多人口，如杭州、宁波等。浙江省是我国最具影响力的省份之一，一些主要城市开始向国际大都市发展。浙江省在国家改革开放政策的支持下，大力发展工业和经济，并给予相应的资金投入，从上至下、从省到市，全面协调和管理农村经济和社会发展，为乡村注入活力，提升全省整体实力。这些系统的农业技术曾经支撑过当地的经济发展，但当前已落后于时代发展的需要，有些地区的发展速度开始放慢，一些偏远地区的落后村庄也出现明显的更新滞后现象。不可否认的是，浙江省在中国特色社会主义市场经济体制下，总体上保持了较快的发展速度，全省农村地区的经济状况也发生很大的变化，仍需要从宏观角度上对农业进行全面调整。通过对目前发展相对缓慢的乡镇进行研究分析，可以看出，它们多是生态资源丰富、保存完好、有一定历史文化印记的地区，具有很高的开发价值，只是一时没有得到充分的利用。

2003 年，浙江省开始实施以农村为重点的农村发展战略，以科技特派员为基础，以科技为第一生产力为核心的发展理念，为农村地区农村持续输送后备人才，不断提升基层人才干部的综合素质。浙江省在启动科技特派员制度的初步实施过程中，根据调查结果，选择了一百多个主要的农村地区，同时，还从各大高校、研究机构和政府机关中，挑选出一些专门的农业、林业和其他农村经济发展方面的专家，为农村的经济发展提供专业的指导。资料显示，科技特派员制度的推行，在一定程度上推动了该地区的经济发展。

为此，浙江省在此后数年中不断完善科技特派员制度，并引进许多技术特派员运作方式：一是以小组为依托的技术特派员，它的特点是建立在以往的个人特派员经验的基础上，围绕专业带头人和发展领袖的技术特派员。二是以相关机构为主体的科技特派员，其特点是注重相关职能部门协作，利用体制优势进行乡村扶贫和乡村振兴。浙江省科技特派员系统的升级，使农村更加活跃，2014 年，全国科技特派员的队伍达 350 个，比上年增加 2.5 倍，整体人员总数达 13 000 多人，几乎覆盖了全省所有的农村地区。

科技人员的派送，为浙江省农村基层输送了大批高水平的技术人员，为农村发展提供了有力的人才支持。浙江省边远地区的农村，在科技创新和工业体制转型的推动下，已全面实现了农村社会和经济的全面发展。自 2003 年度科技特派员制度实施以来，浙江省农村地区的经济发展总体上呈现出一种系统化的发展态势，科技特派员制度覆盖到每一个村庄，并在村庄和村

庄之间建立起联系，从全局的角度来看，提高了全省农村的经济实力。通过对浙江省农林技术创新的分析，得出结论："科技特派员"是浙江省农林化改革和农村经济体制改革的重要保障，对浙江省的农村和农业整体实力的全面提升具有重要作用。同时，以二十余年的自我革新和乡村的变迁为基础，科技特派员体制也在不断地发生着变化。

2. 浙江省科技特派员制度的基本特点

浙江省科技特派员制度是习近平总书记为促进落后地区脱贫致富、推进欠发达地区全面小康的一项重大举措。二十多年来，"农业强、农村美、农民富"是浙江省科技特派员的重要任务，不断完善科技特派员制度和工作，取得了较好的实践成果和丰富的可参考经验。根据不完全统计，到 2018 年，浙江省 1 000 多个乡镇实现了"科技特派员"全覆盖，一些落后地区和特殊对口地区还派出了多名科技特派员，全学科协同科技服务推广助力地区发展。科学技术是农业发展的主要支柱，浙江省重视科技投入、应用和发展，在农业现代化和整个系统的战略变革中，已经有了初步的成果，为农村和农业的健康发展打下了科学的基础。也正因为如此，浙江省才会如此重视科技特派员的体制。

一方面，在浙江省科技特派员的体系建设与发展过程中，政策引导起到了关键性的作用。由于农村的政治、经济、社会、文化环境都比较复杂，为确保科技特派员制度的有效实施，浙江省出台了一系列的政策法规。根据实践经验，浙江省的科技特派员制度在我国的发展过程中，通过政府的强制力量来支持和指导，从而使其在农村和农业发展中发挥出巨大的作用。另一方面，浙江省科技特派员体系因地制宜，与浙江省地方农业与农村的发展有较好的契合。从当前浙江省农村和农业发展的总体状况来看，科技特派员政策的重点仍然是"以科技促脱贫"。浙江省地域特殊，各地区的乡村发展存在着各自的特点，科技特派员制度能够适应浙江省独特的地理环境和农村发展的基本状况，根据实际情况，对接相关的精准扶贫科技人才，并朝着针对性的点对点的模式实施相关政策方案。例如，将科技特派员制度和"浙江省百村扶贫工程"等项目有机地结合起来。

(二)浙江省科技特派员制度的实践成果

1. 大力推进农业科技服务，提升农民的技术水平

浙江省经济欠发达地区，科技缺乏的问题较为突出，特别是在农业领域。浙江省科技特派员最根本的工作就是宣传科技，浙江省科技特派员系统在实践探索中一直坚持以"三农"为中心，以二十多年的时间使落后地区摆脱困境，实现了工业转型、农民增收。大批科技人员分赴贫困、落后的乡镇、乡村，以实地调研、宣讲、建立科技示范基地等形式，把科学技术知识转变成当地工业和农民致富的动能。截至 2023 年年底，全省共派出科技特派员 3.9 万人次，推动农民增收 63.5 亿元，企业增效超 45 亿元，4 700 余项科技项目落地实施。浙江省的"技术推广"模式，可以归纳为："派专家、带项目、兴产业"。根据当地的经济发展情况和当地的农业产业特点，选择专业技术人员，所带来的项目或技术服务推广工作围绕当地的产业特征，将研究成果和项目与当地的产业相结合，实现技术升级。近几年，浙江省已逐步发展出茶叶、水产、竹木等特色农业产业，同时，生态旅游业等新兴产业蓬勃发展，科技特派员在促进当地经济繁荣、实现农民致富方面发挥了关键作用。

浙江农林大学，由科技人员牵头，在全省建立了多项新产业，如"林药复合经营""竹菌综合经营""香榧早实高产栽培技术""香榧、竹类、水果、家禽养殖、竹木加工、农家乐、农村电商"等，

短短几年培训了5万多名农户。周圻教授是一名畜牧兽医，在金华婺城区箬阳乡工作了10多年，被当地的农民亲切地称为“牛教授”。他根据农民的实际情况，为农民计算养牛的收入和成本，并指导数百名技术工人和农民，使他们掌握了放牧、补饲、青贮和干草制作、人工授精和病害防控等技术，有效地发展了多个畜牧专业合作社和技术协会，带动了一大批山区农民从事肉牛生产。经过多年的不断指导和技术培训，箬阳已建成6个示范小区、7个规模养殖场、3个专业合作社，肉牛产值增加2 800余万元，农民饲养1头优质商品肉牛获利2 000多元。陆国权院士带领的“马铃薯科技特派员”团队，在推进农业科技服务、提升农业技术水平等方面，也极具代表性。在衢州莲花镇创建了马铃薯科技园区示范园区，引进了菜用、鲜食、观赏、彩色等多种新的特色薯类新品种，并通过科技咨询、培训、实地指导等方式，大力支持并推动了当地薯类产业发展。

2. 优化区域产业结构，促进农民增收

“浙江模式”的科技特派员制度，抓住了切实可行的发展方向，即产业升级、农民增收。以市场为导向，以科技服务为支撑，有效改变了传统农业的产业结构，促进了农民创业增收及新型农业的进一步发展。这一系列工作的终极目标与结果，就是要优化区域产业结构，培育区域特色经济发展项目。浙江省一些经济落后的地方，在早期由于产品的低附加值而未能实现脱贫致富，经过科技服务的大力发展，许多地区的产业结构实现了转型升级，转向特色产业打造。越来越多的地方依赖于技术人员的服务，依托于有关的协会和合作社实际操作，形成了产业集群。经过二十多年的发展，浙江省的贫困人口在数量和比例上都下降很多，农民收入位于我国前列。

浙江农林大学派出科技特派员，示范推广“红杆软脚铁皮石斛”“黄金鸡”“软枣猕猴桃”“象牙榧”“浙林2号山核桃”等农林新品种212个，并携带国家科技成果转化项目3项，省级农业科技成果转化基金项目492项，市县级科技服务推广项目63项等大量项目深入受派地区进行科技服务推广，推动地区产业结构优化升级，前后共争取各类资金3 560万元，项目涉及新技术应用、新品种推广、产业示范基地建设、产业规划、绿色果蔬种植、经济林栽培、生态养殖等领域。这些工程的实施，使乡村工业结构得到了有效调整，使区域工业结构得到了进一步优化，形成了工业水平提高、企业效益提高、农民增收、科技人员自身获利的双赢局面。

斯金平是一位具有代表性的科技人员，他在推进工业发展和扶贫工作中起到了很好的作用。2006年，他作为浙江省科技特派员进驻庆元县张村乡，先后成立了浙江磐安、乐清、宁海等省级科技特派员团队，跨区域贵州铁皮石斛特派员团队，改变个人科技特派员一点多业服务为一业多点服务的模式。2006—2017年，斯金平就致力于“铁皮石斛新品种培育及高效栽培技术”，该技术覆盖浙江、江苏、海南、新疆、山西、山东、河南等18个省份。2014—2017年，共培育出6.4亿株幼苗，建成示范基地9 600亩（1亩≈666.7 m^2），实现了产值32亿元、利润7.56亿元、税收5 384万元，建立了一种不砍树也能富的林业增效新模式。铁皮石斛产业产值由2006年的4亿元增至2017年的180亿元，被列入国家科技部20项科技扶贫典型。

3. 政府服务不断创新，自主创业不断壮大

一方面，浙江省科技特派员制度的服务体系、政策体系完善。科技服务的范围很大，涉及各个行业，涉及范围也不是某个特定群体，所以科技部门的工作不仅仅是派发技术人员。在实行科技特派员制度以前，农村科技推广工作举步维艰，农村条件艰苦，各种设施相对落后，大量农民进城务工，导致农村技术推广“线断、网破、人散”的局面出现，而“浙江模式”的一个重要亮

点就是配套服务和联动。

另一方面，浙江省科技特派员勇于创新，坚持以农业新型现代化为发展方向，在原有农业产品的基础上，灵活开发新型产业个体和群体，加快构建农林业全产业链，产销融合演进为创业行为，培育了“产供销一条龙一体化”的本地骨干加工公司等，依托科技人员的技术支持，农牧、林药、林菌、农游四大产业实现了有机融合。例如，浙江农林大学通过政策引导，鼓励科研人员以资金、技术投入等方式进行有偿服务，形成科农利益共同体，让科技人员得到充分保障，农民也因此而致富增收。

4. 党群关系密切，防灾救灾深入一线

每一位科技人员都和基层群众亲如兄弟，他们不仅为基地提供技术支持，还为基地奉献了自己的青春，因为他们要长期扎在基地工作，与农民充分接触，让他们赢得了群众的信任和好评，特派员与基层群众建立了一种感人肺腑的党群关系，群众常把特派员称作“农民博士”“羊博士”“竹博士”。同时，科技特派员要把“两山”的理念贯彻到工作中去，要把乡村振兴战略、浙江“两美”建设、“五水共治”作为重要的科技服务和技术推广工作结合起来。他们在边远地区开展环境整治、美丽乡村规划、生态休闲旅游等，对浙江省乡村经济的发展起到了很大的促进作用。同时，他们还通过发放宣传资料、讲座等形式，向广大农民宣传环保知识，树立“金山银山”的发展理念。

浙江省科技特派员关心基层，积极开展农林科技下乡活动，服务新农村发展，引导群众运用科技来缓解极端天气的影响，指导农民防灾减灾已经成为特派员的一项最突出的自觉工作。浙江省科技人员在“急难险重”突发事件中，积极发挥科技支持的作用，坚持抗灾、服务基层、防寒防冻、谋在前、干在前。以主人翁的姿态，不畏风雨，积极投身于防灾救灾中，为浙江省农业科技创新、全面振兴农村作出了重要贡献。各工作组成员配合，充分发挥各自的特长，为灾区的实际需要提供技术指导，制订技术方案，为科技扶贫项目、科技示范基地等提供技术支撑，尽量减少灾害给企业、农户造成的损失。浙江省在 2013 年夏季遭遇了历史上少有的连续干旱和高温天气，浙江省科技特派员积极组织起来，指导农民应对高温、干旱，深入一线指导群众抗旱救灾。2015 年夏季浙江省遭受严重的台风侵袭，浙江省科技特派员先后赴温州平阳、文成、泰顺、丽水、庆元、景宁、青田等地参加了救灾工作。

（三）浙江省科技特派员制度存在的问题及分析

1. 认识尚不明确，任用机制不够灵活

科技特派员制度从福建省南平市推广至浙江省，经过二十多年的发展，科技特派员队伍不断扩大，笔者对相关参与单位、职能部门、受派单位、科技特派员个人进行走访，发现科技特派员制度和工作依旧存在一些如参与个体自我定位模糊、外界认识了解不足、选派机制不灵活、部分受派单位地区派驻量不足、技术组合不合理、落实操作人才缺乏等问题，问题严重的地区明显能发现当地的科技特派员工作开展不能满足地区经济发展的新型多样化需求。

从个人方面来讲，有些科技人员缺乏积极性，受种种因素影响，如在原来的工作岗位上工作太忙，无法完成整个技术服务项目。有些科技人员只提供理论上的服务，对关键问题的处理效果很差，问题没有得到切实的解决，服务的结果也是虚的。一些部门不重视科技特派员的选派，有时敷衍了事，造成专家选聘不够精确，没有得到应有的专业认可，甚至连选择的方向和内容都不准确。“科技特派员”的初衷就是要把科技人员的研究能力和研究成果转化为区域内的精准扶贫，然而，实际操作的工作并不只是“技术”，还包括农业技术的推广，以及经济管理、农村建设、产品流转、公路建设等等。应在扩大服务范围的同时充分认识到，更好、更广泛地为基层服务固然是好事，但也存在很难对自身定位准确和对自身专长的工作不能集中精力来做的问题。

从团体方面来讲，科技特派员是从高等院校、科研院所中挑选出来的具有较强科技研发能力和创新意识的科技人员。这些科技人员的选派范围主要限于农林业，而大部分的科技人员则是专门从事技术服务的，他们在生产力上能起到积极的促进作用，在技术上也能确保农产品的品质；然而，在指导农户进行品牌策略、市场开拓、农产品销售等方面，多数缺乏实际的实践经验和技能。甚至部分科技特派员对农民行为、农民心理等方面的认识不足，以及缺少有关社会学的理论，致使科技人员在工作中的技术和实际情况并不相符。这就造成了在农产品加工、销售、交通等方面的服务效率低下，效果不佳。

2. 考核激励僵化，产学研融合不足

第一，考核形式和相关指标僵化。科技特派员的选择范围很广，数量也很大，所以，技术特派员中不可避免地会出现一些有缺陷或不能胜任的问题。总体上，技术推广的持续和后续时限、违规处罚的运用、工作资金和项目资产的运用等存在着僵化的问题。目前，科技特派员的工作评价通常都是由被派遣的地方的科研机构和上级部门来评定的，而考核的标准大多是根据年度工作时间、任务总结等，很难体现出一些覆盖范围大、运行时间长的工作项目的成绩效用，因而出现了一些科技特派员常年派驻在某地并潜心产业培育产业集群，但每年的考评成绩却明显比不上短期项目此类的不公正现象。同时，考核评估的内容太过单一，太过肤浅，虽然强调了评价的创新，但目前的绩效考评更多的是项目落地面积、惠及人数、经营规模等，而对于乡村文旅、乡村电商等新型农村产业的活态化考评还明显欠缺。目前，科技特派员人数庞大，涉及面广，种类繁多，仅从工作的最后成果来评价其工作，对其工作的评价过于淡化，这是不公平的。同时，我国科技特派员考评制度的评价对象也需要进一步改进，例如，在科技特派员考评中，受益农户参与程度还需要进一步加强。目前还没有明确的考核问责制度，也需要进一步完善。

第二，激励机制运行不利，作用不明显。在科技特派员们的访谈中，很多专家认为，政府对科技人员的关心和鼓励是不够的，这或多或少影响了他们的工作积极性。一是一些单位或地区在科研项目评价、职称竞聘、项目申请等方面，都没有真正落实好科技特派员的工作业绩、工作成果，在职称评定、政治竞聘、项目申请等方面没有切实落实，激励机制未得到具体实际的体现，有时候连年终考核时也体现不明显。二是缺少训练和激励，技术人才虽然在技术和研究方面表现出色，但是仍然存在政策、法规、个人技术组成单一、产品营销能力有限等问题，相关个性化的培训可以增强人员的全领域通识能力和创新创业能力。

第三，多区域协作和各层次协同不到位。在科技特派员体制下，科技人员大多是“单兵作战”，有些人组成了技术服务小组，但又是由同一个专业人员组成的，或由一个人领导，多个人组成的。科技特派员被分配到不同的地区，往往与其他地区的技术人员分开，没有业务上的交叉，很少有跨地域的技术人员组成合作小组，以便更好地开展技术工作。在科技特派员的工作中，往往出现学科单一、理论和技术人员单一等问题，虽然是多人小队，但与专业人员并没有太大的区别，并不会形成多人的化学反应。

第四，产学研融合培养对口人才不到位。高校、相关科研机构是我国科技特派员队伍的主体，是促进我国科技特派员体系优化升级的关键环节。科技特派员的工作，是要在生产中解决实际问题，要有实习基地，要有长期的工作经验。因此，在科技特派员体制下，如何实现产学研结合，实现对新时代科技服务人才的同步培养。如何解决“导师”科技特派员工作、“研究生实践技能培训”和“科技扶贫基地”建设与发展“三位一体”的矛盾，培养一支带不走、用得上的乡村振兴人才队伍应是从派出方单位角度亟须思考的问题。

3. 管理保障参差不齐，财政支持还需强化

科技特派员制度是由政府主导和市场化相结合而形成的，它的制度化建设很重要，它要求多个部门、多个层次的参与，但目前我国科技特派员的工作还比较薄弱，比如机构职能不明等问题依旧存在。

第一，有关的法律、法规还没有完全地完善和实施。在我国，教育水平较低地方的人才绩效评价机制、监督与进出的实施细则等尚需进一步完善和实施。此外，科技特派员来自不同的地方以及所属不同的专业，所分配的任务也各不相同，因此，科技特派员所处的科技服务环境也有所不同，但在这种明显差别的情况下，目前还没有严格的量化指标和操作。

第二，科技特派员是由外派人员与外派人员共同组建的工作办公室，实行双重管理。有关部门的工作人员都是当地的政府官员，而且有两种不同的管辖制度，因此，有些地区的科技特派员工作中的权力不明确。一些受派地区的管理混乱，经常发生工作补助不按时发放的情况，造成科研人员的调查、交通费、物料费等费用由自身承担。甚至在经济落后的地方，科技特派员的作用也就是给乡镇争取资金，再加上科技服务和科技兴产意识不强，缺乏合作精神，致使科技特派员工作寸步难行。

第三，财政支助不足。科技特派员的经费由省科技厅每年拨款，浙江省科技特派员的工作取得显著的成绩，但有一个很明显的特征，由于国家的财政政策，浙江省每年的科研经费都要比全国各地高出一大截。然而，在资金支持和管理方面还需要进一步加强。一是虽然专项资金总额很大，但与科技推广工作的实际需求相比还存在一定差距，在激励、补贴、项目启动等方面，都要投入大量的资金。二是不同地区、不同需求的各类项目的资助强度大致相近，平均原则下，尽管绩效公平容易管理，但很难凸显差别。三是科技特派员在资金运用上的权限很小，不能完全调动科技人员，也不能随意调动，有的项目经费不足，有的则资金浪费。

第四，缺乏法制、法规的保障，宣传和表扬工作不力。当前，我国有关科技特派员工作的法律法规还不够完善，无法全面保障科技特派员工作的落实。目前的宣传工作大多集中在年终表彰、工作总结等方面，而在实际工作中，科技特派员的工作，如基地的建设，并没有得到及时、深入的宣传。对基层民众没有进行深入的宣传，往往会造成他们对特派员制度的认识不足。传统的广告传播方式在时间和广度上表现出一定的局限性，需要寻求当地新媒体或新的传播方式，以丰富宣传工作形式。

4. 市场行业参与度低，技术转移难

第一，市场主体的参与程度低，收益方式单一。相对于计划经济时期的传统、死板的技术服务促进系统来说，科学技术特派员系统有很大的发展空间。但是，目前我国的科技特派员体制和工作与市场的关系仍然不够紧密。由于市场资本、市场主体的参与程度低，技术人员在科技服务中缺少市场资金，其创造力和活力一直很低。企业参股、流转经营等市场机制的引进程度较低，科技特派员的经费来源仅靠财政支持。

第二，缺乏对整个产业链的认识，企业的运营积极性不高。科技特派员工作应当根据区域

的产业特征和资源优势，加强科技扶贫，使农业生产协调发展。但目前一些科技特派员的工作仍然以支持农业生产为主，忽视了科技服务中的管理作用。因此，在长时期内，常常会产生增产不增收的情况。同时，一些科技特派员并不以创新为导向，即使创业，也面临着市场化运作程度低、缺少产业链参与意识等问题，再加之科技特派员多服务于某些经济相对落后的地区，产业聚集效应不强，甚至没有龙头企业和生产要素配套集群，因而很难实现产销融合发展。

第三，收费机制不完善，不能与本地科技资源相融合。在一些地方，由于传统观念的僵化，对科技特派员的认识仍停留在“等靠”的思维方式，与被派的区域仅仅是“教与学”，并没有形成一套行之有效的有偿服务机制，同时，本地优秀的专家也缺乏长效机制和固定且针对性的待遇，无法全身心地投入到相关工作中来。一些受派单位没有积极吸纳本地市场和本地科技人才，没有因地制宜地盘活当地多元资源，对推动科技特派员工作、促进科技特派员市场化产业发展助力不足。

第四，技术转让和成果落地的力度不够。科技特派员制度要依靠政府的引导和调拨，促进科技服务的发展，依靠市场的力量来促进技术的转化。然而，高校和研究机构作为分发机构，每年都会获得大量的技术成果，但真正能够将技术转化和产业化的并不多。作为连接科技成果转换对象和主体的桥梁，科技特派员在技术转移和成果落地方面的作用不大。事实上，科技特派员在很多时候，由于技术创新意识不强，产业化意识不强，技术转移机制不规范，成果回报不公平等，无法有效推动技术转移和成果落地。

三、对策建议

在我国实现脱贫攻坚、实现全面建成小康社会这一目标的过程中，科技特派员制度肩负着新的职责与任务。本案例从“浙江模式”和科技特派员工作的深入分析，深刻认识问题，分析问题，从选派机制不灵活、产学研融合不够、经费支持有待加强、市场产业参与不足、技术转移落地不利等实质性问题切入，提出了一系列精准扶贫视角下的科技特派员制度转型升级优化的对策建议。一是加强团队建设和完善考核激励机制。要健全科技特派员选拔机制，明确其工作定位；要创新选聘模式，拓展业务范围和技术类型，促进地区合作与多层次合作；注重实绩评估，注重实践激励，设立创业训练基地，开展创业技能培训，培养一支既有科技知识，又有经营和市场营销的综合型科技人才。二是政府引导和市场驱动相协调。科技特派员制度是一种在政府主动引导和市场分配相结合的先进体制。政府应加强行政管理，主动转变职能，增强服务能力；要灵活运用资金，拓宽融资渠道；要做好基层的政策贯彻和宣传工作；要强化市场的推动作用，使产业链上的多个主体协调起来；要充实技术入股等多种回报方式，激励人才入驻。三是产学结合、科技创新。通过对科技特派员体制的改造和优化，我国科技特派员在产学融合、技术转让等方面能够实现新的突破；通过建立“三农”专家指导小组和“‘三农’合作基地”，可以培养出一批“三农”后继人才；同时，政府还采取了公司科技特派员制度等方式，引导技术转让的规范化，以市场的公平性推动成果的有偿落地，将科技要素转化为生产力。

参考文献

陈奇榕,陈兆育,林梅．农业科技推广、中介服务工作面临的问题及对策研究[J]．高科技与产业化论坛,2001(4):4-7.

陈锡文．实施乡村振兴,走出一条中国特色的农业现代化道路[J]．中国人大,2018(16):21-22.

陈志英．我国与美国农业推广的比较研究[J]．农业科技管理,2003(2):23-25.

邓楠．实事求是大胆探索在实践中不断丰富和完善科技特派员制度[J]．中国农村科技,2004(3):8-10.

丁太顺．科技特派员制度的创新模式及制度思想研究[D]．北京:中共中央党校,2011.

韩俊．实施乡村振兴战略的八个关键性问题[J]．中国乡村发现,2018(4):4-11.

何海英．我国农业技术推广体系创新对策研究[D]．北京:中国农业大学,2005.

胡柴玲,沈振峰．从《莫里尔法案》到《史密斯—利弗法案》:美国高等农业教育的发展路径、成功经验及其启示[J]．高等农业教育,2007,9(9):86-88.

胡瑞法,黄季焜,李立秋．中国农技推广现状、问题及解决对策[J]．管理世界,2004,5:51-56.

黄季焜．四十年中国农业发展改革和未来政策选择[J]．农业技术经济,2018(3):4-15.

黄祖辉．准确把握中国乡村振兴战略[J]．中国农村经济,2018(4):2-12.

简小鹰．我国科技特派员制度与农村科技体制改革[J]．科学管理研究,2005,23(3):53-56.

姜靖,刘永功．我国科技特派员制度实践与创新:以浙江省为例[J]．科学管理研究,2019,37(2):89-92.

金取．精准扶贫视角下的浙江省科技特派员制度研究[D]．杭州:浙江农林大学,2021.

李明华,朱伟．论生态村建设与农村环境保护[J]．农业考古,2011(3):385-387.

刘万翔．关于美国近代农业的兴盛与农业教育的发展[J]．西北大学学报(哲学社会科学版),2006,36(3):37-40.

刘文宇,应若平．湖南科技特派员制度研究[J]．企业技术开发,2011(9):114-115.

刘彦随．中国新时代城乡融合与乡村振兴[J]．地理学报,2018,73(4):637-650.

罗震东,阮梦乔,高慧智．空间生产视角下的风景名胜地区城乡空间发展:以溧阳市天目威地区为例[J]．国际城市规划,2015,30(2):95-99,118.

莫鸿业,苏展,邹源,等．科技特派员制度对农民科学素质提升的实践与思考[J]．企业科技与发展,2011(15):6-9.

潘家恩,杜洁．中国乡村建设研究述评[J]．重庆社会科学,2013(3):48-54.

邵俊英．关于科技特派员制度及其运行机制的理性思考[J]．科技管理研究,2009(11):426-428.

檀学文．宁夏科技特派员制度的机制与效果[J]．中国农村经济,2007(4):60-68.

涂远承."南平经验"对破解"三农问题"的启示[J].小城镇建设,2004(8):10-14.

魏德功,安永景,张超.梧州市实施科技特派员制度实践与探索[J].现代商贸工业,2010(18):113-116.

魏广龙,崔云飞,吴婷婷.基于乡土景观保护的村落发展策略研究:以保定顾家台村为例[J].建筑与文化,2016(10):114-115.

项继权.当前农村综合改革的方向和重点[J].华中师范大学学报(人文社会科学版),2016,55(3):1-4.

徐粉粉.浙江省农业科技特派员制度研究[D].杭州:浙江农林大学,2017.

张国平.我国科技特派员制度:一个基于制度经济学的分析[J].农业经济,2010(6):50-51.

张社梅,胡豹,张明生等.浙江省科技特派员制度实施概况、存在问题及几点建议[J].浙江农业科学,2008(1):5-8.

赵晨.要素流动环境的重塑与乡村积极复兴:"国际慢城"高淳县大山村的实证[J].城市规划学刊,2013(3):28-35.

左停,李小云,齐顾波.技术发展与农民参与[M].北京:中国农业出版社,2003.

曾松亭.浅析农业科技特派员技术推广模式:以福建省南平市为案例[J].农业科技管理,2005(3):42-43.

曾业松,赵建军.一个突破性的制度创新:中国农村科技特派员制度研究报告[J].中国农村科技,2009(6):60-63.

第三章
农村合作社案例

案例一：农村合作社改革促乡村振兴的贵州探索

摘要：农业是我国的支柱产业，也是三个最重要产业之一，因此国家非常重视农村地区的生产和其他活动。当前形势下，农村合作社管理是所有农村工作中最重要的方面之一。从中国社会经济的快速发展的情况来分析，传统的农业生产模式已经不能满足现阶段建设社会主义的需求。贵州省榕江县建立了一种以农民为主体的合作经济组织——农村合作社，通过一系列高效的科技模式实现共同富裕的目标。该合作社的成立促使榕江县拥有全新面貌，促进农村新型经济进入一个全新的发展阶段。合作社是在由外部经济环境推动和农业生产者融入市场经济并参与竞争的背景下产生的。农村合作社成立给农民带来相当多的益处，例如，提高农民的组织能力，团结起来维护自身利益的能力和提高共同承担市场风险的能力，降低农民合作购买的成本，同时还能减少市场经济所带来的影响。加快农村合作社的发展，农业生产的产业化会快速提升，保证农业生产链上各主体之间的有效合作，缩减生产成本，更加具备标准化、规模化生产水平，增加农产品的经济价值，提高农民的经济收益。发展和支持农村合作社可以有效促进农业部门的生态整合，在竞争日益激烈的环境中提高农产品的竞争力。当然，农村合作社在生产和管理过程中仍有许多挑战需要深入讨论，需要制订有针对性的发展方案，在短期内解决挑战，更好地促进农村合作社的健康发展。本案例对农村合作社发展现状以及对策展开分析，希望为专业研究人员提供参考。

众所周知，随着近年来经济的发展，国家出台了不少相关政策，再加上各级政府的积极配合，全国的农村合作社取得了显著成效。但是，我国农村合作社在发展过程中某些地方还有着较为严重的问题。如果不及时采取有效措施来解决这些问题，即使后期采取补救措施，所出现的问题会十分严重，所造成的损失最终很难弥补。

在进行本案例的分析之前，我们需要对发展农村合作社的重要性有一个清晰的认识和理解，以便能够真正有效地对问题和对策进行分析。发展农村合作社的重要性主要体现在以下方面：

首先，发展农村合作社可以有效促进我国农业流域的经济发展，使其发展进程更加稳定，农村人口的经济收入不断增加。对于想要解决农民无法自行购买大型农业设备的问题，发展农村合作社可能会有更加良好的效果，使农民能够生产更多的农产品，并参与多种生产经营过程的利益分配。这势必会提高农产品在市场上的竞争力，农产品的实际生产通过农村合作社可以更加标准化、规范化并得到加强，实际上也是对农村合作社各方面的优化。

其次，对于当前农村发展的主要矛盾，要想完善地解决矛盾就要发展农村合作社。从根本上有效改善农村两级经济体制，使农民能够以标准化的方式进行大规模生产，专注于对当地有用的产品。通过农村合作社，可以有效提高农产品的质量，实现质量和价格的统一，从而提高农产品在市场上的竞争力。

接下来以贵州省榕江县为例展开详细的说明。榕江县隶属贵州省黔东南苗族侗族自治州，位于贵州省东南部。东与黎平县和从江县接壤，西与雷山县和三都水族自治县相邻，北与剑河县相邻，南与荔波县相邻。总面积 3 316 km^2，辖 1 个街道、9 个镇、10 个乡、250 个行政村(社区)，截至 2021 年底，全县总人口 38.5 万人，其中苗族、侗族、水族、瑶族等少数民族占总人口的 83.9%，是典型的多民族混合县。2020 年 11 月，贵州省人民政府批准将榕江县从贫困县名单中摘帽。2021 年 8 月，该县被国家乡村振兴局列为国家农村重建局的重点援助县之一。

一、发展农村合作社的现实意义

(一)发展农村合作社的重要性

农村合作社，又叫农民专业合作社或农业合作社，设立农村合作社的主要目的是加强农业组织，维护农民利益，增加农民收入，促进现代农业建设。总体来说，它对中国现代农业的发展具有重要意义。

(1)提高农业组织化程度，促进农业生产　发展农村生产力、增加农民收入是我国现阶段社会主义新农村建设的最主要任务，也是提高农民生活质量、提高农业水平和促进现代农村文明的基础。过去，单家独户的农业，种植面积分散，产量低，很难设计规模经济；同时，在小规模的农业经营模式中很难发挥先进技术的潜力，致使经济收益低。相较而言，农村合作社模式在组织农村地区分散的劳动力、资本和土地方面非常有效，可以创造规模经济，提高农业的整体经济效率。

(2)完善农村基本管理制度　基本的双层经营模式是以家庭单位承包为基础的，单一和共享制度相结合是现阶段的基本农业管理制度。维护好基本的双层经营模式可以更好地保证中国农村地区的长久稳定发展。然而，在农业综合开发改革下，家庭农业模式正面临新的挑战。因此，发展家庭承包经营制度下的农村合作社，可以极大地促使农民的团结，促进多元化多层次农业企业制度的建设，促进中国农村现代农业企业制度的进一步发展。

(3)促进农业的发展，提高农民的素质　建设社会主义新农村经济农民应作为其重要力量。建设新农村的目标想要实现，就必须要加强农业人力资源开发与利用，培训新型农民掌握现代农业技术，这是农业发展的前提需要。传统的小规模农业在科技方面无法发挥重要作用，也不利于提高农民个人的素质。农村合作经营模式的实施可以有效加强对新型农民的培训，助力我国农业产业现代化发展。

(二)合作社的目标

合作社是面对复杂的社会分工和激烈的市场竞争，为了生存和自我提升，由处于弱势的小生产者组织起来的具有互利属性的社会和经济组织。合作社一般由其成员作为消费者而不是投资者建立和经营。在组织目标方面，虽然合作社也有利润，然而，利润不是合作社的主要目标，公平才是合作社的主要目标。合作社的利润主要用于组织内部的再分配，用于支付股息和为发展筹集资金，这是与营利性组织的最主要差别。合作社应寻求为其成员谋求经济利益，而不是使自己的利益最大化。合作社的组织目标要求其实现以同质性为条件，即合作社的产权人和赞助人必须相同，能够完全重合，如果两者不匹配，或者不匹配达到一定程度，合作社的性质就会发生变化。合作社是一个组织，其中成员和所有者的双重身份合二为一，或客户和所有者合二为一。合作社通过成员的经济参与而生存和发展，其唯一目的是为成员服务。

(三)发展农村合作社的有效性策略

随着近年来我国改革开放的持续深入，农业经营模式的改革创新已经成了实现现代农业发展的必然走势。通过多年的实际操作和各级政府积极地推进，我国农村合作社才逐渐走上正轨。然而，较多数农民的思维方式尚未实现有效转变，认为传统农业管理方法不够完善，这给农村合作社的建立带来了严重影响。因此，要想改变这种影响就要积极地呼吁相关建设部门和人员参与到就地实践和考察当中，尽量让农民参与其中并感受农村合作社所带来的积极影响，为农村的发展进行改革创新。

(1)转变思想观念　现阶段，中国农业经济模式改革过程中的关键问题是加快农民土地流转，推进农民土地使用权改革。在此基础上，可以实现农村合作社的不断发展和壮大，创新优化农业双层经营的成效。为了优化合作管理模式，首先要摒弃农民原来对农场管理的传统思维方式。要想改变农民的传统农业思想观念，合作社必须先从自身做起，强化合作、竞争、发展、民主、共同富裕的意识，促进示范农业形式的发展，以促使现代农业健康长久地稳定发展。

(2)充分发挥政府在协调领域的优势　例如，在融资方面，政府可以设立特别基金来促进农村合作社。同时，政府可以发挥吸引投资的作用，引进符合当地农业生产特点的现代农产品生产线，为促进和发展农村合作社提供重要的政治和物质保障。同时，政府可以发挥示范作用，鼓励农民积极参与到农村合作社中来。同时，政府有技术优势，即它可以免费向农民提供生产方式、轮作方式和农业技术方面的技术咨询，从而提高农村合作社的技术水平，逐渐增加农业部门的整体经济效率。

(3)加强农村合作社的人力资源队伍建设　在这个阶段，人才已经成为当今社会的主要生产力，农业也是如此。构建完整的培训系统，通过这种方式，可以非常有效地提高农民的耕作知识，促使新型农民的长效进步。此外，应加强对农业专业人员的培训，增强农业专业人员对农业技术和工艺的研究。如此一来，农村合作社的技术结构得到有效优化，生产效率可以大幅度提高。

总之，随着社会经济的不断发展，中国的农业经营模式正面临着不可避免的创新发展。农村合作社作为一种现代农业经营模式，可以最大限度地促进农业资源再次整合，创造规模效益，在现代农业生产中发挥重要作用，可以利用科学技术优化农业生产效率，创造农业的基本竞争力，提高农业的经济效益。

二、贵州发展农村合作社的探索

农村合作社是农村经济的“细胞”，如果“细胞”不健康，就会影响农村经济的“组织”和“器官”。谈到农村合作社时，很多人对它们的印象是“僵尸社”“空壳社”。在乡村振兴中为了让农村合作社充分发挥作用，贵州大刀阔斧地对农村合作社进行改革和改造，使其产业结构科学、融资信用优良、运行健康。对此，专家认为，农村合作社应成为乡村振兴的重要工具。当前，中国正处于社会经济转型的重要历史时期，在这个过程中，作为中国支柱产业的农业也同样面临着产业模式创新的挑战。农村合作社最大限度地重新整合农村的先进生产力，有利于提高农业的组织化程度和农产品抵抗自然灾害的能力，增加农作物产量，增加农民的收入来源。

(一)“三社联建”夯实乡村振兴基础

夏天的早上，贵州省榕江县的榕江水库，天空蒙上了一层灰蒙蒙的雾，在大棚蔬菜种植合作社的基地里，人们来回穿梭采摘新鲜的蔬菜，赶在中午炎热的太阳到来之前，将其送到销售点。社员石珍说：“为了落实‘三社联动’，农信社还会教我们怎样进行账本管理算账和规范账目清算，采销社帮我们采买物资，寻找销售渠道，合作社放心种菜就可以了。”

石珍提及的“三社联建”是“农民专业合作社＋农信社＋供销社”的一种发展模式。供销合作社提供财务管理和农业专业产业指导，解决财务管理不规范、生产选择不准确、资产利用不充分和融资问题。由于合作社成员的受教育水平低，管理不善，专业性不强，许多合作社长久以来是不可持续的，只作为一个名称存在，像“空壳社”“挂牌社”“僵尸社”的问题突出。

榕江县农信社会计杨雪，被派遣到阳光蔬菜种植农民专业合作社和高文经济合作社担任财务和产业指导员。她说，合作社需要进行财务管理，但间隔时间较长，几天记一次、一月记一次的情况时有发生，主要是财务管理没有规程才致使账务报表混乱，摸不清“家底”。有了管理，只要有收入和支出，现在每天都会开账，减少合作社成员之间的相互猜疑，他们更加专注于合作社的良好发展。除了合作社的财务管理外，还处理工业管理、回收闲置资产和资助发展的资金。2021 年，榕江农信社已向县级合作社发放了 5 109 万元的工业贷款。

为减少农资采购成本，保证农资质量安全，拓展农产品销售渠道。榕江县利用供销公司进行创新改革，能够充分发挥“农资＋销售”的优势，为合作社选派了“农资指导员”和“销售指导员”。镇江地区供销社负责人王瑞峰说，合作社需要拥有自己的农资产业，以前从市场上购买农资，缺点是价格高，增加了合作社的成本；而且购买的农资没有质量保障。“三社联建”开始后，供销公司的下级经理担任各合作社的农贸指导员，精确统计各合作社的农资需求，并采用团购方式，从有保证、有质量、有信誉的品牌，根据需求进行组合采购，可减少合作社的成本。

(二)“村社合一”壮大集体经济

“村社合一”是指以行政村为单位，在村党组织的领导下，建立以村内农民和生产资料为组织形式的股份制经济合作社，形成在村党组织领导下，群众自发组织、共同持股、共同决策、共同管理的农村集体经济组织，是一种特殊的经济组织。

由此可见，“村社合一”其实是“村委会＋合作社＋金融机构”的发展模式，将基层党组织的政治优势与合作社的产业发展优势以及金融机构的资金保障优势结合起来。合作社在村党组织领导班子的引导下，拓展特色的产业和生产、管理服务，实现产业兴旺发展、生态环境宜居、乡风淳朴文明、乡村治理有序、农民生活富裕的目标。

贵州省黔东南州长顺县第一个实现“村社合一”的行政村是核子村。2019 年，村里成立了股份制经济合作社，包括四个专业合作社和一个公司，共六个经济实体。股份经济合作社有两个村委会，既考虑发展，又考虑服务，符合村社团结的要求。村里的 3 555 名居民都是股份制合作社的股东。这六个经济实体相当于一个企业集团，总产值为 8 210 万元，人均可支配收入为 15 000 元，也因此核子村被评为全国脱贫攻坚先进集体。

截至 2020 年，全州规范组建农村集体股份经济合作社 1 353 个，其中，县级总社 2 个，乡镇联社 10 个，村级股份经济合作社 1 283 个，组级股份经济合作社 58 个，完成了 361.34 万人的农村集体经济组织成员身份认定工作；完成了 47.77 亿元人民币的股份资产量化工作；发放了 89.93 万本股权证，实现所有符合条件的村民成为股东、“村社合一”行政村全覆盖。建立多模式、多产业、多形态的村集体经济形式，积极壮大和突出利益联结，各县(市)将生态养殖、庭院经济建设、立体农业生态、蔬菜种植、卫生公厕、水利基础设施、农资超市项目、加工厂房建设及道路硬化、一事一议等各类项目的承接管理交由 274 个村集体经济组织实施，为集体经济广开财源。集体经济收入达到 2.58 亿元，同比增加 50.87%，100 万元以上的村 46 个，同比增长 130%。

(三)“三优化”着力提升合作社带富能力

榕江县富强种养殖农民专业合作社位于忠诚镇高王村，于 2018 年 3 月在榕江县工商局注册，注册资金 90 万元，成员 7 人，社员 47 户，合作社董事长杨华高，合作社现有固定资产 350 余万元。自成立以来，该合作社致力克服家底薄、人员散、效益低等难题短板，立足生态发展、挖掘自然资源禀赋，致力于打造中药材与精品水果两块“金字招牌”。

(1)优化产业结构，提升产能价值　农村合作社是抓好“三农”工作的重要抓手，也是产业振兴的重要载体。立足脱贫攻坚产业发展契机，榕江县富强种养殖农民专业合作社将完善自我与助富于民结合起来，对内协同村委会对接调剂产业发展资金 100 万元，整合优质贷款资源 30 万元，以及调配各级产业人才 10 名，充实产业发展力量；对外明确考察目标，综合考量气候、资源、市场等各方面因素，每年定点到产业发展大县、强县开展实地考察，重点借鉴、打造两个以上产业项目，根据获益情况有序扩大或缩小产业规模，增减产业种类，动态调整产业发展方向。2018 年以来，该合作社多次到广西桂林等地考察罗汉果、百香果等农产品种植情况，合作社种植天冬、金钩藤、罗汉果、百香果等各类农产品，仅在 2019 年，该合作社依托在天冬套种金钩藤 112 亩中套种罗汉果 50 亩，实现罗汉果总收入 30 万余元。

(2)优化人才打造，提升产能效率　瞄准产业发展点，对点聚焦人才队伍建设，实现“产业带动＋人才定向培育＋产业壮大＋反哺人才建设”内部循环，由该合作社董事长杨华高牵头，在合作社内部建立人才培育带动激励机制，设定专技人才奖补资金，并将人才培育带动纳入与龙头企业合作具体内容中，每年至少对相关项目开展一次实地教学和交流，并与州、县、镇各级人才达成巡回出诊、信息反馈、技术传授、科普培训、测土施肥、病虫害防治等长期结对帮扶服务，实现本土人才破土而出。2018 年以来，该合作社董事长杨华高带头学习并熟练掌握中药材、罗汉果、百香果等种植、病虫害防治及农产品安全质量管控等技术，并在合作社内部培育优质种植人才名，根据相关人才辐射带动农户发展以及培育各地区人才情况，每月发放 500 元不等人才奖补资金，该合作社于 2022 年实现年产值 240 万元、盈利 50 余万元，解决人民群众务工 600 余人次。

(3)优化资源汇集，提升产能效益　该合作社破除地域局限，借鉴“三变”改革模式配合忠诚镇党委、镇政府在全镇探索土地托管模式，将合作社人员转化为参谋员、指导员，对相关村寨产业发展方向提出意见建议，对涉及村寨产业推进提供全过程技术指导，在全镇范围内培育 52 个种植大户作为致富带动标杆，驱动部分村寨农民将闲置土地统一交给涉及村委会进行统一规划和管理，有利于该合作社产业规模持续扩大、致富带动能力明显增强。以罗汉果种植为例，2022 年，榕江县富强种养殖农民专业合作社协助带动 5 个村集体经济、170 余户人民群众开展罗汉果种植，整合村级耕地面积 2 413 亩，预计收入 2 292.3 万元，切实实现“一带多”致富局面。

三、贵州农村合作社发展现状

改革开放后，贵州农村合作社发展主要经历 20 世纪 80 年代至 2003 年自主发展和 2003 年至今引导发展两个阶段，取得了不俗成绩。截至 2019 年 6 月底，贵州省农村合作社 68 584 个，合作社成员 241.6 万户，776.7 万人，其中贫困户 112.6 万户，375.4 万人，辐射带动非合作社农户 100 万户以上。合作社实有资产总额 1 364.1 亿元(其中固定资产 261.6 亿元)，流转土地面积 641.8 万亩，建在 500 亩以上坝区的合作社 7 040 家。

(一)有效带动了农业经营方式的转变

农村合作社的发展有利于转变农村地区的生产和管理方式，使农村群众的经济收益逐年增加。农村合作社不仅保留了家庭承包经营的基本情况，而且在农业生产和活动中引入了各种联盟和创新，把农民和经营企业更紧密地联系在一起，提高了农村人的市场组织化程度，较好地解决了千家万户的小生产模式与市场大变革之间的矛盾，提高了农村人管理市场风险的能力，提高了农民管理市场风险的能力。

(二)促进了农业生产的标准化规模化

在发展农村合作社的过程中，要求各合作社按照标准化的生产方式生产农产品，有效推广和使用会促进标准化、规模化生产模式，农产品质量安全和市场竞争力大大提高。规模化生产的过程需要合作社快速发展，加快引进品牌活动，为标准化生产和品牌活动提供平台。实施标准化品牌生产战略，可以有效提升农产品的质量，增强地区农产品市场的竞争力。

(三)增产增收

农村合作社的发展有利于农民经济收入的提升，也有利于农民增收能力的提高。在合作社的发展过程中，我国制定了多项重要的扶持措施，在合作社的产前、产中、产后等诸多方面提供了较好的政策和技术支持，合作社生产能力和农民经济收入较原先有大幅度的提升，而且生产成本随技术的改进而降低。农村合作社的发展对于提高农业的服务功能、农村社会服务和农业的服务能力会起到一定的促进作用。通过合作社的发展，合作社可以在产前、产中、产后提供详细的信息、品种、技术、销售等一系列配套服务，从而弥补地方公共服务在农业服务过程中的不足，改善农业社会化服务体系。

四、贵州农村合作社发展面临的问题

（一）发展进程有待进一步加快

近年来，贵州省农村合作社经过不断努力，取得了全新的发展，合作社的数量不断增加，注册资本也大幅度提高。然而，相较于先进省份和试点省份，贵州的农村合作社发展似乎仍然滞后，农民的观念与农村发展需求之间存在巨大的差距。截至2020年，贵州农村正常运转的合作社37 439家，占54.6%，“空壳社”31 145家，占45.4%。有超过50%的农村合作社处于“僵尸”状态。联结松散的专业协会占比69%，联结紧密的专业合作社占比仅为31%。“龙头企业＋合作社＋农户”型合作社仅占16.94%，从事销售、运输和从事信息、技术服务的占比分别为58%和36%，而从事生产、加工、销售综合服务的占比仅仅为6%。农村地区依旧缺乏解决生产和管理的管理人员，合作社也没有足够的动力。地方制定的政策仍需进一步完善，由于政策发布和宣传不够深入，指导意见不充分，支持力度不够，基层尚未形成发展农村合作社的良好氛围。

（二）管理不够规范

农村合作社管理不够规范，特别是在以下方面：第一，没有民主治理机制。虽然已经为农村合作社的发展制定了法规，但在实践中，这些法规一般都是形式上的，约束的力度不够强硬。国家和各级政府落实了支持农村合作社发展的各项政策，包括各级政府联席会议、财政支持、税收优惠、金融支持、简化工商企业注册手续、支农政策等，但有些部门出于自身部门利益的考虑，没有落实相关政策。一些部门对农村合作社的注册提出了前提条件，要求合作社在工商注册前向有关部门提出申请，否则将得不到财政支持，农村合作社将被视为属于本部门的企业和资产。虽然农业农村部、国家税务总局、国家市场监督管理总局、商务部、发改委、财政部等部门联合出台了一些支持农村合作社发展的文件，但缺乏明确的实施和具体监管职责分工，导致部门间争利避责，落实不到位。考虑到贵州农村合作社发展的资金需求，各级政府提供的财政支持似乎太少。贵州省每年的财政拨款只有600万元，而在2019年年底，江苏有8亿元，云南有近1亿元，山西有3 000万元，江西有2 000万元，湖南有1 500万元。贵州省各市县预算中的援助资金也格外少。一些农村合作社，内部机制不完善，没有完善的监督管理机构，各种机构只做表面功夫，没有充分地起到应有的监督职责，也没有民主监督机制。特别是一些大型合作社在管理和利益分配上缺乏一定的公平性，管理和利益分配总是由个人主义者或少数人主导，利益分配不均，甚至影响到成员的经济利益。还有，合作社的利益与农民的利益之间没有密切联系。利益联结是促进合作社发展和吸引成员的重要因素，它影响到各种合作社盈余的分配。合作社的未来发展直接取决于将群众利益和合作社利益联结起来的机制建立得如何。在大多数合作社目前的发展阶段，在盈余分配方面还存在一些问题，基层社员或普通社员没有参与合作社的分红，没有形成一个有效的利益共同体。

（三）指导工作不合理

一方面，与管理团队的关系不合理。合作社在发展过程中多数地区根本不了解建立专门的协调机构有何重要性，而且在农民专业合作社的经营管理中存在多头领导现象。主要因为管理单位多，权责分配不明确，容易出现重复管理、推诿扯皮等现象，阻碍了基层工作的质量。另一方面，缺乏管理手段。农村合作社的发展和注册不需要农业行政主管部门的检查，不向农业和农村部门提供相关信息，不定期提交相关报告。农业行政主管部门对农村合作社的发展和运作认识不足，难以进行针对性管理和有效指导。

五、农村合作社发展对策建议

(一)加强培训教育，提高参与积极性

现阶段，贵州省农村合作社的发展是不平衡的、缓慢的，主要原因是农民参与意识不强。对此，需要进一步加大宣传力度，不断提高农民对发展农村合作组织重要性的认识。在实际工作中，一方面，应该在农民的意识形态层面上采取措施。一些农民对农村合作社的认识不足，为了自己的利益直接从内部反对合作社。一些年轻的、受过较好教育的农民认识到参与合作社的好处，但他们发现很难加入合作社，因为他们没有明显的领导者。这些问题要求各级政府官员认识到合作社在促进经济发展和提高农民组织化程度方面的作用，将农村合作社的发展纳入地方经济发展的总体规划，并对所在地区的基层官员进行培训，传播有关合作社的信息，使他们的组织和管理能力有质的飞跃。县级部门要为培训工作提供最大的政策支持和资金协调，更好地利用县级团校提供的培训，加快培养精通业务和生产的优秀经济管理人员，以转变合作社的人力资源供给。另一方面，对各种优惠政策积极开展宣介和培训，不断加快各种资源的整合，构建完善的培训机制，建立培训师资储备，避免出现各自为政、重复培训的现象。还要扶持一批成功的合作社，组织典型示范，利用信息技术进行大规模传播，真正把合作的理念植入农民心中。培养高素质的工作人员是农村合作社运作的前提条件，应该成为所有利益相关者的优先事项。2021 年以来，榕江县车民街道根据搬迁群众意愿，结合企业用工需求组织培训，开展缝纫工、保安员、刺绣、电商、叉车等 16 个工种，28 期培训。探索“街道＋园区＋职校”与“街道＋集体经济公司(农村合作社)”的新培训模式。街道共有 887 名群众通过培训解决了就业的问题。

(二)加快构建完善的运行机制

农村集体经济组织作为一个特殊的经济组织，必须尊重市场竞争的规则。利益分享是发展和加强农村集体经济组织的一个重要动力。一是制定劳动报酬和股票分红相结合的盈余分享计划；二是加强对优秀管理人员的激励，探索将农村职工和主要管理人员的薪酬与农村合作经济组织的发展指标挂钩，引入股权激励、分红、绩效奖励、兼职兼薪等中长期激励机制，作为农村管理人员绩效补助和岗位调整的依据，调动农村合作经济组织的积极性。农村合作经济组织就是在为广大农民服务的基础上建立而成的，因此，在其建立、运行和管理过程中，应始终牢记真诚为农民成员服务的目标，加快建立优良的运行和管理机制。在组织结构上，政府部门要加强领导，加快选拔精干的领导人才，完善相关规章制度并尽早应用到实际当中，时刻牢记协商合作的原则，广泛征求意见，实行民主决策。在管理合作社时，要根据企业的活动机制，引入股东大会和理事会制度，并根据社员与合作社的业务关系，引入股份收入和分红相结合的利

润分配方式，为社员提供全面的信息和技术服务，形成发展生产、采购和销售的一体化模块。

（三）加快监督管理，促进合作社健康发展

一是，要明确合作社管理的主要部门，明确各部门的具体任务，加强部门之间的沟通，尽快了解当地农村社区的发展现状和存在的问题，为规范登记和扶持打下坚实基础。在登记和监督过程中，应加强与农业相关部门的有效协调，使其能够参与对合作社的正确登记和监督，使农业部门能够提供有关合作社数量和发展状况的全面信息。二是，工商部门要加快落实尽职调查制度、定期检查制度、年度检查制度和数据库监控制度，加强对农村合作社的日常监管，定期开展检查，发现违规行为及时纠正。三是，财政部门要加强项目监管，确保整个财政部门高效运转。

（四）积极拓展服务功能

农村合作社可组织农民学习多样化、多元化的生产经营服务；积极拓展营销手段、电子信息服务、教育和技术推广、农产品加工和贮藏、购置和操作农业生产设备等；组织和参与促销活动，如博览会和展览会等，积极扩大市场；促进农产品的标准化生产，提高农产品的质量安全水平，提供有机产品和有机食品的申报等服务，农业商品的品牌化、价值化；积极提供金融服务，鼓励有条件的农业专业合作社展开银行与农村合作社的合作、内部信贷合作和保险；组织参与土地承包经营权的转让，以及对土地承包经营权的管理；扩大生产和开发规模，加强与高等教育和研究机构的技术合作，更进一步促进科技服务水平。

（五）创新发展机制

第一，创新培训形式。鼓励和积极支持龙头企业，积极探索和推广“龙头企业＋专业合作社＋农户”的农业产业化经营模式，指导、引导龙头企业与农村专业合作社和农民实现有效结合，不断提高农民的产业化和组织化水平。第二，创新扶持方法。应加大财政支持力度，帮助农村专业合作社提供信息、培训、农业质量标准认证、农业生产基地基础设施建设、市场营销和技术引进等服务。第三，扩大金融服务。实力强、信誉好的合作社可以享受一定的信贷额度。鼓励有能力的合作社发展农业信贷合作，提供社区内部融资，扩大推广。

六、结语

研究表明，农村合作社改革的困难在于资金、人才和营销问题。目前，贵州省大多数农村人都外出打工，留在家里的多是老人和孩子，没有足够的人才来选择合作社。正因为如此，2022年在榕江县注册的600多个合作社中，只有278个在运作，而且那些成功的合作社更是少数。长顺县的情况也是如此，该县有81个行政村。虽然每个村子都建立了以单位为基础的经济合作社，但很少有村子能像交麻村那样取得如此大的成就。

贵州省黔东南州相关部门负责人认为，合作社改革应吸取脱贫攻坚优良经验，采取与脱贫攻坚相似的措施，让更多的部门参与进来，重新注入活力，让其成为农村经济健康和活跃的“细胞”。

目前，虽然一些相关部门在搞合作社改革，但力度不够，合作社需要的是头脑灵活、认真负责、有一定专业的技能、有生意头脑、有较高管理水平的人。合作社的决策者应该从干部中选

拔，将来的干部也应该从这些人中选拔，不仅要有知识，还要有说服力。

长顺县委相关负责人认为合作社董事长的人选至关重要，要懂行业、懂市场、懂管理，真正做成合作社负责人还是有一定难度的。长顺县有50%的村子选派了干部，他们将会担任村支书等职务。合作社的发展必须妥善做好人才选拔工作。对于村级后备干部，长顺县组织了两个班：一个是职业学校组织的技术人员培训班，农村需要这样的各司其职技术人员；另一个是党校组织合作部组织的村级后备干部培训班。

关于榕江县和长顺县的改革，专家认为，应通过农村合作社来实现乡村振兴。贵州有800多万农民工在外务工，如何能让他们放心回乡安家呢？也许最好的尝试是合作社改革促进农村产业发展。

基于以上几个方面的分析，可以看出，研究农村合作社的发展现状和对策，是发展当前农村经济优势的关键，必须切实做好。笔者认为通过对利益相关者的不断研究和了解，我国农村合作组织的发展水平最终会从根本上得到提高和加强，以满足新时期农村有效发展的基本要求。

参考文献

安启晖．现代农村建设进程中的农村合作社发展探讨：以青海省湟源县农村合作社为例[J]．农村经济与科技，2021，32(9)：68-70.

陈彦亮．用五大发展理念引领企业新发展[J]．中国农垦，2017(7)：52-54.

冯丽丽．对农业合作社发展的思考[J]．全国商情(理论研究)，2010(1)：84-85.

傅晨．农民专业合作经济组织的现状及问题[J]．经济学家，2004(5)：101-109.

贺绍磊．关于推进农村集体产权制度改革的若干思考：以潍坊昌乐为例[J]．农村科学实验，2018(6)：38-40.

黄文芬．“村社合一”发展思考[J]．合作经济与科技，2020(22)：64-66.

纪勤炜．歙县农民专业合作社发展现状及对策研究[J]．重庆科技学院学报(社会科学版)，2012(10)：113-115.

康群．互联网金融的风险传导机制及监管问题初探[J]．纳税，2018(10)：156，158.

李健，吴兴芝，李彬．农村合作社改革促乡村振兴的贵州探索[N]．中国经济时报，2021-08-11(001).

李喜玲．农村合作社发展现状及对策研究[J]．农家参谋，2021(21)：102-103.

李旭光．对漳州市农民专业合作社发展的调查与思考[J]．南方农业(园林花卉版)，2011，5(5)：45-48.

李彦谋．农村集体产权制度改革对集体经济发展影响研究[D]．荆州：长江大学，2021.

刘伟荣．河源市灯塔盆地国家现代农业示范区运行机制创新探讨[D]．广州：仲恺农业工程学院，2015.

罗灿．心中有“鬼”—达地水族鬼信仰溯源[D]．武汉：中南民族大学，2016.

莫宇．黔南州“五招”助力村集体经济发展[N]．贵州日报，2020-12-14(001).

邱中慧，魏世农，王盛鑫．贵州农村合作社可持续发展主要约束因素及路径选择[J]．理论与当代，2020(7)：12-15.

孙香娟．农村合作社的重要性以及发展策略[J]．农技服务，2017，34(19)：135.

王省彬．衣民专业合作经济组织发展探析[J]．安徽农学通报，2009，15(16)：2.

王天宇．我国农村合作社制度分析[J]．宁波经济(三江论坛)，2008(5)：34-37.

翁洪超．恩施州农业农村现代化水平评价及发展路径研究[D]．恩施：湖北民族大学，2022.

谢满．云浮市郁南县农村专业合作社发展路径研究[D]．荆州：长江大学，2021.

徐旺生．"三农"问题与农业文化遗产保护[J]．世界环境，2011(1)：20-21.

杨丽，益茜卓玛．海南省万宁市农村合作社发展现状及对策研究[J]．农村经济与科技，2020，31(24)：14-15.

叶添从．厦门市农村合作社发展现状及对策研究[J]．农家参谋，2022(5)：93-95.

尹耀卿，卢婷，黄万猛．农村合作社发展的建议与对策[J]．湖北农机化，2019(22)：10.

苑鹏．试论合作社的本质属性及中国农民专业合作经济组织发展的基本条件[J]．农村经营管理，2006(8)：16-21.

张蕾．福建省永安市曹远镇农村集体产权制度改革研究[D]．福州：福建农林大学，2020.

张盛生．中国将更积极有效地吸收外资[N]．厦门日报，2006-09-08(001).

案例二：农村合作社改革案例分析
——以厦门及吉林松原为例

摘要：农业是我国立国之本，也是我国三大产业之一，因此国家极为注重农村生产，且目前我国正处于农村现代化转型的关键阶段，在当前的情况下，农村农业全部管理工作的开展特别是农村合作社的管理工作成了当务之急。农村合作社是农业经营方式改革创新的必经之路，是农村变革新的需要。促进农村合作社的发展壮大才能有效促进农业产业化的生产和经营，使得在农业生产链的各部分的参与者之间都可以开展有效的合作，并由此来增加农业规模化生产程度，从而降低生产成本，提高农产品品牌竞争力的经济价值，并提高农户的经济收益。但现阶段，我国的农村合作社模式尚处于发展的初级阶段，再生产经营与管理的过程中也存在许多的问题需要进一步深入细致的研究。

农村合作社是一个崭新的农村集体经济组织模式，是国家针对现代农业政策和解决"三农"问题进程中而作出的一个创新的探索。通过建立发展农村合作社，能够更进一步加强农户群体内部的相互联络和协助，将"单打独斗"的农村家庭统一起来，从而与市场实现有效联系。农村合作社的出现突破了传统农业生产方式与市场经济隔绝的状况，促使农产品经营方式朝着更加市场性、专业性的方向快速发展，进一步带动农业生产的集约化、规模化。而新兴农村合作社的深入蓬勃发展可以更好地促进农村农业经济效益的迅速增长，使农村地区人民群众的经济生活水平得到进一步提升，促进农村农业生产方式的深刻变革，增强农村农业生产经营活力，也更好地解决农村农业经济发展中的问题。在信息科技蓬勃发展、现代企业信息化科学技术日益提升的互联网信息化科技时代背景下，中国农村合作社的运营管理和现代农业的现代化建设迎来了更多改革创新的机遇，而在此时代背景下，我国也顺势明确提出了要建立“数字乡村”，推进信息网络、大数据技术与现代化新农村建设相结合，中国新型农村合作社组织的全面数字化建设也成为该潮流下的必然趋势。众所周知，随着近年来社会经济的发展，在国家和政府的支持下，国内农村合作社呈现出极为良好的发展态势，但我国农村合作社的发展还处于初级阶段，发展体系和生产经营管理过程仍面临不少困难，有待进一步深入细致的研究并形成针对性措施。本案例以厦门及吉林松原的农村合作社为例进行系统分析，希望为相关研究人员提供参考。

一、农村合作社国内研究现状

国内有关合作组织经济发展的理论分析与探讨研究工作始于20世纪50年代初，并在理论探讨过程中一直以马克思、恩格斯、列宁等关于合作组织经济发展问题的理论研究为指导思想。而在新中国成立不久后，由于受到党内“左倾”错误影响，造成人民公社的大范围展开，我国农业合作经济组织的建设也因此陷入僵局。随着党的十一届三中全会的顺利召开，我国的部分地方接受科学理论的指导，纷纷成立了农民专业协会和新型的农村合作经济组织。直到此时，我国的学术界才开始重视农村合作社理论，对农村合作社理论进行了较为深入的分析和研究。20世纪90年代以后，我国各地各种合作经济组织经过积极的发展和完善，大大推进了我国的农村合作社的发展进程。随着市场经济的不断发展，以家庭承包责任制为基础的农户分散经营模式难以抵御市场经济风险的问题开始逐渐显现，农业和农民在市场中的弱势地位也日益明显。因此，众多学者都希望能够通过分析研究从而达到用科学合理的方式来解决现阶段合作社组织化程度较低问题的目的，他们的研究也获得了较为丰富的理论成果。牛若峰指出，在以农民的能够完全自由的联合为前提下，就有机会实现农业经济稳定而快速发展的目的，而农村合作经济组织就是农民自由联合的充分条件。杜吟棠认为，无论在经历农村合作社的那个发展阶段时，无论合作社进行怎样的经营或者服务活动，都一定要以民主和按交易额分配剩余利润这两个重要原则为准绳。张晓山经过深入对比分析后提出，通过激励和财政支持等途径来推动农村合作社的成立与发展，可以帮助农民维持一个较低的交易费用，又能扩大其交易的数量，从而大大提高农产品在市场中的议价竞争力，进而达到不断增加农民收益的目的。程漱兰也认为，在市场经济的条件下，只有通过保障农产品在市场流通的灵活性以及提高农民在市场议价竞争中的弱势地位，才能在真正意义上增加农户收益，通过采用农村合作经济组织的方法，稳固企业与农户的良性互动关系，加快进行农业产业化垂直协作的持续型变革。

二、农村合作社在农村经济发展中的作用

1. 提升单位面积内的含量，增加农民群众经济收入

党中央一直高度重视“三农”问题，并将解决“三农”问题摆放在全党一切工作的首要地位。

当前，随着中国农村改革发展步伐的持续推进，农村经济发展水平也取得了一定水平的提高。但是随着农村生产成本开始出现逐步上升的趋势，以及农村企业经营不景气，许多农村群众不愿再参加农村劳动而转移到其他行业当中去，使农村劳动力资源逐步减少，这对促进农村的经济发展建设将形成负面作用，同时也不利于进一步提升农村区域的经济社会发展能力。通过在农村区域内积极开展新型农村合作社，则可以把农村群众都组织起来，从而较好地解决农村经济社会发展相对缓慢的情况问题。借助农村合作社可以创建出一个涵盖了农资采购、农资制造、产品加工、生产储运、产品销售等完整的服务产业链，克服农民群体以往单打独斗、抵御经营风险力量欠缺的问题，利用这一条产业链可以更好地降低中间不必要的经营成本投资，提高农产品的附加值，同时利用农产品专业合作社统一产品、统一经营、统一管理的特性，可以规范农民的种植生产活动，减少化学农药的不科学合理施用，保证生产的农产品绿色、生态、安全，更好地适应消费者的多元化需要，进一步增加农民群体的经营收入，增强农产品的市场竞争力。

2. 实现经济资源共享和利益的最大化

农村合作社是一种互帮互助的经营机构，在农业生产经营机构当中扮演着关键角色。农村合作社所配备的领导人和管理人员，通常有着较深厚的农业实践、经济理念和产品运营经历，他们可以更好地掌握农业市场动态，掌握市场需求，以便更好地指导广大农业群众调整农产品栽培方法、种养结合方式，创新发展农作物品种，从而更好地进行农产品的生产与营销，也可以给广大农业群体提供一种系统性专业化的农业生产技术，从而更好地促进农产品发展，达到对农业生产经济效益的最优化。在当前的农村用地管理制度变革，集体和家庭联产承包责任制的并存等大背景下，通过发展农村经济合作组织可以把国家、集体和个人的经营利益有效联系起来，从而更好地冲破传统体制的理论束缚和技术封锁，把国家和个人利益有机联系起来，既达到农村科技交换协作和信息资源共享目标，同时又可以把城镇区域与乡村地域有机联系起来，充分运用城乡的各项宝贵资源，达到优势互补，从而更好地推动农村现代化发展。

3. 推动农业产业化专业化发展

农村合作社的建立，离不开地方政府部门的政策指导和支持与帮助。为更好地享用新世纪建设现代农业经济的号召，不少农民都希望通过运用政府各种优惠政策获得农业发展机会，但要想完全实现这一愿望，还可以把乡镇企业与农村社区之间的农业合作关系有效联结起来，而通过帮助农业社区联合成立种养殖专业合作社，可以有效促进该区域的农业产业化与专业化经营，进而使生产出的食品数量更多、质量更佳。新型农产品专业合作社则在地方企业的支持下，运用现代的农业科学管理方法和科技资源，促进农业产品逐步地朝着技术现代化、产品标准化的方向发展，进而大幅度提高农业产品品质。通过将农业公司与食品专业合作社之间的联系加强，能够逐步拓展农村产业链，进而达到生产、营销、配送、售后服务、产品等一体化，进而能够形成一个地方的农产品品牌，并以此实现品牌效应，进而有效促进一个地方的农产品生产向市场化发展转变。新型农村合作社想要让农村经济良好、蓬勃地发展，就必须对农村产品技术机械设备加以合理调配与完善，进一步研制与开发新商品，培养开阔、广大的消费市场与消费群体。由此可见，通过将公司与农村合作社有机联系可以更好地推动农村产业化与专业化发展进程，达到二者的优势互补，最后达到协同发展、共同进步的目的。

三、厦门及吉林松原农村合作社案例

(一)厦门农村合作社

1. 厦门农村合作社发展现状

截至2020年年底,厦门市经工业登记的农村合作社达到了2 000余家,共有登记注册金额达到了20多亿元,登记注册组织成员达到了30多万人,带动周围农户接近12万家,占到全市农户的50%以上。这里面有13家农村专业合作社的7个产品获得了绿色认证,3家合作社的2个产品获得了有机产品认证,82家合作社申报登记注册标志83个,其中厦门市知名商标2个,省级知名商标2个。通过厦门市农业与农村工作部门的不间断共同努力,农村合作社在促进农业产业结构调整,实现农业改革发展方面起着越来越大的作用,主要体现在以下几个方面:

(1)有效带动农业经营方式的转变　发展农村合作社能更好地实现农业生产经营的改革,增加农民群体的经济收益。农业合作既可以保持家庭承包经营的基本地位,又可以进行农业生产经营方式的各种合作和多种技术创新,密切农民与龙头企业间的联系,提高农民群体进入市场经济的组织化程度,更好地解决千家万户的小商品生产模式和市场经济之间的矛盾,提高农民群体抵御市场经济风险的能力,有利于本区域名优特农产品的合理推广,有利于形成完整的农村商品生产基础,实现产品资源经营条件的完善合理配置,着力提升农业产业化经营,提高农业生产效益。

(2)促进农业生产的标准化规模化　农村合作社发展壮大过程中,往往需要每个合作社都按标准化的生产流程进行农业生产,只有这样才能促进农业标准化规模化生产模式的有效推广应用,大大提高农业的产品质量安全管理水平和企业竞争力。规范化生产过程中要求农村合作社必须加速发展壮大,尽快进行品牌化运营,并为标准化生产的品牌化运营创造平台。推行标准化生产品牌化运营战略,可以有效提升农产品的生产品质,也可以促进地方农业市场实力的增强。

(3)促进增产增收　农村合作社的开展增加了农民群体的集体经济收入,拓宽了农民群体增加收入的途径。在农村合作社成长发展中,通过国务院出台的各项政策支持措施,对农村合作社产前、产中、产后的多个阶段有效给予了政策保障和科技支撑,农村合作社的综合生产能力明显提高,农民的经营增收途径更加拓展,经营支出效益变低。同时,建立农村合作社制度还可以增强农村的公共服务功能,更加完善农业社会化服务体系,增强农业的服务能力。合作社在茁壮成长过程中,产前、产中、产后均可以进行详细的资讯、品种、技术、营销等各种相关业务,有效填补当地政府部门在农产品公共服务流程中功能缺失的情况,进一步健全农产品社会化服务体系。

2. 厦门市农村合作社发展面临的问题

(1)发展进程较缓　经过了近几年不断的努力,厦门市的农村合作社进入新的时期,合作社的规模进一步扩大,注册资金也呈现明显上升的趋势。不过,就总体的形势来说,仍普遍存在着建设步伐较慢的情况。部分群众对发展农村合作社的认识相对薄弱,参与的积极性不高。一些地方并没有既熟悉产品又懂营销的人员,合作的动力源比较缺乏。当地政府部门建立的各项政策还有待逐步健全，由于政策法规宣传与普及力度不够，指导力度不充分，支持力量不够，基层地方尚未形成农村合作社良好的发展氛围。

(2)管理不够规范　农村合作社监督管理不够规范，主要表现在以下几个方面：民主监督机制落实不到位。虽然农村合作社发展建立了配套的制度，可是在实际操作过程中，各项规定普遍流于形式，规定的制约力量不够。在一些农村合作社，内部各项制度建立不够健全，缺乏设置健全的监管组织，各种管理机构流于形式，不能起到其应有的监督功能，缺乏民主监督机制。尤其是在某些较大的农村合作社当中，由于决策或利润分配中总是出现个人主义和少数说了算的状况，利润分配不平等，以至危害到社员的经营权益，各项监督管理缺乏公正性。合作社与农村群众间的利益联结不够牢固。利益联结是促进合作社发展壮大和留住社员的关键，体现在合作社各种利润的分享。群众与合作社的利益联结制度建立是否合理，直接决定着合作社的未来发展前景。就现阶段的发展状况分析，多数合作社的盈余分配还面临相当的社会问题，一般的社员甚至一般社员既不能积极参与到合作社的利润分配，又不能建立合理的利益共同体。

(3)指导工作不合理，缺乏理顺管理关系　大部分地方的合作社在发展壮大流程中并不能迅速形成专门的协调工作组织，农村合作社在进行管理工作流程中产生政出多门的现象，主管机关较多，职责界定不清楚，极容易发生重复管理工作甚至推诿责任的情形，导致质量管理工作无法切实到位。管理相对欠缺，农村合作社发展和备案登记工作过程中不要求农业主管部门的审批，不能向农业农村主管提供有关资料，也不能定期上报，农业主管部门对农村合作社的发展工作状况了解不够，无法进行针对性的管理和行之有效的指导。

3. 厦门市农村合作社发展对策

(1)加强培训教育，提高参与积极性　现阶段，厦门市农村合作社发展不平衡，发展缓慢，主要原因是农民群众的组织意识不够。为此，就必须不断提高宣传教育，进一步增强农民群众对农村合作社发展壮大的信心。县级政府部门需要对培训工作予以政策的扶持和经费的协调，发挥县广播学校的培训教学功能，加速培训一大批懂经商会生产的优秀财务管理人才，增强合作社的人才供应能力。另外，还必须加强整合各类资源，建立完备的培训管理体系，形成培训教师信息库，防止各自办学和重复培养情形的出现。

(2)加快构建完善的运营机制　农村合作社服务的目标群体是广大农民群体，所以农村合作社在建立与运营的过程中，必须永远坚持全心全意地为农民群众、为会员服务的工作理念，并努力建立健全的运营机制。在领导机制上，政府部门应当加强指导，并迅速推选出得力精干的领导小组，健全相应制度，并遵循协商合作的原则，经过充分协调，进行民主决策。在合作社正常运行的过程中，应当根据社会主义企业经营机制采取社员大会和理事会机制。在企业收益安排方面，应当通过将会员和合作社内部资金按交易额比例返还和股权分配等有机结合的形式，向社员提供全方位的现代信息技术服务，并建立产供销一体化的发展模式。

(3)加快监督管理，促进合作社健康发展　一方面，政府需要逐步明晰农村合作社监督管理的主体职能，明确各个单位的具体管理工作职能，进一步完善各个单位间的信息沟通交流，及时掌握本区域内农村合作社的主要发展状况和问题，为完善登记注册、完善支持提供扎实依据。在登记注册监督管理过程中，政府需要强化与农业农村行政部门的有效配合，共同完成对合作企业的登记注册监督管理工作，确保在农业领域内可以全面了解农村合作组织的数量和发展状况。另一方面，农业、工商等相关部门还需要尽快建设更加完善的巡查机制，定期回访检查机制、年检制度、数据库监控机制等，强化对农业农村合作组织的日常检查，通过定期审查，及时发现违规行为并进行改正。再一方面，财政部门必须与有关主管部门加强项目监管，保证项目财务管理的有效运行。

(4)积极拓展服务功能　农村专业合作社要为农户开展不同形式的农业产品营销服务，积极开展市场营销、农产品信息咨询服务、科技宣传、农产品加工贮藏，以及农村生产资料购买业务；积极组织举办农户参加的展销会、推介会等农业商品宣传活动，积极开拓农村市场；为促进农业产品规范化生产，提升农村质量与安全生产管理水平，主动开展农户申请健康农产品、有机农产品等信息咨询服务，树立名牌、打造品牌，提高农业商品品位；积极开展农村金融服务，引导有条件的农村专业合作社银农合作、内部信用合作以及参加农业保险等；主动组织参加农村耕地承包经营权的流转，以增加农业产出企业经营；强化与高校、科研等机构间的技术协作，以提高农业科技服务水平。

(5)创新发展机制　一是革新企业组织方法。主动指导和支持由龙头中小企业、乡镇能者和种养大户等牵头成立的农村专业合作社。同样，还要主动研究推行“龙头公司＋专门合作＋农家”的农村产业化运作方法，主动指导龙头中小企业、乡镇专门合作和农家实现有机融合，以进一步提升农村产业化运作能力和村民生产组织现代化水平。二是革新支持手段。要加强项目支持力度，帮助农村专门合作进行信息管理、技术培训、农业质量标准认定、村民生产基地基础设施建设、产品营销与技术推广等业务活动。三是延伸服务。对经营能力较强、信用好的农民专业合作社可给予相应的信用贷款额度，并指导有条件的农民专业合作社进行农信联合，进行社内投资，规模扩大再生产。

综上所述，建立农村合作社是促进农业经济科学发展、提高人民群众经济收入的重大措施之一。就现状来说，还普遍存在着开展步伐相对迟缓、管理工作缺乏完善、指导操作脱节的现象。因此，要继续拓展思路，确定未来的工作目标，提出较为明确的工作思路，切实克服农村合作社建设中可能存在的一系列困难，有效推进现代农业建设步伐进程。

(二)吉林松原农村合作社

1. 吉林松原宁江区新型农村合作社发展现状

为全面落实省、市农村农业委员会工作精神，为推进农业改革，推进全区小农户专门合作社、家园农庄的优质蓬勃发展，并尽快建立农村新型经营制度，推进现代农业的蓬勃发展，在宁江区深入开展了小农村专业合作模范社和示范性家园农庄联创实践活动，以期增强示范点的引领带动功能，进一步提高管理工作品质和组织化程度，实现小村民和现代农业的有机连接，进一步带动农村经济繁荣蓬勃发展。按照《松原市农民专业合作社示范社、榜样家庭农场优质经济发展创建工作方案》，宁江区制订了《宁江区农民专业合作社示范社、榜样家庭农场优质发展创新发展工作方案》并确定了发展创新区域、条件和考核评选条件。近年来，随着农业生产结构的调整和农业产业化运营步伐的加快，农民专业合作社蓬勃发展。宁江区现管辖 5 个乡镇，82 个行政村，农业人口 20 万，占全区总人口 37.7%。截至 2021 年 11 月，宁江区在工商注册的农民专业合作社 999 家。入社的农民专业合作社农户达 10 527 户，带动农户 15 868 户，从农民专业合作社产业发展情况看，种植业 488 家，占总数的 49%；养殖业 96 家，占总数的 10%；种养结合的 377 家，占总数的 37%；农机服务 10 家，占总数的 1%；信息服务业 28 家，占总数的 3%。据 2020 年数据，农民专业合作社成员垧纯收入比未入社的农民增加 2 100 元。

2. 吉林松原发展新型农村合作社，助推农村经济健康可持续发展的工作的具体措施

(1)指定扶持政策　凡在全国农业展览会上荣获金牌、银牌的经营单位，一次性分别奖 1 万元、0.5 万元。对促进农村特色产业开发和农户增收成果显著，并按时足额缴纳农村土地流转费和农民工报酬的专业合作社，并被评定为国家、省模范社的分别享受 20 万、10 万元的国家和省奖补经费。进一步扶持农村科学技术发明工作，对获得实用新型专利并应用于农村生产的发明人每项奖励 1 万元，对获得技术发明专利并应用于农村生产的发明人每项奖励 5 万元。

(2)推动土地流转　按照“区域布局、规模连片、集约运营”的工作思路，积极地引导推进“龙头公司＋联合社＋培训基地＋农民”或“订单农村”产业化模式，充分调动新型农村协作的投入积极性，引导当地农民开展具有主导方向的农村土地流转，有力推动产业化经营步伐。每年确保有足够的资金投入专项支持农村集中整乡整组连片耕地流转，鼓励资源向镇村级土地流转平台集聚，吸纳大学生、返乡农民工、农创客等新兴职业农户带项目进入工业园区，兴办休闲农场、家庭农庄，产生聚集效应，构建特色农业产业园区。

(3)加强职业培训　从培训骨干、抓宣传带动、转变经营观念入手，通过形式的多样，强化企业宣传培训力量，从全方位增强新型经济经营主体负责人的创新能力，以促进创新带动就业。通过培训，能够提高新兴经营主体发展创新的基本能力，提高企业负责人政策理解水平和实际操作能力，提高担当服务的意识水平，为促进新兴经营主体发展壮大，提供有力的理论保障。

(4)强化规范建设　从完善章程、管理制度、组织结构、财务管理等方面入手，加强干部指导培训，认真做好全国农业协作示范社和示范性家庭农场创建工作，进一步发挥农业新型经济运营主体的示范带动功能。同时，为强化农村联合社的规范管理工作，提高整体素质，将在全区范围内集中进行农村专业联合社的专项清查工作。一是针对没有农民成员加入、没有实质性的营业行为、因运作管理工作不力的合作社，将其自愿注销；二是针对领取营业执照后开展经营活动，采用简易注销方式办理注销；三是对有企业行为、但生产经营管理不完善的联合社，开展针对性的法规政策培训，帮助他们对照规章制度，建立健全的管理体系，从而完善企业经营合作社；四是对工作中出现一定问题的协作社，及时跟踪帮扶。

(5)加强人才引进和培育　一方面，抓好人才培养吸纳工程。深入开展全省“融合新兴城市化鼓励外来农民工等人士回乡创新试验示范性”创新工作，吸纳大学生、外来农民工和退伍军人等群体回乡创业。推动农村人才培养制度改革，加强农村本土人才研发与扶持，建立让农民留乡、城市居民下乡、能人回乡的创新技术人员良性流转制度。另一方面，搞好“育”的基础建设。实施农业素养提高工程和现代农业领导人才建设工程。发展榜样表率作用，培养职业经理人、电子商务企业家、高级民宿管理者、返乡创业带头人。

三、总结

现阶段，中国农产品生产依然属于第一产业，在农业社会的新发展阶段，中国农产品还存在着生产方式的重大变革。但农村合作社的存在可以提高农业生产关系，进一步完善农村社会体系，使中国农产品对自然灾害具有相应的对抗能力，进而提高农业生产水平，提高农户整

体增收，从而推动农村经济社会的发展。在农村合作社迅速发展的大背景下，怎样完善和管理农村合作社已成为中国当前社会上亟待解决的重大课题，唯有进一步扩大农村合作社发展才能带动农村生产，促进中国农村经济社会的健康发展。在农村合作社成长过程中，要形成完善的技术培训制度，经常组织合作社成员开展有关生产技能、产品专业知识等方面的培训，以充实农村合作社成员的农产品知识，从而提高产品技术含量，培育复合型人才。同时，也要提高合作社成员的农业素质，引导其掌握最先进的农业科技，培育专业技术人员，进一步完善农业经营管理体系，提升农村合作社的经济结构，从而提高农产品产量，为成员带来经济效益。农业关乎国计民生，随着现代经济的快速发展，农村经营模式的改革势在必行。农村合作社作为紧密型、实体型的经济体，它的出现，有利于农业资源整合，形成规模效应，利用先进的科学技术促进现代农业的发展，提高农业的整体经济水平。随着大数据信息技术的蓬勃发展，农村向数字化转型发展已成为大趋势，因此，数字农村建设的重要意义凸显。而新型农村合作社则是以发挥传统农业经济力量推动现代农业发展，解决农村群众基本生产生活问题，推动农村经济社会健康可持续发展的重要生产经营部门，其工作对于推动农村经济社会发展、提升农村农民群众经济社会生活水平、实现农业产业化市场化以及调节农村社会生产结构具有重要意义。但就目前情况来看，我国农村区域的农业合作发展还处在初期阶段，在发展过程中依然需要政府、社会等多方力量的积极帮助，还需要相关部门进一步加强有效指导，以规范农村农业合作的具体生产经营活动。各地部门应当把关注的重心、重点放在如何推动农村合作社可持续发展的方面，进一步提升关注程度，将之视为破解“三农”问题的有效抓手和重要途径，并以此来推动农村经济社会的发展，努力建设和谐、富裕的社会主义新农村，为中国乡村振兴战略的全面实施提供坚实基础。

参考文献

程漱兰．办属于农民社员的供销社[J]．中国合作经济，2007(1):25-27.

丁盼．我国农村合作社存在问题及对策研究[J]．中国农业信息，2013(11S):251.

董丽艳．新型农民专业合作经济组织发展问题及解决对策[J]．山西农经，2020(2):58-59.

杜吟棠．“公司＋农户”模式初探:兼论其合理性与局限性[J]．中国农村观察，2002(1):30-38.

冯营．农民专业合作经济组织发展问题研究[D]．长沙:湖南农业大学，2013.

韩杨．新农村建设中的农村合作社[J]．合作经济与科技，2009(5):16-17.

洪名勇，何金福．数字乡村建设过程中的新型农村合作社发展路径探索[J]．农业经济，2022(6):63-64.

胡定寰，杨伟民，张瑜．“农超对接”与农民专业合作社发展[J]．农村经营管理，2009(8):12-14.

胡萍．国内外农村合作社理论与实践发展的比较研究[D]．武汉:武汉工程大学，2013.

黄敏．新型农业合作社在农村经济发展中的作用[J]．农家参谋，2021(24)：114-115.

黄兆康．农村合作社是解决“三农”问题的制度创新[J]．江苏行政学院学报，2004(5)：48-51.

黄志强．厦门市同安区农民专业合作社发展现状与对策[J]．福建农业科技，2016(7)：60-63.

黄祖辉，扶玉枝，徐旭初．农民专业合作社的效率及其影响因素分析[J]．中国农村经济，2011(7)：4-13.

孔祥智，陈丹梅．政府支持与农民专业合作社的发展[J]．教学与研究，2007(1)：17-20.

李喜玲．农村合作社发展现状及对策研究[J]．农家参谋，2021(21)：102-103.

栗智健，郎宏文，孙秀敏．农业农村数字化背景下高校辅助农村合作社转型探究[J]．农村经济与科技，2021，32(19)：63-65.

梅福林．论农业经济合作化与农业产业化[J]．江西社会科学，2001(6)：79-82.

牛若峰．21世纪中国农业变革与发展的走向[J]．经济研究参考，2001(47)：37.

潘月萍．农民专业合作社规范化发展及其路径探究[J]．农村实用技术，2021(4)：4-5.

齐美玲．松原市农民专业合作社发展研究[D]．长春：吉林大学，2016.

沈文萍．我国农村合作社存在的问题与对策[J]．中共郑州市委党校学报，2007(3)：84-85.

陶发章，严海龙．农民专业合作经济组织发展存在的问题及建议[J]．现代农业科技，2010(23)：335，338.

王广云．新形势下农民专业合作经济组织财务管理问题浅析[J]．中国集体经济，2020(25)：125-126.

王宁，琚向红．合作社：新农村建设中组织创新的有效载体[J]．现代农业，2006(9)：31-32.

王晓云．农民合作经济组织发展的现状、问题和对策[J]．中国集体经济，2017(1)：14-15.

王欣欣．松原：农民专业合作社富乡亲[J]．农村科学实验，2015(8)：6.

王艳．农民专业合作社发展中的政府支持研究：以南阳市为例[J]．河南农业科学，2010(7)：113-117.

邢艳华．农民专业合作经济组织发展存在的问题及对策[J]．中国集体经济，2012(15)：1-2.

许淑玲．我国农民专业合作经济组织发展现状与对策[J]．市场论坛，2010(8)：47-48.

姚斯博．松原市农民专业合作社利益分配问题研究[D]．长春：吉林农业大学，2020.

叶添从．厦门市农村合作社发展现状及对策研究[J]．农家参谋，2022(5)：93-95.

苑丰，刘武芳．农民专业合作经济组织的产生条件及制约因素分析[J]．中国农学通报，2005(4)：376-378.

苑鹏．试论合作社的本质属性及中国农民专业合作经济组织发展的基本条件[J]．农村经营管理，2006(8)：16-21，15.

张开华，张清林．农民专业合作社成长的困惑与思考[J]．农业经济问题，2007(5)：62-66.

张晓山．促进以农产品生产专业户为主体的合作社的发展：从浙江农民专业合作社的兴起再看中国农业经营方式的走向[J]．农村经营管理，2005(4)：11-14.

张晓山. 促进以农产品生产专业户为主体的合作社的发展:以浙江省农民专业合作社的发展为例[J]. 中国农村经济,2004(11):4-10,23.

张晓山. 农民专业合作社规范化发展及其路径[J]. 湖南农业大学学报(社会科学版),2013,14(4):1-4.

张衍霞. 关于新型农村合作社的认识及对策研究[J]. 理论前沿,2007(15):38-39.

中国人民银行松原市中心支行课题组,孙立波,宋庶民. 金融支持农民专业合作社发展存在问题及建议:以吉林省松原市为例[J]. 吉林金融研究,2019(8):32-35.

周后坤. 农民专业合作经济组织财务管理的问题及对策[J]. 吉林农业,2011(10):8.

第四章
农业技术推广站案例

案例一：现代农业技术推广站案例分析
——以河南南阳为例

摘要：在农业振兴的大背景下，我国不断加强对农业发展的重视程度，出台了一系列政策法规，在一定程度上有效提高了我国农业科技的整体水平。伴随着农业科学技术的不断发展，基层农业技术推广也受到很大的重视，如农业机械化，其有助于提升基层农业生产水平、生产效率。为了提高产量和效益，应不断加强农业技术的推广，从种植业的发展需要出发，为农民提供科学的种植技术，进一步推动农业现代化进程，促进农业经济快速发展。农业作为我国经济发展的重要产业，要想更好地结合新时期的发展需要，必须因地制宜，根据当地环境等自然条件优化产业结构，大力发展农业种植业。农业种植业的发展离不开农业技术的支持，因此，需要充分重视农业技术的推广。党的二十大报告指出，全面推进乡村振兴，坚持农业农村优先发展，巩固拓展脱贫攻坚成果，加快建设农业强国，扎实推动乡村产业、人才、文化、生态、组织振兴。农作物的高效生产助力农业的稳定发展，种植技术在很大程度上影响着农作物的产量，且种植技术的发展和应用对提高农作物的质量也很有效。农业技术推广是指通过试运行示范、学习和指导，将农林牧渔业的科技创新成果和符合当地生产需要的实用技术传播和应用到农业生产过程中，并提供课题研究和开发服务，提供信息系统和通信系统解决方案，以及各种平台和系统的评估和测试服务等活动。基于此，本案例阐述农业技术推广在种植业中的重要性，介绍农业技术推广的相关内容。以南阳市农业技术推广站为案例，介绍当地粮食作物的病虫害防治技术、种植实用技术以及农技服务等相关内容，提出促进南阳市农业技术推广应用的有效方法，依据我国现在农业方面的发展情况，对相关应用技术进行具体研究。

一、农业技术推广的定义

农业技术推广指通过试用操作、展示、学习、引导以及提供课题研究开发服务，提供信息系统、通信系统解决方案，对各类平台、系统的评价测试服务等。一般应用于农作物栽培业，保护生态环境、保持生态平衡的林业，专门饲养牲畜或家禽的畜牧业，捕捞和养殖鱼类与其他水生动植物以取得水产品的渔业，还应用于农业生产产前的种子、化肥、农药、农机具等农资的提供与推荐以及技术培训与政策帮扶。包括产中的技术指导，以及产后的销售、收购、客户联系、运输、结算等，是由产前到产中再到产后的全过程的活动。农业技术推广必须遵守的原则：有益于农业的发展；要尊重农业劳动的人员的看法；根据各地的具体情况，采取适当的措施，经过试用操作、展示；拥有土地所有权的经济组织扶持；实施科学研究的单位、相关的学校、综合性的传播机构与科技群众团体、科学研究人员、农业劳动人员相融合；重视农业生产的社会效益、生态效益和经济效益。

其推广的技术主要包括科学施用肥料技术、良种繁育技术、栽培和养殖技术、病虫害防治技术、农业机械技术、农用航空技术、农业气象技术、农村供水技术、农田水利技术、土壤改良与水土保持技术、农村能源综合利用技术、农业环境保护技术，以及农业经营管理和农副产品的加工、保鲜、贮藏运输技术等。

二、农业技术推广站工作职责

农业技术推广站要大力推广、彻底实践，实行国家和地方各级政府关于农村工作的各项方案、相关的政策和有关制度；积极参与改变农业产业的比例，优化协调种植业、林业、渔业、畜牧业等各个产业之间的比例以及油料、粮食、糖料、蔬菜、渔业、畜牧业等各种生产基地的建设，指引领导农民生产无污染、安全、优质的食品工作；负责当地农作物病虫害综合防治、栽培技术指导、蔬菜栽培、高效农田建设和土壤监测化验等工作；负责农业技术培训和科学技术队伍建设及开展技术咨询服务，为农民提供农业技术相关信息；负责当地农业新技术、新品种的测验、展示和宣传；负责调查整合全镇农业生产信息、病虫害情报，为农业生产和广大农民提供更加广泛的技术服务。

三、南阳市农业概况

南阳是河南省中拥有最大土地面积和较多人口的农业大市。南阳是全国烟、棉、油、粮的集中产地，“中州粮仓”是南阳市素有的美称。“南阳黑猪”“南阳柞蚕”“南阳黄牛”在全省享有盛名。土特产品以及药、林、果资源多种多样，中药材有丹参、半夏、全蝎、桔梗、山茱萸、辛夷、血琥珀七大名产，经济林有油桐、银杏、大枣、猕猴桃、苹果、板栗、柑橘、生漆等 20 多种，材木林有泡桐、落叶松、云杉、冷杉、华山松、柏木、樟子松、油松、马尾松、云南松、杉木等 30 多种，无公害农产品基地在全市建有 16 个。桐柏因板栗优产被命名为“河南省名特优经济林之乡”；西峡因山茱萸、猕猴桃优产，桐柏因木瓜优产，南召因辛夷优产被命名为“中国名特优经济林之乡”。

四、南阳市农业技术推广站简介

南阳市农业技术推广站是南阳市农业农村局下属公益性质的全供事业单位。南阳市农业技术推广站主要的职务和责任是参与制订辖区内农业生产计划、辖区内农业发展规划、农业科学技术推广计划，并结合成为一定的整体去实践；引荐农作物新技术、新品种、新成果，进行试验示范并推广；承担上级部门下达的农业技术推广任务；组织实施新技术、新成果的测验展示及使用；扩大化发展农业技术的宣传、咨询和培训工作；为农民开办技术服务窗口来提供农业科学技术和信息化的服务；向农民进行农业政策、农业法规等知识的宣传；搞好农作物的病虫害防治及灾后补救措施；组织辖区内农业的标准化生产，推动无公害农产品和绿色有机食品的生产；引领指导并发展最新从事农产品生产、加工、销售和服务的个人以及组织，对其进行指导和服务，建立好各个级别的农技推广服务体系。

南阳市农业技术推广站是一支既有丰富经验又有活力的团队。现有高级农技研究员 3 名，高级农艺师 11 名，农业师 18 名，助理农艺师 4 名，包括农业生产、植物保护、计算机、法律等多方面的人才。南阳市农业技术推广站本着以粮为本、服务“三农”的宗旨，全力服务南阳所有的农业从业人员，为南阳的粮食生产保驾护航。

五、南阳市农业技术推广站粮食作物防治技术

(一)多花黑麦草防治技术

1. 多花黑麦草生物学特征

多花黑麦草，短期多年生，生长周期在当年之内或不到一周年，在年份上跨年生植物。穗形总状花序直立或弯曲；穗轴柔软，节间无毛，上表面微粗糙；小穗含小花；小穗轴节间平滑无毛；茎秆笔直，叶鞘松散；叶舌长达 4 mm；叶片扁平，无毛，上面微粗糙。颖披针形，质地较硬；外稃长圆状披针形，具 5 脉，顶端膜质透明，具长 5～15 mm 的细芒，或上部小花无芒；颖果长圆形，花果期 5～8 个月。南阳地区的多花黑麦草多作优良牧草、草坪草引种栽培，属于外来物种。

2. 多花黑麦草生长发育特点

(1)出苗时间长，防治难度大　多花黑麦草为短期多年生，生长周期在当年之内或不到一周年，在年份上跨年生的草本植物，其种子寿命长，在土壤中存活可达 5 年以上；幼苗出土期限长，多花黑麦草的出苗期从每年的 9 月下旬至次年 3 月上旬陆续发芽出土长达 150 d；植株不易着药，叶片光滑狭窄，表面覆有较厚的蜡质，药液不易沾着。这些特点导致多花黑麦草防治难度大、防治效果差。

(2)传播蔓延快，很快形成优势群落　因多花黑麦草分蘖力强，单株分蘖多达 10 个，每株繁衍种子几百粒，甚至上千粒，生命力强，即使在春季发芽出土的幼苗生长发育依然很快，到小麦抽穗开花期，多花黑麦草植株高度可超过小麦，仍能抽穗开花结籽。

(3)易产生抗性　多花黑麦草对除草剂抗性上升快。2013 年，南阳市镇平县张林镇部分麦田发生的多花黑麦草，采用 15%炔草酯 30 g 左右加水 15～30 kg 均匀喷雾即可有效防除；应用 3～4 年，对炔草酯抗性已上升，防效降低。2017 年引进推广唑啉草酯，亩用 5%唑啉草酯 80 mL，可以达到较好防效；2020 年对唑啉草酯抗性明显增强，黑麦草重发区域亩用 5%唑啉草酯 120～160 mL，防效仅在 75%左右。

(4)防除成本高　多花黑麦草为禾本科黑麦草属，与小麦属是近缘植物，可用的除草剂种类少，研发费用大，适用的除草剂价格较贵，防除成本高；人工拔除需要多次进行，费工费时效率低，每亩地防治费用需要 70～100 元及以上。

3. 多花黑麦草防治技术

根据多花黑麦草生长发育特点和习性，在防治上要采取“预防为主、综合治理”的原则，采取“治小治早，多策并举”防治策略。综合运用“倒、种、翻、封、杀、拔”等措施，做好多花黑麦草持续防治工作。

(1)倒茬休耕　多花黑麦草严重发生的麦田，可以造成小麦绝收，防除成本太高，常年小麦—玉米轮作田，秋季正常整地，让黑麦草充分出苗，在春季 3 月初整地并消灭杂草，播种植春花生等双子叶作物，可以有效控制当季多花黑麦草。

(2)严把种子质量关　小麦种子生产企业应避开在多花黑麦草发生区域繁育种子，种子田严格遵守生产程序，严防多花黑麦草等杂草种子混入。在该杂草发生区，农户自留种没有经过机械精选，小麦种子中带有大量的杂草种子，随机调查镇平县张林镇玉皇阁村农户，每千克小麦含草籽 5～40 粒不等，最好不用自留种。

(3)深翻　多花黑麦草种子多集中在地表，通过深耕将草籽埋在土表 20 cm 以下，可降低杂草密度 70%～75%；适当早整地晚播种，让地表的多花黑麦草种子发芽出苗，再通过旋耕耙磨，或者喷施灭生性除草，消灭早出土的杂草，然后播种小麦。

(4)土壤封闭除草　在小麦播种后进行土壤封闭除草，可以杀灭大量的杂草。往年多花黑麦草发生量大的田块，可采用在播后苗前进行土壤封闭处理，在保证土壤墒情的条件下，喷施 40%砜吡草唑悬浮剂 25～30 g/亩＋41%氟噻草胺悬浮剂 40 g/亩左右混合使用(有效成分比例 1∶1.2 效果最佳)或 40%砜吡草唑悬浮剂 25～30 g/亩＋50%吡氟酰草胺可湿性粉剂 16 g/亩左右混合使用(有效成分比例 1∶1 效果最佳)，株防治效果可达 60%～90%，鲜重防效达 90%以上。

(5)茎叶处理除草　应在小麦三叶期后，杂草一叶期最好在多花黑麦草出苗后、分蘖前，气温 6 ℃以上，晴天无风，10:00—16:00 喷施，可选择药剂：3%甲基二磺隆可分散油悬浮剂 30 g/亩＋5%唑啉草酯乳油 60～80 g/亩混合使用对多花黑麦草鲜重防治效果 50%～80%及以上，还可以兼治节节麦同时发生的田块，保证小麦安全。

(6)人工拔除　通过上述措施，对于仍残存的少部分杂草，可采用人工多次拔除的办法清除，杂草杨花后拔除的要带出田外深埋销毁，以防种子扩散蔓延。多花黑麦草危害严重，防治困难，需要连续 3～5 年的综合治理才能根治，同时要做好后续的防反弹工作。

(二)小麦管理技术

1. 小麦冬前管理技术

出苗后及时检查出苗情况，对缺苗断垄(10 cm 以上无苗为“缺苗”，17 cm 以上无苗为“断垄”)的地方，用同一品种的种子浸种至露白后及早补种；或在小麦三叶期至四叶期，在同一田块中堆苗或稠密处选择有分蘖的带土麦苗，移栽至缺苗处。移栽时覆土深度要掌握“上不压心，下不露白”。补苗后压实土壤再浇水，并适当补肥，确保麦苗成活。

(1)因墒及时补灌　降水有利于补充土壤墒情，促进小麦幼苗生长，要依据土壤墒情判定是否需要浇水。对于整地粗放、土壤失墒快、表墒差的麦田应尽早浇水，以确保出苗整齐均匀，幼苗正常生长。浇水应采用微灌、喷灌等方式进行，避免大水漫灌。

作物行间的耕作进行强力压制。每次降雨或浇水后要适时破除土壤结块，增加土壤孔隙率，促进植物根系健康生长。对较早播种、有旺盛长势的麦田，要适时进行深层土壤及浅层土壤的断根或强力压制，一定要在分蘖后才能镇压，切忌过早强力压制。也可喷施化学控制药剂抑制其生长，调控其由旺盛转为粗壮。对于耕作粗放、泥土块较多、土壤不紧实的麦田，可在小麦分蘖后进行压制，以压碎泥土块，踏实土壤，保墒防冻，促苗稳健生长。但要注意，土壤过湿地块和封冻地块不能强力压制；对于较晚播种的小麦要轻压，强力压制的原则是阴雨天气不镇压、晴朗天气镇压、地湿不压地干压、早上不压午后压。

(2)因苗分类管理　对地力较差、底肥施用不足、冬前有缺肥症状的弱苗麦田，应抓住冬前有利时机追肥浇水，促进苗情转化升级，培育冬前壮苗。对土壤肥力较高、底肥施用充足、土壤墒情适宜，且群体生长正常、个体发育健壮的麦田冬前一般不再追肥浇水。

(3)根据适当的时间进行化学除草　应选择日平均气温在 6 ℃以上的晴天，在小麦 3～5 叶期、杂草 2～4 叶期，利用化学除草剂进行除草。要根据草的行情选用相对应的农药，可以选用氟唑磺隆、啶磺草胺及其复配制剂、甲基二磺隆等防治节节麦；选用双唑草酮、双氟磺草胺、唑草酮、二甲四氯钠、氯氟吡氧乙酸等防治麦蒿、荠菜、爬拉殃等阔叶杂草；选用炔草酯、唑啉草酯等药剂及其复配制剂防治野燕麦、多花黑麦草、大穗看麦娘。

(4)科学合理展开冬季灌溉　要根据苗情况和土壤墒情适时浇好越冬水。群体庞大、生长势旺盛的麦田，冬季灌溉容易引起只长茎秆而不长花或果实的情况，造成旺盛但不结实，可以选择不进行灌溉或延缓灌溉。若土壤湿度的情况较差，要适时进行冬季灌溉。对晚播种的麦田，一般不进行冬季灌溉，特别是旺盛苗和较弱苗麦田水分不足时，可将冬灌水改为分蘖期间的灌溉水。对旋耕机播种、秸秆还田、土壤孔隙率大、不实且播种后没有进行浇水的麦田必须进行冬季灌溉，以踏实土壤，确保麦苗安全越冬，促进小麦盘根和大蘖发育。在日平均气温 3 ℃左右的冬季进行灌溉，在封冻前完成，一般每亩浇水量为 30～40 m^3，严禁使用大水流野蛮灌溉，浇后及时用锄头进行中耕和疏松土壤。

(5)预防冬季冻害　南阳市镇平县小麦多年份发生小麦冬季冻害(一般 24 h 内降温 10 ℃以上，最低气温在 5 ℃以下)对小麦生产有很大影响。对于较早播种、播种量大出现长势旺盛的麦田，若冬前或越冬期要多关注天气变化，避免遭遇强降温天气造成冻害现象发生，做好冬前强力压制和适时浇水的麦田防冻预案。一旦发生冻害，要根据麦苗的情况、分灾情及时采取灾后补救措施，把损失降到最低。

2. 小麦后期“防灾害、促灌浆、保归仓”技术要点

(1)科学监测预警，防控病虫草害　小麦后期赤霉病、条锈病、白粉病、麦穗蚜等病虫害，要依据小麦生育时期和天气变化，把握最佳防治时期。合理选用和科学混配防控药剂，做到一喷多效。

(2)拔除黑麦草、节节麦、野燕麦等杂草　小麦生长后期杂草主要是野燕麦、节节麦，南部乡镇有多花黑麦草，后期无法进行药剂防治，主要靠人工拔除，以上三类杂草有落粒的特性，拔除越早越好，已经抽穗的杂草拔除后须将植株带出田外。

3. 科学防范干旱、干热风等异常天气

干旱风是小麦扬花灌浆期的一种高温低湿的农业灾害天气。其一般指标为农田小气候，中午后空气相对湿度≤30%、日最高气温≥30 ℃、风力≥3 米/秒，俗称“三三制”，持续时间越长危害越重。

小麦扬花后、灌浆期保证水分供应是确保小麦正常扬花、灌浆和增加粒重的关键。灌浆水的浇水时间一般在小麦扬花后 5～10 d，但是对于肥水条件好、小麦长势旺盛、群体较大的麦田

要掌握“不旱不浇、有风不浇、雨前不浇”的原则。

灌浆水还可以改善田间小气候，降低高温对小麦灌浆的不利影响，减少干热风的危害。

为了提升小麦品质，在灌浆前要确保水肥充足。小麦灌浆后期不宜大量灌水，可用2%尿素+0.2%磷酸二氢钾水溶液进行叶面喷湿，一般喷施1～2次，叶面追肥可与防治病虫害结合起来，不仅能有效防止病虫的为害和蔓延，还能补充叶面肥，预防干热风，防止植株早衰，延长籽粒灌浆时间，是确保小麦增产增收的关键措施。

4. 抢抓时机，适时收获

小麦收获期很短，又正值雨季来临季节。收获过早，籽粒灌浆不充分，千粒重低；收获过晚，呼吸、淋溶作用降低粒重，同时落粒、掉穗也增加损失。农谚说“九成熟、十成收；十成熟、一成丢”，就是这个道理。一般认为蜡熟中期到蜡熟末期为适宜收获期：人工收获可在蜡熟中期收获；种子田应以蜡熟末期和完熟初期为宜；而机械收获以完熟初期为宜。

六、南阳市农业技术推广站入冬作物实用技术

（一）苹果树冬剪

1. 修剪时间的选择

大多数情况下，秋季落叶后到来年初春这段时期为苹果树冬季修剪的时间。这段时间里，最佳的时间为10月底至11月或1月至3月修剪。对于果树修剪的过早或过晚来说要考虑当地的环境状况，因地制宜地从果树的品类、果树的年龄以及树体营养水平、生长结果状况的总体表现等多种方面综合考虑。

一般情况下，要早修剪。在秋天，苹果会逐渐成熟。人们进行采收果实，叶子掉落后，已经是秋末了。随着天气变寒冷，树体内的汁液流动逐渐缓慢，苹果树先后进入冬季休眠状态，这时就到了冬剪阶段。对于一些较早成熟、树龄较大、树体营养水平和生长结果状况总体表现较好的，可酌情较早修剪。因为具有此类特点的苹果树不容易遭受极端天气的侵害，具有较强的组织愈合能力，对树体损伤较小。

苹果树修剪的首要目的就是防治病虫害。修剪前后要经历苹果树干枯病枝以及较细和较差枝条的清理、病斑老皮的刮除、清园、刷白、杀毒、丛生交叉枝和重叠枝梳理修剪、强旺枝和徒长枝的缩减等程序。全程操作对防治病虫害都有着积极和重要的意义。冬季较早修剪后，还要经历自然灾害霜冻、深翻土壤、施肥等历程。这样一来，杀菌和杀虫会更加彻底，次年病虫害的潜在危险也会少很多。

修剪可以让果树体生长和恢复得更好。采摘果实，落叶后，修剪得越早，对树体的恢复和生长就越有利。因为此时树体内的汁液尚有流动，气温适宜，有利于伤口恢复和愈合，且对树体伤害较小，不易遭受冻害。翌年春天，其树势的生长状况自然会更好。

苹果树较早修剪，还有利于营养的贮存备用。当大量的苹果叶掉落，就意味着树体内的汁液流动逐渐变缓，此时植株已开始渐入休眠状态。10月底到11月，再对果树进行一番冬剪，不仅有利于整形矮化及病虫害防治，还可为翌年贮备更多的养分及减少不必要的营养消耗。

冬季修剪更利于树体造型。冬剪包括缩减、短截、疏剪、拉枝、缓放等。这些操作不仅能增强树势，还能调节树体平衡，而且利于果树形态的打造。例如，拉枝、缓放，是一个较长时间、循

序渐进的过程，如果选择较早修剪，无疑对打造树型更有益处。

冬季较早修剪既有好处，也有弊端。其弊端就是因气候干冷以及水分流失过早，易造成干桩容易劈裂；或因突如其来的冰冻天气，导致患口处自然开裂等，难免影响果树的生长发育状况。

一般情况下，对冰冻天气来得较早的地区，树龄较小、树势较弱的果树以及果实采摘较晚的品种，可选择较晚修剪，也就是1—3月进行修剪。因为这段时间气温回升，树体内的汁液逐渐流动，非常有利于患处的恢复及愈合，对树体伤害较小。

较迟修剪的优点是果树自身伤口愈合较快。冬末春初，果树的根茎开始复苏，气温也逐渐回暖，树体内的汁液也渐渐流动，如果选择此时修剪，有利于伤口的愈合及生成新的愈合组织。因此，1—3月修剪，对树体伤害极小。

冬剪选择迟修剪，也就是冬末春初修剪，可以很好地避免树桩干裂。因为此时树体内的液汁流动逐渐变快，伤口能及时得到养分和水分供给，伤口处可以较快愈合，水分流失的问题大大减少，不仅避免干桩，还可促进生长和发育。

苹果过晚修剪，不易遭受极端天气的灾害，以及冰冻天气的“凌虐”。3月左右，随着气温的回升，寒冷天气日趋减少，患处遭受冻害的概率也少了很多。即使偶尔遭受寒冷，只需适当防寒遮盖即可。

初春是万物苏醒的季节。对苹果树选择在冬季末端及春初修剪，不仅有益于伤口较快愈合，还能促进枝条生发，形成多处分枝，增强树体的营养水平和生长状况。

苹果树过晚修剪更多的是利大于弊，但它也有不足的地方，即大幅度修剪容易导致树体汁液流失过多而削弱树的生长状况；果树生长较旺盛的，很容易造成分枝发芽能力过强，树冠水平郁闭和垂直郁闭。

2. 修剪的注意事项

苹果树冬季修剪，不管是早修剪还是迟修剪，都要注意以下几个事项：

(1)要注意完整的冬剪工作　不只是对枝干进行修剪，还包括病老皮刮除，杀毒喷药，缓放、拉枝，清园焚烧，刷白等。只有把这些流程全部处理好，修剪工作才算彻底地完成。

(2)注意选择修剪的天气　对于果树来说，由于患处过多，最要注意就是天气的选择，切忌阴天下雨寒冷天气修剪，以免伤口造成感染和腐烂。

(3)注意伤口的消毒养护　切忌砍伐后却不注意伤口的“修护”。由于冬剪是一年中“伤筋动骨”的大修剪，对枝干进行缩减，短截伤口面积较多，可谓“伤痕累累”。因此，修剪过后，应该及时给患处面涂上消毒液和防护物，避免病毒感染。

总体来说，苹果树冬季修剪无论是早修剪还是晚修剪，都各有优劣。冬剪时，只要注意结合当地的地域条件、环境特征、果树的种类，果树年龄、果树的长势等条件，科学地决定是早修剪还是迟修剪。同时，要注意冬剪流程的完整性、天气的选择和伤口的消毒养护。

(二)初冬大棚浇水方法

在初冬时节温室大棚进入低温高湿的环境，耕地、施肥、播种、田间管理中的施肥浇水也逐步成为农民比较头疼的问题。冬季给大棚蔬菜浇水，不能盲目地进行，如果浇水时机不当，蔬菜也会出现各种问题，如沤根、烂根和植株萎蔫等。

1. 注意不要按天浇水

一般的农户给大棚习惯按天浇水，但是在进入冬季后按天浇水是不利于作物生长的，易导致根系发育不良，植株叶片发黄。冬天地表温度过于低，按天浇水的浇水量往往比较大，这容易导致地表温度长时间偏低，作物根系发育不良，造成叶片发黄、裂茎、裂果等。

最佳浇水的时间是晴天的早晨，这个时间水温和地表温度更加接近，浇水以后，不会受到刺激。不适宜其他时间浇水，尤其是雨雪天。

2. 注意保持土壤水分平衡

土地过湿或过干会影响植株的生长发育，因此要维护好土壤中的水分平衡。冬季浇水必须要依据土壤的干湿情况来决定浇水的容量。土壤中的含水量低于35%左右时，不利于营养成分的吸收。含水量超过75%左右时，就特别易导致土壤透气性降低，植物根系缺氧，造成根部不发新根或不定根，根皮发锈后腐烂，致使地上部植物体由于缺乏水分而茎叶萎缩，容易拔起，叶边枯萎；严重时，成片干枯，似缺乏某种营养素而导致的一些生长异常症状。

3. 注意看植株长势及环境变化

一些农民怕植株旺盛生长，喜欢用水来控制，但是如果过度控水，反而会导致植株叶片卷曲、萎蔫，因此要根据植株生长发育状况决定需不需要浇水，特别是仔细观察叶片柔韧度、平整度、角度及茎蔓的柔韧程度，避免浇水过多或不足。此外，浇水时还要观察当地的气候和地表温度和植株的生长环境。

阴雨天和下雪天不宜浇水，一般在晴天进行浇水灌溉，因为阴雨天和下雪天，在短时间内地表温度往往升不上来，如果进行浇水，很容易导致作物根系损伤；同时，冬季浇水时还要注意地表温度，晴天中午浇水容易引起作物根部炸开，所以通常在早上进行，这时地表温度维持在15 ℃左右，地表温度与水温温差较小，对根系的影响也会相对少一些。

(三)蔬菜发生冻害的补救方法

蔬菜在冬天由于受寒潮和冷空气的影响，低温冻害现象普遍发生。一旦受冻后可以采取以下几种补救措施：

1. 不要马上闭棚升温

棚内的蔬菜经历冻害后，大棚不可以马上封闭，如果马上封闭，棚内升温过快会使受冻作物加剧脱水甚至死亡。正确做法：日照期间要将通风口敞开，循序渐进地将通风口缩小，直到通风口关闭，让大棚内的温度逐渐提高，这样受冻作物可以充分吸收水分，促进体内细胞复活，并降低内部组织死亡率。

2. 保温保湿

喷高纯型新高脂膜可以阻止植物表面病毒的传播，保持温度和湿度，提高并稳定大棚内的温度，防止受冻植物内部组织脱出的水分蒸发，有助于体内组织吸收水分。

3. 灌水保温

对受冻的蔬菜进行浇水或灌一次水后马上放掉，直到田边开始发白时，再灌一次水，再放掉，这样可以增加土壤储存热的容量，防止地表温度进一步下降。灌水后，地表的大气温度均匀上升，有利于受冻作物部分细胞组织自然恢复，从而减少冻害的发生。灌溉水要充分，最好是田间水当天渗完。灌水或浇水后，趁气温回升的时间段，松土保温。

4. 追施速效肥

对于生长点未死的蔬菜，要及时灌水，疏松表层土壤，清除受冻枝叶。受冻蔬菜缓苗后，及时追肥，提高机体活力，促进植株恢复生长。冬季气温低，要多施磷钾肥，适当喷施叶面肥。

5. 遮阴、喷洒清水

秧苗和棚栽蔬菜遭受轻微冻害 3 d 后，在日照最强时要及时采取遮阴措施，避免强光直射从而失水过大导致植物死亡。还应依照湿度状况，在午间喷洒适量清水，以提升地面温度及湿度。

七、南阳市农业技术推广站农技服务

(1)为促进农业高质量发展提高生产力水平和优化产业结构　近年来，南阳市农业科学院组建农业专家服务团，深入田间地头为农民送技术解决难题，不断开发技术培训、技术指导等科学技术服务，为保障南阳区域粮食安全、稳口粮、稳玉米、扩大豆、扩油料作出了大量贡献。

(2)把种子牢牢攥在自己手里来确保粮食安全　南阳市推广种植的大多数小麦的品种中，多数不易抵抗赤霉病。小麦赤霉病隐秘性极高，在病害严重的年份可使小麦减产 35%～55%。小麦南阳市农业科学院王震培育出一批抗赤霉病品系材料，如宛麦 1204。

2022 年 11 月 16 日，在由科技人员组建的种地大户微信群中，一种植户发了张小麦长势图片，图中麦苗发黄，有缺苗断垄现象，请求找出原因，提出解决措施。

南阳市镇平县农技中心 4 名技术人员第一时间来到了位于侯集镇袁营村种粮大户姜波的麦田里，实地察看苗情、墒情和病虫草情等有关情况，发现地中茎长，叶鞘细长，叶片瘦弱，不分蘖，不长次生根。技术人员判断是播种过深，麦苗出土困难造成的弱黄。其主要原因是整地质量不精细，没有耙实，虚土层厚，机播小麦深浅程度难以把握，播种后没能及时镇压，导致出苗不匀，苗情较差。

为解决苗黄甚至断垄现象。技术人员查找分析原因并向种地户提出针对性的建议：

一是前期整地质量差。前茬整地不均匀，坷垃较大，小麦播种后，土壤墒情较差，没有及时镇压，小麦种子和土壤间空隙较大，导致小麦出苗缺水、缺肥，出现发黄现象。建议种植户及时浇灌，压实土壤，让小麦根部及时获取水分和养分，恢复正常生长。

二是小麦播种质量差。多年来的秸秆还田、机械旋耕之后土壤松软，播种深度不一致。播种深的地块出苗慢，造成养分浪费而致使小麦发黄；播种浅的地块引起缺苗。建议移栽或补种。

自全县开展优化营商环境活动以来，南阳市镇平县农技中心科技人员从种粮大户、合作社、农民群众最关心的技术问题入手，深入田间，俯身躬行解决合作社、群众难点难题，并进一步查找工作痛点、堵点问题，迅速制定并发布了《镇平县小麦施肥技术模式》《镇平县 2022 年小麦备播技术要点》《镇平县小麦冬前管理技术措施》《2022 年多花黑麦草的防控技术要点》。组织 6 个科技服务小分队，利用培训、咨询、发放技术资料、张贴技术挂图等形式宣传普及农业科技知识，服务全县粮食生产。2022 年共开展技术培训 8 场次，先后培训骨干示范户 500 余人次，解决技术难题 60 余个，发放技术资料 1 500 余份，积极引导群众树立早管、精管的观念，切实解决农民群众在小麦生产中遇到的困难，为全县今年夏粮丰收提供技术支撑。

八、其他省份农技推广体系建设案例

加强学习其他省份农技推广体系建设优秀案例，加快基层农业技术推广体系改革与建设，为“三农”事业建言献策。

(一)新疆特克斯：加强农技推广体系建设助农增收

自 2010 年被列入“基层农技推广体系改革与建设补助项目”实施县以来，新疆维吾尔自治区特克斯县农业技术推广中心积极开展农业产前、产中、产后全程技术推广。

特克斯县呼吉尔特蒙古民族乡团结新村村民牛红伟家 2020 年通过项目补助和农业技术培训，不仅在大棚里安装了滴灌，还以补贴 40%的价格购买了有机肥，种植技术不断提升。他说：“我享受这个政策已经有两年了，今年收入也挺好的。打算多种点菜的品种，增加收入。”

特克斯县农业技术推广中心以合作社为载体，为农户提供农业生产资料的购买，按购买总额的 40%进行补助。同时，开展“合作社＋基地＋技术员＋农户”的模式，加快科技成果的推广，在合作社建立试验示范基地，为农户提供技术服务。

截至 2020 年年底，特克斯县共选聘 70 名技术指导员为 80 户科技示范户进行技术指导，共辐射带动 800 户农牧民进行科学种植，为农牧民增产增收打下坚实的科技基础。

(二)福建云霄：推进基层农业技术推广体系改革

为推进基层农业技术推广体系改革与建设，增强基层农技推广服务供给能力，切实发挥科技对农业增效、农民增收以及提升农产品竞争力的积极作用，2020 年 11 月 13 日，云霄县农业农村局召开农技推广补助项目建设推进会，局分管领导、全县农技指导员参加会议。

会上，县农业农村局分管领导就基层农技推广补助项目的各项工作进行了部署，要求全体农技指导员要提高思想认识，提高专业技能实操水平，加强农技推广指导服务，切实做好特色产业业务技能培训和示范推广工作，积极向挂钩示范主体提供技术帮扶，带动农户增产增收，助力云霄县脱贫攻坚与乡村振兴有机衔接。

通过工作推进会的精准部署，各相关责任单位及全体农技指导员明确工作具体目标和任务，为进一步做好农技推广补助项目工作奠定基础。

(三)山东兰陵：开展基层农技人员培训，提高农技推广队伍整体素质

为建立一支高素质的基层农技推广队伍，提高基层农技人员的服务能力和整体水平，更好地适应乡村振兴的需求，兰陵县农业农村局依托基层农技推广体系建设补助项目平台，组织县直农技推广部门、乡镇农技综合服务部门的基层农业技术人员和村级特聘农技人员 82 名，分 2 批到临沂市技师学院，参加 2020 年基层农技人员培训班。

培训班课程内容丰富，包括理论知识培训和现场教学两个阶段。在理论知识学习中，农技人员学习了“乡村振兴与旅游发展路径”“新形势下云上线下农业科技创新服务实践与探索”“农业标准化生产与农产品质量安全”“智慧农业发展现状与发展趋势”等多个专题。

在现场教学中，两期培训班的学员先后到了临朐县、沂水县和沂源县现场观摩学习，现场观摩了沂水县的现代化农业生产建设基地、蒙山龙雾茶博园基地，沂源县的中以现代智慧农业

有限公司数字化农业生产园区、美丽乡村示范园区，临朐县的设施化果园建设等现场。

通过培训，基层农技推广人员学习了农业科技新知识、新技能，了解了现代化农业生产的新模式、新理念，县、乡、村农技推广队伍的整体素质有了进一步的提高，为推动兰陵县现代化农业发展和乡村振兴发挥打下坚实的基础。

九、结论

现代化农业生产是我国农业生产发展的总目标，在这项系统工作中，不仅仅要有先进的、适用的农业科学技术，更重要的是要让农民接受这些先进的技术，并应用到生产中去。所以就诞生了农业技术推广站来为农民答疑解惑，提供新品种，引进新技术。同时，要加快推进农业技术推广体系挥新品种、新技术试验示范作用；要根据各乡镇产业实际情况，确定区域性农业技术服务网络，配置有关专业人员，充分发挥人才优势，更好地为产业服务；还要发挥农业技术优势敢于创新，把农业技术体系融入农业企业中去。基层农业技术推广并非一朝一夕就能实现，需要技术推广人员长期坚持不懈的努力，充分调动社会各方面力量，加快对新型农业技术的推广，提高农业生产力，促进现代农业健康快速地发展。南阳市农业科技推广站将始终秉承以粮为本、爱农、重农、兴农，服务“三农”的宗旨，为农业生产保驾护航。

参考文献

曹立耘．蔬菜防冻及冻后补救措施[J]．科学种养，2018(1)：30-31.

曹宗平．我国农业技术推广体系建设现状及对策[J]．安徽农学通报，2021，27(19)：6-7.

陈荟茜．农作物高产栽培技术及农业技术推广应用[J]．河南农业，2022(32)：25-27.

杜汉华．谈南阳汉水流域中心城市的建设[J]．南阳师范学院学报，2015，14(4)：36-39.

段文欧，梁英．浅谈基层农业技术推广工作中存在的问题[J]．农业开发与装备，2018(8)：168，174.

李锐．农业技术推广在农业种植业发展中的重要性及应用策略[J]．世界热带农业信息，2023(1)：76-77.

李伟．我国农业技术推广体系存在的问题及应对措施探讨[J]．农业开发与装备，2022(2)：97-99.

梁发丽．浅谈基层农业技术推广体系发展与改革[J]．新农业，2022(21)：83-85.

马芬花．新形势下农业机械新技术推广应用探讨[J]．南方农机，2022，53(24)：192-194.

马维祥．小麦中后期生产管理技术[J]．河北农业，2018(5)：14-15.

邵霞．农业技术推广体系的改革创新及未来发展趋势[J]．农业开发与装备，2021(11)：137-138.

石铭玲．完善农业技术推广体系助力乡村经济振兴[J]．农村实用技术，2021(8)：17-18.

王晓立．农业技术推广在农业种植业中的作用[J]．世界热带农业信息，2022(10)：86.

吴正祥,蒋国富. 基于南阳市高效生态经济示范市建设的生态农业发展战略研究[J]. 南阳师范学院学报,2014,13(12):39-42.

夏波. 基层农业技术推广站问题浅析[J]. 辽宁农业科学,2021(5):79-80.

邢旭英. 南阳市基层农技推广体系建设现状与发展对策[J]. 农民致富之友,2015(14):21.

佚名. 怎么拯救受冻蔬菜?[J]. 农家参谋,2016(12):41.

张霞,许秀梅. 农业技术推广效果的影响因素研究:以山东省平度市为例[J]. 中国农学通报,2022,38(30):135-140.

张筱君. 我国农业技术推广体系的改革创新与发展趋势[J]. 现代农业研究,2022,28(9):143-145.

张雪芹. 我国农业技术推广体系的改革创新和发展方向研究[J]. 新农业,2022(4):92.

张永高. 有机蔬菜种植模式及生态农业技术推广应用[J]. 世界热带农业信息,2023(1):34-35.

郑淑玲. 农业技术推广工作存在的问题及对策分析[J]. 现代农业科技,2010(6):361,366.

周其文. 基于聚类分析的河南省农产品物流园区布局研究[J]. 无锡商业职业技术学院学报,2016,16(1):51-57.

案例二:现代化农业技术推广的实现路径研究
——以北京市农业技术推广站为例

摘要:以“农业、农村、农民”为内涵的“三农”问题一直是关系国计民生的根本性问题,也是贯彻我国社会主义经济社会发展的基础性问题,对于国民经济的发展与社会的安定和谐起着重要的作用。历年来,我国中央一号文件均将“三农”问题作为重点问题进行剖析,明确指出“三农”问题是关乎我国经济社会发展的关键之一,而通过专业的路径和渠道来增加农民收入方面来解决“三农”问题是最重要也是最困难的部分。我国作为农业大国,仅依靠基础的农业创收和农业生产面积的扩大两个方面是不够的,只有通过农业技术的创新,开发农业新产品,构建农业生产新体系,促进农业的发展,形成社会主义新农村公共服务体系以及基层农业技术规范体系,才可以强有力地提高农民的收入。本案例以北京市农业技术推广站为例,分析“科技引领农业现代化发展”的可行性,总结国内外农业现代化发展的经验,运用农技推广相关理论,提出加强农技推广现代化发展的策略。

在改革开放深入发展的背景下,农业发展进程逐年加快,为了进一步发展农业生产技术,提高农业生产水平,体现整体农业发展优势,就必须做好农业技术的推广工作。只有做好农业技术推广工作,才可以在农民生产中运用新型农业科研成果,提高农业生产力水平,促进乡村振兴和农民收入增加，从而更好地发展现代农业。

为了加速农业技术推广工作的进行和发展，促进农业科研成果和实用技术第一时间应用到农业生产当中去，保证农业的高效发展，实现农业推广现代化，我国在农业技术推广站建设方面投入了大量的人力、物力、财力。我国作为农业大国，农业创新技术是促进农业发展的重要部分，新兴技术的推广更是不可或缺的重要一环，借助试验示范和知识更新等途径，大幅度提高农民增收。就目前发展形势来看，全面提高农业技术推广站的服务水平，形成合理有效的现代化农技推广服务体系是必要的。本案例对现有的农业技术推广模式进行调研分析，针对目前农业推广中存在问题，借鉴国内外成功经验，提出合理可行的科学性建议，为推动我国农业现代化发展提供参考，对我国农业发展具有一定的现实意义。

一、相关概念及理论分析

(一)农业推广和农业技术推广

农业推广是指为农民服务，在农事工作上解决农民实际问题，对其提供农业技术和信息等需要，将最新、最好的农业技术提供给农民使用，提高农民的农业技术水平，从根本上提高生产力的转换，最终获得高质量农产品，为农民谋取更高的利益。农业技术推广是指将现有农业生产技术应用到农业生产的各个环节，通过文字、音像及视频等多种现代化方式进行传播，对农民进行教学指导和示范，切实解决农民在农业生产中遇到的各种问题。

(二)农业技术推广站

农业技术推广站简称农技站，是乡(镇)人民政府、城市街道办事处、区公所一级的基层单位，隶属于乡(镇)政府、街道办事处和区公所。全国农业技术推广总站是农业技术推广站的最高机构，隶属农业农村部。总站以下分设省站，设立与各级政府单位平行的农业技术推广站。农业技术推广站直接对农民负责，它的主要功能是推广新技术、新产品，指导农民使用新型农业技术，所有的示范及推广工作，最终都是为了增加农民收入，发展农业生产，为农村经济振兴服务。农业推广站的重要任务就是把相关农业领域的新品种、新手段、新装备、新模式带给农民，将晦涩难懂的操作技术切实传授给农民使用，提高农民的科学素养和农技使用能力，使农业有序发展，农民安居乐业，农村富强文明。

(三)北京市农业技术推广站

北京市农业技术推广站隶属于北京市农业农村局，是全民公益性事业单位，主要负责五项事务：一是农业新技术的试验与推广，完成机构下发的相应任务；二是进行农业技术推广的业务指导，帮助农民解决推广工作中的重大技术问题；三是提出农业问题的措施和建议，并总结经验；四是开展技术的普及和宣传工作；五是负责国内外新技术的引进和推广，向农民推广国内外先进农业技术。北京市农业技术推广站自建立以来一直围绕为农民增产为主，立足实际生产需要，解决农民根本问题，推广农技创新，认真传授农业新品种研发、技术更新，发展农业技术推广的产前产后服务，推动先进适用农业技术，为北京市现代化农业建设奠定基础。

(四)创新农机化技术推广

农业现代化依靠的是技术,现代化科技支撑体系下,农业技术推广在其中起着至关重要的作用。只有把最新、最优秀的科技成果有效地运用到农村,给农民带来切实利益,把技术转化为生产力,以达到发展农业生产的目的。我国正在发展步伐中推行科教兴农战略,当务之急是抓好农业技术推广,增强农户对农业信息认知水平,加快农业科技的发展,推动农业生产提质增效,极大地提高农业生产技术水平,从传统农业向现代农业转型。

不断地创新农机化技术推广方式方法是搞好农机化技术普及的有效方法。随着我国经济发展水平的不断提高,对于农业生产也有了新的要求,所以必须要加强农机的普及工作,增加机械化种植的比重,推动农村产业结构调整与转型升级,给广大农民带来更多便利。依据市场和当地实际需求,以农业现代化建设为目标,不断提升农机化技术水平,从而更好地为社会主义新农村建设服务。在农机化技术推广实践创新中,需要持续改进农机化技术推广方式方法,确保农机化技术推广灵活多样、不断创新。

农机的普及推广可以加快农业生产效率,不需要投入大量的时间和劳动力,在降低劳动力成本的同时,还能增加效益和利益。科学的推广政策下,在很多农村地区,农业机械逐渐大规模投产,并且在推广人员的帮助下,农民已经逐渐将其掌握,进而达到降低劳动投入的目的以及降低成本等目标,既提高了产量,又提高了农民收入。现阶段,城镇化建设已在全国展开,很多农村青年源源不断地移居到城市,投身于第二、第三产业中,留守农村的多为老弱妇孺。农机的广泛推广可以减轻这类人的负担。

传统的农业生产依靠农药来消灭病虫草害,却忽略了农药残渣和它本身会带有的污染问题。不少农户在消灭病虫时,都单一地选择喷洒农药,随意处理。这会给农作物、相邻土壤和河流及其他地区造成不利影响。此外,因为农药残留物在农产品中长期存在,人吃了之后会中毒;还会造成土壤营养成分的持续降低,水质污染情况加重,对环境造成极大的危害。另外,农药残留严重影响人体健康,甚至危及生命安全,加上农药滥用现象日趋严重,给社会发展带来巨大压力。现代化农业在我国的推广和普及可以有效解决这些问题。因此,在我国建立一种新型生态循环经济模式就显得尤为必要。

二、北京市农业技术推广站现代化发展现状

(一)北京市农技推广现状

据北京市农业技术推广站调研,北京市各区推广部门机构改革后,4个单位被纳入工资规范管理事业单位。在职技术人员工资规范化管理后按行政级别进行工资发放,原来按职称聘任的技术人员工资不升反降,高级农艺师按科员发放工资的现象普遍存在,不利于推广系统队伍建设,对未来农业技术人才培养产生了负面影响。以顺义区某农业技术推广部门为例,2015年被纳入工资规范管理事业单位后,原有的技术人员无法考职称,且工资较低,技术能力难以提高,也没有后续技术人员力量的填充,因而推广新技术、新品种的工作受限。

关于农业推广人才,一方面,人才不足;另一方面,人才的专业不够对口。原技术人员随年龄增加,相当数量的人已经退休,或者即将退休。由于在招聘时缺乏对专业的严格要求,许多

新入职人员大都是非农专业的。受编制的限制,真正学农的人毕业后很难进入推广单位,一些推广单位针对技术人员严重不足这一困难,只能雇用专业人员以"临时工"身份加入本单位。这种情况直接影响农业推广人才队伍的建设工作。

因此,要想提升推广体系技术人员质量,应该采用向社会公开招聘,对招聘人员的专业、学历等有明确要求,让优秀专业人才进入推广队伍。这方面,市级推广部门做得好,每年度按工作要求到人事部门报聘职位、专业要求,并且经过笔试及面试的筛选,确保招聘人才具有专业水平与工作能力,并为尽快提升新人专业技能水平,无论是硕士研究生还是博士研究生,都会安排他们下乡蹲点锻炼三年,使其充分了解"三农",尽快发展成为独当一面的专业骨干。

(二)我国农业推广现状

我国农业推广产业首要问题是农业推广人员配置分散,一些乡镇级农业技术推广人员专业性较弱,需要较高技术水平的职务主要分布于县及县以下。推广人员的结构未根据产业结构的变化做出改变。其次,推广工作由政府拨款,投资渠道简单。在市场经济条件下,农业技术推广部门向企业化、市场化、社会化方向发展,政府财政经费资助的方式已经不能满足农技推广的发展需求,农业技术推广的经费越来越少,无法为农业推广提供持续支持。提倡加大推广资金投入,构建推广体系;提倡部门行政和业务的双重管理,形成适应基层系统化的农业推广体系。

要将农业科研最新成果运用到生产中去,这需要农民和推广机构二者共同努力。农业推广站的工作人员长期工作、生活均在农业第一线,他们深切地了解农民需要什么,有什么问题要解决,哪些技术可以应用到当地,也了解当地技术推广的困难和解决办法。并且,农业技术推广站的工作人员与农民长期打交道,与农民建立了深厚的友谊和信任基础,农民信任度越高,农技传播越便捷。目前,我国农技推广系统仍存在较大的问题,如基层农业技术推广机构存在专业人员不足、年龄较大、农业知识未更新、推广能力不强等问题,其中最大的问题是缺乏专业技术人员。部分地区认为农业推广站认知不够,或当地对农业推广体系不重视,导致农技推广困难。一些基层农技推广站的科技人员能力需要继续提高,只有工作人员对农技知识和实际操作有足够的认知,才能够更好地服务"三农"。随着各地交通、信息条件的改善以及种植区域化,部分省份尝试按照种植区域建立区域推广站。在建站过程中,若对专业要求不严,会影响农技推广职责的有效履行。

我国科技成果应用率仅为30%~40%,实际形成规模不足30%,科技进步贡献率仅为52%。科研成果转化率不高的主要原因有以下两个方面:第一,科研成果自身实用性不强,研究内容脱离实际。这就要求在科研课题确定之前,要多到基层中去了解农业生产中存在的实际问题及农民的切实需求,要从农业、农村、农民的实际需求入手,加快科研成果及时、有效的转化进程,真正做到为"三农"服务。第二,因科研人员与推广人员之间没有很好地衔接起来,做研究的和推研究的都不推广,双方之间又缺乏有效的沟通合作,从而导致科研成果被搁置。北京市农技技术推广站目前从事实用栽培技术的研究和技术推广工作,基本上不存在以上问题,能够第一时间将研究成果讲给百姓听。农业技术推广专业技术人员因资金投入不足,不能完全满足广大分散农户对农技推广工作的要求。要破解这一难题,不应依靠盲目提高技术人员的数量,而应采取优惠政策激励农民流转土地,使种田大户或者合作社实现土地规模经营,减少服务对象数量,提高服务对象文化素质与技术水平等,只有这样农业技术推广才能取得事半功倍之效，同时也有利于农业科技成果转化与合理利用。

三、北京市现代化农技推广站案例

《2021年北京都市型现代农业生态服务价值监测公报》显示：2021年，北京都市型现代农业生态服务价值的年值已经达到近4 000亿元。这是什么概念呢？到底是什么在推动着都市农业经济快速发展呢？认真分析一下就知道：在这将近4 000亿元的价值构成中，不只是粮食、果蔬、水产这些农产品才值钱，还包括生态和环境价值、文旅服务价值、景观增值价值等，这些间接价值占总价值近90%。都市人愿意亲近大自然，追求回归自然，寄情乡村田野，感受采摘及其他农事活动之美；或放纵在山水湖泊之中，到大自然里去休闲娱乐，享受都市型现代农业之乐。

据统计，2021年北京的人均GDP已经突破2.8万美元，公众的消费观念、消费结构明显改变，亲近大自然来放松身心，成了休闲度假首选。随着城市建设和发展水平的提升，都市型农业作为新型城镇化的重要支撑产业，正逐步成为带动农民增收致富、实现城乡一体化的新引擎。2021年度北京都市型现代农业生态服务价值组成，以文化旅游服务价值为主要动力的间接经济价值贡献率为1 095.78亿元，在总价值中占1/4以上。

以服务都市人群为中心，京郊一些地区，启动"供给侧改革"——兴寿原野上的"玉米迷宫"，由彩色水稻制成的、旱稻绘制的"稻田画"，成了乡村新名胜。随着科技手段的运用和推广，农业生产开始由粗放式向精细化转变。油菜花田、板蓝根花海、薰衣草花海、向日葵花海、波斯菊花海、百日草花海、玫瑰花海……色彩斑斓花田，花海一片，像油画颜料一样挥洒京郊大地，熔铸出别具一格的大地景观，成了市民节假日外出旅游的场所、拍照露营好地方。

北京市农业技术推广站副台长朱莉曾说，北京一直在推进景观农业的发展，做到了三季有景、四季覆盖。由种植简单的景观植物变成生产、生活和生态等各方面融合发展也就十余年时间。市民到京郊旅游，已不纯粹为游览而游览，更多的是把农事体验、科普学习和农耕文化融合到一起，到乡间去体验乡村之美。发展都市型现代农业，不仅可以满足农业生产者的收益要求，还可以满足消费者高质量农业生产要求，从而推动和谐农业的发展。

四、北京市农业技术推广站案例分析

北京市农业技术推广站一直在走科技创新促进经济发展方面的试验探索之路，近年来取得多项农科创新成果，如成功探索出麦田套种玉米栽培方法、高架窄轮麦田套播机组栽培法，可谓是，用科技带动农民和农村发展，极大提高了北京市的经济效益和社会效益。利用3S技术对京郊农业进行资源调查和农业结构的动态监测，对全市生物覆盖、天然草场、农业设施等进行动态监测和分析，为相关管理部门进行宏观决策提供科学依据，进一步提高系统智能化管理水平。

科技本身具有较高的门槛性和较大的实践性，同时也极具影响力。科技发展影响人们的生活，也影响农业的蓬勃发展，但在科学技术推动农业发展时，农业技术推广和科技成果之间并未有机结合起来，二者的转化成了一道难题。农民对于科学技术是渴求的，科技成果多束之高阁，农民无法自主将最新成果运用到实际生产当中去，只有通过农业技术推广才能将科技转化为生产力，切实有效地为“三农”服务，解决科研成果转化问题，所以说，农业技术推广是现代农业发展不可缺少的环节。

最早的农业技术推广机构成立于20世纪50年代，由政府引导建立而成，主要依托于各级农业科学院和农技推广站。2012年，在科技部、教育部的大力推动下，多所高校均建立推广体系，大力推动农业技术推广的迅猛发展。

农业推广之路，应该是现代化推广为主的道路。新时期农业生产需要从业者具备更高的技术服务要求，农业科研人员必须从事于农业生产一线，在总结现代农业生产技术的基础上，在调研实践的过程中，立足当地，总结出一套适应当地生态环境和作物的管理方法，以农民意愿和国家建设发展为基础，找准正确的切入点，合理布局、相互协调，拿出可供操作的具体方式。

从国家战略角度来看，农业的发展离不开农业技术的推广与应用。2017年，习近平总书记指出，推动农业供给侧结构性改革、提升农业综合效益与竞争力是现阶段及未来一段时期内中国农业政策改革与完善的主攻方向。农业供给侧改革深入发展首要任务是提升农业从业人员的科学素养。在这个阶段，我国农业技术推广工作也在持续开展，许多农民在进行实际的农业生产时，都会借助农业技术提升农业生产的效益，从而达到增加收入和提高产量的目的，推动农业技术的连续化和现代化、科技化发展。与此同时，农业技术的普及更是响应了政府的号召，唯有加快现代化农业科技推广服务体系的建设，才能更好地促进农业科技的创新与推广，推动农业供给侧改革。大力推动农业生产，是增加农民收入、繁荣农村的客观需要，更是我国由农业大国变为农业强国的必然选择。

五、加强农业技术推广现代化发展的对策

（一）农业技术推广问题的对策建议

1. 农业技术推广人才问题

一是可从各大院校招聘挑选，适应基层农业技术推广对人才的需要，改善团队老年化状况，大力引进人才，从而促进推广服务质量的提高。此外，还要建立良好的激励机制，对推广工作给予适当的政策扶持，让农民能够得到更多实惠，促进农民的积极性。二是要健全培训制度，通过上岗前岗位培训等，能够提升推广人员综合素质，打造素质高、水平强的队伍。三是加强与农民之间的联系，让农民了解到农业新知识、新技术，并能够接受新思想。通过经常性讲座报告和其他活动，鼓励推广人员主动独立地学习，借助互联网技术，对理论知识进行适时的补充与更新，进一步提高创新能力，同时增强专业能力。

2. 农业技术推广资金问题

健全财政资金制度，政府适度提高农业推广资金，改善农业推广政策，不断创新发展，加大对资金流通的掌控力度，做到专金专用，确保政府拨款全部用于农业生产实践中。

3. 多企业合作促推广

面对目前对技术多层次、多角度的发展需要，我国农技推广工作从政府主导的农业技术推广站为主的推广组织变为多元化发展，由高校、各级公共服务机构及农业推广机构共同合作，

行使公益性推广的职能，由国家为他们提供全额拨款，他们则为农民提供无偿服务，通过加强绩效考核的方式提高为农户服务的主动性和推广效果。经营性为主的单位可以推行有偿性服务，行使经营性推广的职能。应鼓励基层农资门市部等经营性单位参与到技术推广工作中，在销售产品的同时提供技术服务。同时，应培育大型的农业综合企业，这些企业具备专业的研发、销售和技术服务队伍。公益性推广和经营性推广共同发展，一定会促使农技推广体系发挥更大的作用。

(二)走现代化农业技术推广发展之路

北京市农业推广站于2002年提出了优质小麦产业化的方案，并主动投入实践研究中。组建优质小麦生产基地，对基地农户提供全程生产方面的农业咨询服务，帮助农民生产，支持农户增产。在互助保险制度建设、人才队伍培养、核灾体系构建等方面做了大量的探索性工作。以北京谷物协会为依托，成立了北京市风险互助金管理委员会，制定了委员会运行的规范管理制度，设计了小麦、玉米、大白菜等多种作物以及园艺设施(如日光温室)的保险条款，科学确定了各种作物的费率，建立了作物灾害认定细则，培养了数百名具有一定保险理论水平和实践经验的核灾技术员。在全市9个区累计建立风险互助试点22万亩，为1.2万户农户提供了保障，给受灾农户发放受灾补助款100余万元。以上举措为北京市政策性农业保险的实施积累了宝贵的经验。

随着互联网的快速发展，农业技术推广也有了新变化、新方向。互联网技术让信息化、现代化农业推广贯彻发展，更快且准确地获取农业技术的相关信息，使推广部门能够组建一个巨大的农技推广信息网络。这样一来，可以让农民直观地看到新技术带来的经济收益，加强农民对农技推广工作的信心，从而促进农业技术的全面推广。例如，要引进新品种，推广机构购买种子并在网络上进行种子推广工作，有需要的农户可以联系相关人员进行引种，为其他农户起到示范作用，为农业推广工作夯实基础；利用信息技术为农业技术推广工作提供多条渠道，加快农业生产的发展进程。

积极发展由政府、高校、科研院所及涉农企业构建的多元化农机技术推广机构。由政府领导的推广部门从事关系国计民生的无偿服务农业技术推广工作。将“产学研”工作分配给高校、科研机构和农业企业，将农业科技成果转化为实际生产应用。

对农业推广人员进行定期定点的培训，提高其专业能力以及拓宽其专业认识。培育多形式、多层次的农业推广组织，提升推广服务质量，创建全社会的农业技术示范培训及信息发布等共享平台。鼓励成立农业技术创新服务和科技咨询的中介机构，为农业技术成果转化、经营管理、市场营销、保险、法律等方面提供咨询服务。

依托信息技术，实现农技推广手段现代化，通过电脑及网络等通信工具进行农业技术的推广利用，建立由政府、企业、大学组成的多元化、多层次的信息服务体系，提供及时、有效、可靠的技术、政策和市场等信息，构建地方农业技术共享平台，普及农业知识，提供更好的服务，提高农民开拓市场的能力。

通过专业培训、定期进修、讲座研讨等多种形式，促进农业技术人员的农业知识不断更新，改善队伍的专业结构，不断提高基层科研人员的知识水平，同时积极地与高校、研究院等农业部门合作，选拔一批推广人员进行培训再教育，建立一支高水平、服务态度优良的农业技术推广队伍，同时给予推广人员较高的社会地位和福利待遇。

建设完备有效且让农民接受的农业推广体系，真正把农业技术推广体系管理推上法治轨道。明确在农业推广体系中的执法主体和违法行为的惩罚措施，明确农业推广的相关政策和附加产业的政策，为保护农业技术推广过程中的主体利益提供法律依据。

同时，创新农业技术推广体系，例如，科技小院就是一种新型的农技推广模式，推广发展新技术，让农业服务人员落实生产第一线，真正地将农业生产存在的问题进行考虑、研究，一头连着高校学府，一头连着田间地头，将推广落实到实地，建立起新农技与农民的一条桥梁。

(三)农技推广中的“能人”效应

在乡村振兴战略背景下，农业技术推广组织逐步由农业技术推广站转变为以政府部门机构、高校科研院所、农业企业、新型农业生产经营主体等多元主体。其中，在农技推广组织机构与普通农民之间存在着关键性“中介”群体——能人。他们通常从农民中产生，对普通农民关于现代化农业技术认知和采纳行为具有较大影响。能人主要来源于两个方面：一种是本村当地的农民，积极投入农技推广方面的工作，为本村农民谋幸福，谋复兴；另一种是由政府或农业推广单位分派到当地，由当地推广机构与其合作进行农业技术推广，将技术传授给普通农民，农民出于对能人的信任而接受新技术，能人再将农民生产问题反馈给农业推广机构，促进现代农业技术的传播应用。农技推广站“能人”的案例并不少见，以下介绍其他省份农技推广人员的优秀案例。

1983 年，刚毕业的朱马太·哈吉拜正值青年，当得知家庭联产承包责任制被大力推广时，他毅然放弃了留校机会，回到新疆当起了农业技术推广员，主动承担起了 2 万亩小麦低产田改造的任务，正当他一展身手的时候，却因意外导致右髋关节坏死。然而疼痛并没有让他放弃自己的理想抱负，经过短短 3 个月的休养，他重返工作岗位，骑着一辆右踏板比左踏板短 3 cm 的特制自行车，往返穿梭在乡间小路。短短几年当地粮食产量得到了极大的提升，成了所有农户眼中的“英雄”。

吉林省东丰县大阳镇的张立君 20 年来始终把农业生产放在第一线上，把全身心都奉献给了“三农”事业。在职期间，张立君自觉利用工作和业余时间加强学习，不断更新所学的技能和知识，以更好地服务农业、服务农民。随着科技发展，农民对新事物接受度逐步提高，他先后建立了农业服务交流 QQ 群和微信群，及时传播国家的各种惠农政策，做到第一时间解决农民实际问题，帮助农民提高生产效率，受到一致好评。

唐山综合试验推广站站长王桂柱、秦皇岛综合试验推广站站长郑庆丰、石家庄综合试验推广站站长王贵江等都兢兢业业扎根于当地农技推广站，深耕细作在生产一线，将满腔热情投身于农技推广事业，为人民造福，为国家富强而奋斗。

六、结论

我国是农业大国，国家对农业发展的重视度较高，农业在国民经济的发展中占据着极大的比例。为了促进我国农业持续有效的发展，提高农业技术水平，大力推广农业技术是十分必要的。农业成果转化率低、经济投入少、人才培养体系不完善等问题都制约着推广的道路。因此，我国应大力发展农业推广现代化进程，提高农业推广社会效益。相关农业技术推广机构应加速农技的推广，提升农民实际应用能力，满足农民生产上的农业科技需求，大力发展农技科技化、创新性，加大政府资金投入和加速农业人才的培养，提高农民科技的认识，促进现代化农业发展。让农民们运用先进技术和先进知识种好地，进而提高农业生产效益和农民经济效益，为21世纪的农业改革与发展奠定坚实的基础。

参考文献

曹瑞娟．新形势下创新农机化技术推广方式方法探讨[J]．当代农机，2022(8)：34-35.

高懿珊．以农业科技创新促进新技术的推广[J]．河北农机，2019(1)：20.

黄波，肖龙，何勇，等．现代农业创新理念研究：农业科研机构在现代农业推广中的工作方法[J]．安徽农业科学，2014，42(7)：2140-2141，2152.

李爱华．信息技术在现代化农业机械技术推广中的应用策略[J]．南方农机，2020，51(22)：16-17.

李焕英，泽仁旺修．乡村振兴战略背景下农业技术推广对策[J]．农业工程技术，2022，42(27)：84-86.

李季．科技引领都市农业现代化：北京市农业技术推广站农技推广回顾[J]．北京农业，2008(18)：104-107.

罗达龙．加强农业技术推广促进农业现代化发展的措施研究[J]．乡村科技，2017(35)：19-20.

倪守明．强化农业技术推广为农业现代化提供科技支撑[J]．天津农林科技，1999(4)：37-40.

赛尔兰·托留．"科技财神"引领百姓致富奔小康：记新疆富蕴县农业技术推广站高级农艺师朱马太·哈吉拜[J]．中国农技推广，2018，34(1)：20-22.

宋国强．探索新形势下现代化农业技术的推广策略[J]．吉林农业，2014(6)：44.

王强．健全现代农业推广体系迎接新机遇新挑战[J]．中国农村科技，2017(2)：4.

王允．浅析农机技术推广与现代农业发展之间的关系[J]．农业开发与装备，2021(6)：25-26.

吴曼．聚力"强"科技支撑引领"新"产业格局：访河北省二期现代农业产业技术体系生猪创新团队秦皇岛综合试验推广站站长郑庆丰[J]．北方牧业，2022(17)：8-9.

吴曼．强化科技支撑引领蓄势赋能助推发展：访河北省二期现代农业产业技术体系生猪创新团队唐山综合试验推广站站长王桂柱[J]．北方牧业，2022(18)：8-9.

吴曼．深耕细作扎根生产一线笃行致远甘做种业发展铺路人：访河北省二期现代农业产业技术体系生猪创新团队石家庄综合试验推广站站长王贵江[J]．北方牧业，2022(16)：6-7.

夏波．基层农业技术推广站问题浅析[J]．辽宁农业科学，2021(5)：79-80.

张宝全．"科技小院"打通农业技术推广普及"最后一公里"[N]．营口日报，2022-11-22(001).

张琳，李天娇，王航等．脚踏黑土地热血献三农：记吉林省东丰县大阳镇农业技术推广站站长张立君[J]. 中国农技推广，2018，34(9)：11-12.

张霞，许秀梅．农业技术推广效果的影响因素研究：以山东省平度市为例[J]. 中国农学通报，2022，38(30)：135-140.

朱英，章琰，宁云．现代化农业技术推广中的“能人效应”[J]. 中国科技论坛，2021(8)：120-125.

第五章
农村环境政策案例

案例一：秸秆利用案例分析
——以河北固安及陕西宝鸡为例

摘要：当前农村垃圾主要来源为生活垃圾和农作物废弃物。生活垃圾可以通过设立垃圾点，实行定点定时投放和收集加以解决；农作物废弃物主要是农作物秸秆。现在人们的生活质量和水平得到了提高，农作物秸秆已经退出了生活燃料的主导地位，逐步被电、液化石油气和煤炭等燃料所取代。如果将秸秆堆在房前屋后、场院，不仅影响村容村貌，而且成了安全隐患。因此，搞好农村环境治理，如何处理秸秆成了一个新课题。本案例以秸秆利用为例来讨论如何有效减少农村垃圾对生态环境的破坏。

一、固安县案例

（一）案例简述

固安县是河北省廊坊市的一个县城，地处华北平原以北，紧邻北京、天津、保定三地，地理位置得天独厚，与北京市隔着永定河相望。近年来，京津冀区域内雾霾频起，每年秋末冬初，秸秆的燃烧也会加剧雾霾，这一直是京津冀三地政府严管详查的工作重心，有的区域政府甚至特意配备了巡逻人员，禁止在田间或地头焚烧秸秆。不过即便如此，在环境保护部发布的京津冀秸秆燃烧火点调查检测中，河北、天津的火点“上榜”次数较多。所以，秸秆焚烧对整个京津冀地区空气质量的影响都是很不利的。2014 年 3 月 5 日的政府工作报告中指出，做好环渤海区和京津冀一带的经济社会合作。京津冀一体化的概念是由京津唐产业基地发展思路演变而来的，范围包括北京、天津和河北 11 个地级市的 80 余个区县（市），总国土规模大约为 12 万 km^2，总人口数量大约为九千万人。固安作为京津冀一体化的重要城市之一，纠正焚烧秸秆的行为迫在眉睫。探究切实有效预防居民燃烧秸秆的方式方法，是解决该问题的首要关键。

固安县康益园食用菌发展公司（又称康益园）位于河北省廊坊市牛驼镇，是一个集食用菌科学研究技术开发、工业生产种植、科技推广培养、产品销售深加工于一身的综合经济发展实体企业。园区占地 5 hm^2，基建总投入 368 万元，建有标准化食用菌种植温室大棚 17 栋(占地 1.7 hm^2)及秸秆预湿沟(池)、无菌发酵室(管道)、制菌种间等一条龙的工业生产设备。康益园主要利用大田秸秆种植食用菌，即通过二次发酵技术的方式把大田秸秆、鸡粪等材料做成了食用菌基质。此外，秸秆栽培过食用菌后的菌渣，因为菌体的生物降解功能，氮、磷等营养物质的浓度也有了明显增加，可成为很好的饲料对外销售。使用该肥料能够很好地改善土质，从而增加土壤肥力，并改变土壤理化性质，是粮食作物增产增效的好帮手。

(二)主要对策

该研究中的主要方法是采用废旧秸秆有机发酵来种植食用菌。食用菌中产生的子实体是可直接被人类利用的一类植物真菌，食用菌味道鲜美、材质松软，同时有着很好的营养物质与药用价值。同时，因为秸秆资源中含有大量的碳、硫等矿藏和营养元素，再加上生产成本相对便宜，且资源充足，所以特别适宜于作为食用菌的培养料。培养料一般由棉籽壳、碎锯末粉、稻草和麦麸等材料组成。目前，采用废旧秸秆种植的食用菌种类已较多，包括姬菇、平菇、黑草菇、木耳、鸡腿菇等十多个种类，甚至部分种类的废旧菌料还可成为其他食用菌的培养基质，这样不但能增加生物利用率，还能拉长循环链，同时，更能有效减少对生态环境的危害。

(三)效益分析

(1)经济效益分析　康益园充分利用了自身的技术和生产条件，能够做到一年生产 3 个周期(每个周期为 4 个月)，年产食用菌达到 510 万 t，从而可带动销售收入超过 255 万元；同时，年产 1 万 t 基质有机肥，也能产生约 90 万元的收入；年产包装 2 万箱，净收入 50 多万元。康益园在发展壮大的同时也为地方农户增加了收入，农户卖秸秆一年可获得数千元，大大拉动了当地经济的发展。

(2)社会效益分析　康益园人不断地研究创新科技，以提高自身产品技术含量，每年可向社会供应菌种 100 万 t，并带动 5 000 多户当地村民参与食用菌生产，食用菌种植面积超过 250 hm^2。采取“公司＋农民”的形式，延长产业链条，拓展产品规格，实现了生产、加工、销售的一体化运营管理模式，促进了中国食用菌特色产业的蓬勃发展。

(3)环境效益分析　通过园区示范作用，带动了 5 000 多户加入食用菌种植的行列，年均可使用秸秆 17.5 万 t(相当于 17.5 万亩的秸秆)，大约为该县年产秸秆量的 40%，由此使大量农作物秸秆变废为宝，从而大大降低了由燃烧秸秆所造成的环境污染。另外，通过利用食用菌栽培过后剩下的基质废料——菌渣，制成富含腐殖酸的有机肥达 10 万 m^3。施用这种有机肥可以更高效地改善土壤结构，进一步提高土壤有机质浓度，降低化肥施用量，在降低生产成本的同时，也推动了生态农业的发展。

(四)案例启示

改变农村发展方式，发展农业经济，首先应当将环保意识放在首位。伴随我国农业经济的迅速增长，广大人民群众的环保意识在不断提高，越来越关注农业环境的实际情况；同时，对生存环境的需求也在不断增加，保护环境的能力已成为当今社会发展首先考量的重要因素之一。这就需要在开发乡村经济、改变农村发展方式的进程中，切实地将环保问题当成第一优先考虑的因素，而绝不能再走“先开发、后恢复”“先环境污染、后整治”的老路。经济发展与环境保护并不是独立的，二者可以通过适当的规划和适宜手段的组合，同步完成乡村经济大力发展和生态环境保护的时代任务。

处理露天燃烧农作物秸秆最直接、最合理的根本途径，是对农作物秸秆的综合利用。农作物秸秆露天燃烧，引起各级政府部门的广泛重视。因为针对的是分散的千家万户，各政府部门始终缺乏有力措施，很难进行管理。仅靠一些强制手段、措施既激化了政府部门和农户之间的矛盾，且往往收效甚微。因此，唯有做好秸秆的综合开发管理与使用，让农户能够从中有所获益，使农户有意识地放弃对农作物秸秆的露天燃烧，才可以获得事半功倍的成效。康益园投建以前，因为废弃秸秆用途不大，所以周围的农户为了不影响土地的有效利用，就不得不把已经收割的大麦秸秆和玉米秸秆乱堆乱放，或者干脆进行焚烧，这样不但污染空气，连行人、车辆的安全也很难保障。自从康益园开始经营以后，因为秸秆可以卖钱，所以周围的农户自发地将已经收割的大量秸秆运到康益园收购场地，乱堆乱放秸秆的现象就基本上见不到了，有效缓解了秸秆焚烧的问题。

发展绿色型农业企业，有着广阔的发展空间。当今，绿色生态文明、绿色生态社会发展、绿色生态居民消费、绿色生产，都已经变成了人类的时尚主题。绿色环保行业也是目前大家所认可的“朝阳产业”。人们追求绿色生态，渴望亲近自然，将极大地推动绿色环保产业的蓬勃发展。中国绿色环保产品的杰出代表——食用菌栽培业，因为它能够完全高效地使用农作物秸秆，所以产品成本低，投入产出比高，效益好；同时，因为生产的食用菌不需要使用肥料和杀虫剂，能够真正实现生产的无公害、纯天然，所以受到人们的广泛欢迎。食用菌栽培业具有巨大的发展前景，必将为中国亟待改造的传统农业经营体系带来全新的生命力。

（五）总结

怎样充分合理使用秸秆资源，一直以来是各级政府部门和企业管理者考虑的问题。但是，由于缺乏相关的技术和高新设备，加上农民对利用秸秆的意识又不是很强，利用秸秆的积极性一直不高，无法彻底改变露天焚烧秸秆这一普遍现象。近年来，随人类环境保护认识的增强和科技水平的迅速发展，对国内外主要作物秸秆利用的研究已经十分广泛，许多比较成熟的且可以产生较大经济效益、社会效益和生态效益的秸秆处理技术也纷纷在国内外推广应用，农业秸秆综合利用开始进入高效、生态化发展的崭新时期。为此，笔者深入研究和剖析目前的农作物秸秆的综合利用状况和面临的困境，并对固安县康益园采用大田秸秆种植食用菌的实践加以研究，进而提出合理使用秸秆废弃物的对策措施，对实现秸秆的经济效益、社会效益和生态效益的“三效合一”有着重要的现实意义。

使用农业大田秸秆来种植食用菌是农业大田与废弃物秸秆综合利用的一条有效途径，既可以达到对农业秸秆资源的高效利用和生态循环，也能够更有效地减少由农民露天燃烧秸秆利用所形成的环保问题，进而改变农村居民的生存环境，同时可以提高农民收入，推动农业社会经济的持续、协调发展。

二、宝鸡市案例

(一)案例简述

宝鸡市地处东经106°18′~108°08′,北纬33°35′~35°06′,位于陕西、甘肃、宁夏、四川四省(自治区)交界处。陕西省是以农业为主的重要省份,具有得天独厚的地理条件和历史人文条件。2013年陕西粮食播种面积为310.51万hm^2。宝鸡市作为陕西省的重要城市,肩负着加快农业经济发展的重要使命。

据2022年数据,陕西宝鸡市每年粮食播种规模为36.6万hm^2,年产秸秆约200万kg。秸秆的使用方法一般是四种:①还田,约占7.8%;②饲料,一般有玉米秸秆青贮、微贮和小麦秸秆等辅助饲料等,约占21%;③燃料,一般用于农村取暖、煮饭等,约占10%;④造纸生产原料以及食用菌生产辅料等,仅为8%左右。废弃秸秆的使用率为46.8%,但全年仍有超过100万kg的秸秆资源被大量丢弃或焚烧。

(二)宝鸡市秸秆利用效率低下的原因分析

(1)秸秆滞留地表难处理　由于玉米收割机械的普及,大量的玉米秸秆被滞留在田地里较难处理。因为影响玉米来年的种植,所以很多农民选择就地焚烧秸秆。虽然近年来在宝鸡市大力推广了玉米播种机械化,以减少残留的旧秸秆对玉米播种带来的影响,但因为废旧秸秆覆盖量过大,且玉米播种机在有废旧秸秆的田地里作业,硬茬堵塞播种机的情况十分严重,播种难度高,出苗性差,所以一些群众仍选择直接烧毁。据统计,至2007年,宝鸡市机械化收获面积达204万亩,占总播种面积的67%,机收后秸秆焚烧面积超过20余万亩。

(2)秸秆使用的途径越来越少　原因主要是:①近年来我国节能减排措施有所加强,受节能减排限制,宝鸡市内多家不达标造纸公司关闭,数量从原来的150余家减少至30家左右。用作造纸等工业原料的玉米秸秆使用量已经明显下降。②农村建设新型燃料在宝鸡市获得了更广泛的运用,宝鸡市目前已经建有沼气池5.2万户,再加上液化气、天然气、蜂窝煤等的使用相当普遍,秸秆利用已经不再作为主要能源。③随着社会主义新农村建设进程的推进,乡村村容更加整齐,当地禁止农户在路旁堆放秸秆,农民的秸秆既没有用处又无处堆放,不得不选择焚烧。

(3)群众对秸秆综合利用的认识不足　缺乏对秸秆机械化综合利用的直观了解,对使用新型技术心有顾虑,同时小麦、玉米免耕播种机价位偏高,一次性投入较大,导致秸秆工业机械化综合应用技术推广速度缓慢,覆盖面较小。

(4)秸秆资源化综合应用渠道非常简单　目前,宝鸡市秸秆资源化综合应用的主要渠道有以下两种:①直接还田;②机械加工饲草。但有些新兴的、高端的、对秸秆用量很大的废弃秸秆资源化综合应用工艺技术,包含秸秆水力发电工艺技术、秸秆气化发电工艺技术、秸秆再使用制板工艺技术等,仍是一片空白。

(5)监管错位,资金投入不足,部分管理与协调上比较困难　负责废弃秸秆综合利用和整治秸秆焚烧等方面的相关部门包括农业农村局、环境保护部门、公安部门、财政部门等。近年来，在禁止农民露天燃烧农作物秸秆的工作上，各单位都以自我为核心，并没有统一的协作手段与配套措施，资金投入严重不足。值得注意的是秸秆禁烧工作原本应由各级政府环保部门重点管理，但目前农机单位已经成了秸秆综合利用的主角。总之，没有相应的理念、规章和办法，工作很难得到落实。

(三)影响分析

(1)造成能源浪费　秸秆具有巨大的有机生物化学能，若露天焚烧，不仅这些能量得不到很好的利用，还会对自然环境以及人类的健康和财富产生危害，同时，焚烧后排出的废气和热量又会增加温室效应。

(2)带来环境污染　秸秆燃烧时产生大量的灰尘和各种有毒气体，造成整个乡村甚至整个县城连续多天笼罩在烟雾中，空气质量严重下降，很多村民身体上出现不适。若是遇到闷热无风的阴雨天，烟雾长时间不散，严重影响人们的身体健康。

(3)有安全隐患　农户在露天焚烧秸秆时，因为缺乏任何的安全防护，在焚烧时形成的火焰和高热很容易破坏周围的导线、光缆，而一旦出现强风的天气，被风掀起燃烧着的秸秆会对附近民房以及周围还没来得及收获的农作物带来极大的危害。同时，由于焚烧秸秆会产生大量的烟气和各种废气，从而影响主干道路部分路段的能见度，很容易引起交通事故。

(四)方式对策探究

(1)围绕工作重点，大力引进农作物机械性综合利用技术　要点是：①加大对秸秆机械化粉碎还田技术的研究。大力推广玉米联合收割机、小麦免耕施肥播种机、秸秆粉碎还田机等的使用，进一步提高机械效率，并保证有足够多的机械使用。②积极发展秸秆加工饲草技术。虽然玉米秸秆是很好的饲草来源，且营养丰富，但目前宝鸡市农民每年把秸秆加工为饲草仅 35 万 kg(鲜秆)左右，尚不到 20%。宝鸡市的经济目标是打造成全国牲畜大市场，所以蓬勃发展的畜牧业将作为今后农村经济增收的重点方向，但如果将秸秆加工为饲草的工艺和技术还没有完善，那么饲草加工极大可能成为制约畜牧经济发展的瓶颈。积极发展秸秆饲草一定是缓解饲草不足，推动畜牧业发展最有效的方法。③积极推动秸秆的产业化蓬勃发展。要认真做好秸秆造气、炭化、发电、板材加工等产业化应用的技术引进与规划研发，做到秸秆利用的合理使用与保值增效。

(2)通过增加政府投入，构建秸秆资源综合利用的长效机制　各级财政要设立秸秆综合利用开发专用资金，主要用于推广技术培训、相关设备的安装配套、示范田建立、实验示范等。同时，要利用相应的项目资源，强化项目技术应用的扶持力度，以确保废弃秸秆资源化综合利用项目的持续高速推进。

(3)强化部门协同，齐抓共管，形成发展合力　由于秸秆综合利用是一项涉及方面相当广泛的社会性工程，单靠某个部门是行不通的，必须很多单位通力合作，并严格相应权限管理和责任追究。环保部门应加大宣传力度，使大众了解燃烧秸秆产生的风险，加大检查和惩罚力度；农机部门应加强废弃秸秆资源化综合利用机具及相关技能的展示宣传工作，并在技术上推动秸秆资源化综合利用；公安消防单位应加大对秸秆燃烧火灾事故责任的查处力度，以引导民众提高安全认识。

三、案例分析与总结

(一)秸秆焚烧的危害

秸秆焚烧是指将农作物秸秆用火烧从而销毁的一种行为。秸秆焚烧污染空气环境,危害人体健康,所以现在通常禁止秸秆焚烧。秸秆焚烧产生的主要危害有:

(1)产生强烈的大气污染,影响人类健康　燃烧秸秆时,在大气环境中二氧化氮、二氧化硫、可吸入颗粒物三项目的物质指标都相当高,当中二氧化硫的含量比平时的指标要高1倍,而二氧化氮、可吸入颗粒物的含量则是平时的3倍。当可吸入微粒物含量超过规定程度时,对人的鼻孔、眼部和喉咙的黏膜部分影响特别大,轻则引起干咳、流泪、胸闷,重则引起支气管炎。

(2)造成事故,影响道路和航空安全　燃烧秸秆后会产生巨大的烟尘进而导致道路能见度降低,严重影响人的视野,并直接影响铁路、高速公路乃至航空的正常运作,因此历年均有由燃烧秸秆后形成的巨大烟尘影响驾驶员视野所引发的事故,并严重影响道路交通参与者的生命安全。

(3)引发火灾　秸秆焚烧引起的火灾,若缺乏合理的防火措施,非常容易引燃附近的易燃物,给附近民房和未收获的农作物带来危险。如果发生大火,大火往往很难控制,会导致巨大的损失。如果发生在森林附近,损失更加不堪设想。

(4)破坏土壤结构,导致耕作效率低下　农作物燃烧时会形成高温,这种高温会杀灭土壤中的有益细菌,使腐殖质、有机质矿化,破坏当地生态体系的稳定,影响土壤物理性质,增加土壤板结,从而损害地力,影响农作物的生长发育。

(二)焚烧秸秆的原因

(1)没有更好的处理办法　受生产力发展水平的限制,农民除了焚烧,没有其他方法可以对秸秆进行很好的处理。

(2)认为草木灰是肥料　燃烧产生的草木灰是一种肥料,所以部分农户燃烧农作物秸秆,认为有利于培肥地力。

(3)使用机械处理秸秆的成本较高　机械处理秸秆后留茬较多,不利于下一季农作物的种植,最重要的是机械处理秸秆成本过高,农户缺乏积极性。

(4)秸秆经济价值难以体现　建设一座沼气池起码要花费三四千元,较高的建设成本使农户望而却步;因为秸秆的利用价值太低,把秸秆出售给一个养牛大户才几分钱一斤,农民觉得不值得花费工夫。

(5)没有恰当的引导　目前,虽然政府针对秸秆综合利用问题给出了不少的方案;但因为没有实用性和具体化,且主要以执法措施和奖励政策为主,缺乏专人去做秸秆废弃物处理的管理、协同和转化工作,只堵不疏,导致禁烧工作成效不突出。

(6)缺乏秸秆处置技术和方法　多数农户基本不使用秸秆当柴烧,没有用处,只好选择最简单的办法——烧掉,使得农作物秸秆还田推广迅速缓慢。对于加工食用菌基料和沤造有机肥等较简单、容易操作的秸秆处理方法,规模较小,没有统一的组织管理模式,不能产生大规模经济效益。

(7)推广能力不够　受社会环境、时间条件的制约,秸秆禁烧宣传教育知识并未真正深入到乡村,加上农民环境保护和安全意识不高,并未认识到燃烧秸秆的巨大风险,光凭禁烧还无法从根本上破解千家万户秸秆不易处理的难题。此外,对废弃秸秆禁烧监督力度不够,执行措施也相对单薄。

(三)借鉴方法探究

秸秆综合利用的方式是多种多样的,陕西作为农业大省,除运用生物技术外,还有很多别的路子可走。各地要根据自身的地理条件和经济发展状况因地制宜地利用秸秆创造更多的经济价值。具体方法如下:

(1)机械化秸秆还田　秸秆还田的主要途径有以下两种:①将秸秆粉碎后,再添加适量石灰和人畜粪便,使之发酵,在半氧化半还原的条件下完全腐烂,然后再提取肥还田;②用机械将秸秆粉碎后,利用深翻技术掩埋,再通过土壤内的微生物使秸秆腐化,直至完全降解。

(2)培育食用菌　将秸秆粉碎后,与其他材料科学配制成食用菌的种植基质,可种植木耳、蘑菇、银耳等食用菌,有效缓解近年来食用菌产品迅猛发展导致基质供给不足的问题。种植过食用菌后的基质经处理后,还可作为肥料还田或饲养牲畜。

(3)用于生物质发电　可以将秸秆直接焚烧发电以及同垃圾等废弃物混合焚烧发电,还可以汽化发电。秸秆是一种很好的清洁可再生能源,每 2 吨秸秆的热值就相当于 1 标准煤,其平均含硫量约 3.8%,而煤的平均含硫量约 1%。生物质的再生利用过程中,排放的二氧化碳与生物质再生时吸收的二氧化碳达到碳平衡,对缓解温室效应具有重要意义。

四、建议与总结

通过系统分析上述具有一定典型性的案例,有以下四点建议可供参考:

一是引进适宜当地改良作物品种,改变或延迟种植收割交叉期,发展秸秆快速收贮运技术。乡镇农业主管部门应鼓励引进当地适宜种植的改良作物品种,适当改变作物种植或收获时间,在改变作物生育期和提高产量的基础上,增加整地和秸秆收集利用时间。国家应加大农业科研资金投入,尽快突破技术壁垒,发展秸秆快速收贮运技术,满足秸秆规模化利用的需要。

二是增加秸秆收集储运装备,完善农业秸秆收集贮存系统,建设农业秸秆交易平台。乡镇以上农村主管部门要尽快扩大农村设备保留量,逐步配置秸秆的收获、捡拾、打捆、粉碎等农村设备,并逐步减少农机使用成本。国家应扶持成立农村秸秆收集运输农民合作经营企业,建设农村秸秆经纪人队伍,健全农村秸秆交易机构,把农民与市场的供需关系连接起来。

三是加大秸秆利用高新技术的投入,推动秸秆规范化使用项目,拓展秸秆循环生产模式。乡镇以上农业主管部门也应考察引进秸秆利用新技术,以形成高附加值的秸秆利用产业,深化秸秆商业化利用程度。应逐步完善农村土地流转的激励机制,进一步提升农村土地流转规模和运营管理水平,积极引导企业利用农村土地流转建设秸秆生产基地,进一步推动农村秸秆利用向集约化、规模化方向发展。另外,农业企业也应该逐步拓展秸秆利用的产品模式,进一步延长使用链条,逐步建立秸秆利用“五化”的循环使用管理模式。

四是为进一步提高秸秆饲料化、能源化效率，将采取政策措施引导优化秸秆资源化使用结构。乡镇种植业主管部门要紧密结合本地秸秆加工发展生产的现状，提高农民秸秆饲料化、能源化生产效率。例如，引导农民种植玉米等适合青贮的作物，大力开展秸秆青贮技术推广和技术培训，并重点支持农民发展联户沼气项目等。国家应制定资金支持的政策，加大对农村秸秆优化利用的政策指导。农业公司也可以考虑和农民结成战略合作伙伴关系，并采取定点采购方式，还应加强科技研究应用，提升农村秸秆科技利用率，积极探索农村秸秆能源化发展新路。

秸秆焚烧在中国依然是一个“三农”问题。解决秸秆焚烧问题，需要的不仅仅是广大人民群众自觉的禁烧意识，更需要政府和企业运用有效的创新体制，研究有效的预防机制，开拓可持续发展和经济发展同时前进的新路子。解决秸秆焚烧改善农村环境，责任重大。我国各地也应该共同学习借鉴经验，为发展经济社会、保护自然环境、促进可持续发展创造新条件。生态文明建设与人居环境整治没有最好，只有更好，我们必须深入推动乡村生态清洁化、有序化、美丽化、制度化，以更高水平的条件努力建设村容整齐、乡风文明、自然环境优雅的社会主义新乡村，以助力中国农村复兴，造福人民群众。

参考文献

查方圆．加强环境保护，推进农村可持续发展[J]．湖北成人教育学院学报，2014，20(1)：82-83，48.

陈光，吴卓夫，张兆业．秸秆综合利用研究动态及展望[J]．吉林农业大学学报，2016，38(5)：505-510.

程小旭．环渤海地区发展上紧发条[N]．中国经济时报，2009-06-08(6).

董宪军．浅谈秸秆焚烧问题[J]．南方农业，2019，13(20)：160，162.

管叔琪，汪建来．农作物秸秆综合利用的难点与对策[J]．安徽农学通报(上半月刊)，2010，16(3)：21-23.

韩延军．秸秆焚烧的危害及综合利用[J]．河南农业，2018(7)：35.

贾春雨．大田秸秆综合利用成功案例探讨[J]．中小企业管理与科技(下旬刊)，2010(2)：178-179.

姜岩，孙鹏，王丽娟．拓宽农作物秸秆综合利用途径 有效改善生态环境[J]．科学技术创新，2017(12)：275-275.

梁文俊，刘佳，刘春敬．农作物秸秆综合利用技术[M]．化学工业出版社，2015.

廖亮，白雪．“秸”尽所能　做好秸秆“还田＋离田”高效利用[N]．中国经济导报，2022-11-22(4).

刘冬梅，马云飞，郭艳红，等．宝鸡市玉米生产现状及扩面积种植对策[J]．现代农业科技，2022(13)：27-30.

刘飞．农户秸秆就地焚烧行为影响因素分析[D]．咸阳：西北农林科技大学，2016.

刘国庆．环境建构论视角下秸秆焚烧的问题化研究[D]. 哈尔滨:哈尔滨工程大学,2020.

刘慧．秸秆的综合利用[J]. 南方农业,2016,10(6):118-119.

刘忠强．秸秆焚烧危害大　科学还田功效高[J]. 农业知识,2021(11):12-14.

卢志坤,童海华．乡村振兴　城乡融合[N]. 中国经营报,2018-03-19(A11).

陆刚．农作物秸秆饲料化的利用技术[J]. 浙江畜牧兽医,2022,47(5):26-27,31.

石祖梁,贾涛,王亚静,等．我国农作物秸秆综合利用现状及焚烧碳排放估算[J]. 中国农业资源与区划, 2017, 38(9):32-37.

苏荣军,吴汉昌,梁明骅．食用菌产业服务乡村振兴的创新发展路径[J]. 新农业,2022(22):65-66.

隋华,陈静．秸秆焚烧的危害及综合利用探究[J]. 南方农业,2020,14(8):165-166.

王菲．黑龙江省秸秆收储运机械化系统构建与分析[D]. 哈尔滨:东北农业大学,2020.

王海霞．试析农作物秸秆在食用菌栽培中的综合应用技术[J]. 广东蚕业,2022,56(9):49-51.

王弘儒．中国农村环境治理:现实困境与路径探析[J]. 农村经济与科技,2022,33(15):44-46,72.

王化．秸秆焚烧问题的关键在于提高秸秆综合利用率[J]. 农业与技术,2016,36(8):14.

王瑛,郭梅燕,郭书磊,等．玉米收割机机械化作业对后茬小麦生长的影响[J]. 浙江农业科学,2022,63(2):273-276.

王昱锟．习近平绿色发展理念的践行路径研究[D]. 兰州:兰州理工大学,2022.

夏慧敏,吴伟栋．基层治理中秸秆综合利用问题分析[J]. 现代农村科技,2022(1):107-108.

阳科．农村秸秆焚烧对生态环境的污染和政府监管研究[D]. 武汉:武汉科技大学,2019.

杨丛瑞．秸秆焚烧对环境的影响及综合利用[J]. 农业知识,2016(34):4-6.

叶子,刘以晴,窦瀚洋,等．推进绿色低碳发展,多地出实招[N]. 人民日报海外版,2022-11-23(5).

于晓栋．农业绿色可持续　农村生态有底蕴[J]. 中国生态文明,2022(5):47-50.

于兴博．推进秸秆综合利用发展生态循环农业[J]. 中国农机监理,2022(10):20-21.

张丰,张澜,吴昕昊．低碳背景下农村秸秆焚烧处理处置及其资源化综合利用[J]. 农村实用技术,2021(12):127-128.

张士胜,霍家佳,洪登华,等．我国农作物秸秆收储运体系现状·问题及对策[J]. 安徽农业科学,2019,47(19):260-261,264.

赵楚琦,王喜成,姜涛,等．秸秆饲料化处理技术[J]. 吉林畜牧兽医,2022,43(11):109-110.

案例二：白洋淀流域治理的农村环境政策案例分析

摘要：随着农村环境问题越来越凸显，生态脆弱的流域农村环境治理也备受关注，然而在各种治理手段中最强有力的是政策。中国农村环境产权混乱和非市场化，农村环保机制不完善，环境保护职责模糊以及环境政策体系缺失，导致出现“有利争着管，无利都不管”的尴尬局面。由于城乡环境问题的差异性，现行在城市有效的环境政策在农村往往失效，而流域农村环境污染叠加在脆弱的生态系统上，会加大综合治理的难度。农村环境污染的加剧与农村环境政策的制定滞后，配套政策不足，功能缺失、执行低效，造成农村生态环境不断恶化，与人们对农村综合整治改善环境质量的迫切需求相背离。因此，迫切需要构建并创新现有农村环境政策体系。2009 年国家开始实行“以奖促治，以奖代补”的农村环境政策以加快解决突出的农村环境问题，但是对于面临干淀威胁、承载力很低、生态脆弱的白洋淀流域的农村环境污染治理，不仅需要采用刚性政策的管理手段与技术手段、工程手段与道德规制相配合，而且需要对农民激励与约束并用，才能适用于白洋淀流域农村环境的综合整治，进而推动农村环境治理政策创新并提高政策效能。

当前，农村地区面临着严重的环境问题，这些问题主要表现为环境产权混乱、市场化程度较低、环境保护机制缺乏、环境保护职责模糊等，导致政府对农村地区的环境政策制定存在缺陷，同时，农民对环境保护的认知水平较低。虽然许多城市已经采取了措施解决环境污染问题，但对于农村地区来说，这些措施往往很难起到应有的作用。我国不少学者在环境污染管理和防治政策等方面开展了比较深入的研究，晏妮等深入研究了城乡污染物迁移的动机和原因，污染转移给城市、农村经济与环境所造成的危害，以及污染转移在理论上的争议等；朱立志对中国农村环境污染的机制进行了比较深入的研究；叶进等认为农村环境管理存在严重漏洞、体系制度不完善，需要建立一个长期有效的农村生态环境保护机制来解决这些问题；任晓冬等针对中国环境保护方面存在的问题，从农村环境保护体、环保机构、环境保护目标等方面提出了创新思路；张秋指出，农村环境保护的成果并未显现，这是由于农村环保政策和制度缺乏有效的激励机制，无法吸引各利益攸关方参与环境保护工作。因此，为了更好地保护我国生态环境，必须不断创新和完善我们的农村环境治理方法。

一、农村生态环境治理的分析框架

党的十八届三中全会强调，要推进国家治理体系和治理能力现代化，其中环境治理作为一个重要组成部分，发挥着至关重要的作用。通过这种方式，我们可以实现更好地保护自然资源，提升人类生活质量。所谓环境治理现代化，是一个持续演变、不断深化的过程，是从初级阶段不断向高级阶段发展的过程，它涉及对环境问题的改革，包括对治理结构和价值观念的重新审视，以及对治理理念、价值观、制度和技术等关键要素的重新组织与协调。通过全面、协调地管理，可以大幅度提升环境治理效率，增强治理能力，从而达到绿色发展的生态文明目标。因此，本案例中将通过对环境治理现代化的研究，提出一个新的分析框架，来探究中国农村生态环境政策在不断演变和发展过程中所扮演的重要角色。该框架将重点关注三个方面：

一是治理理念。理念是实践的指南，其体现的是政策的实践导向，并且对于整个治理过程起着至关重要的作用。现代化的治理方式必须既注重高效又注重公平，这样才能有效地解决"市场失灵"和"政府失职"，实现经济效益的最大化。我国一直致力于保护工业经济的健康发展，因此在处理工业污染问题上，应采取更加有效的措施来解决问题，如采取"三同时"防治措施，以减少城市和工业污染，是最早运用于城市和工业污染领域的措施。在这个充满活力和希望的时代，"绿水青山就是金山银山"这一理念已经深深地植根于人们心中，因此，建设美好家园成了实现乡村振兴的目标之一。

二是治理主体。现代化的治理注重主体的多样化，即从单个主体向多元化主体的过渡。早期，由于人们没有充分关注农村生态环境，加上财政支持有限，导致农村环境保护工作长期以来几乎是空白的，以至于存在各单位职能不清晰的情况。随着时代的发展，农民对环境保护的重视日益增强。随着社会的发展，村民自治基层组织变得越来越重要，它们不仅能够帮助乡村居民了解当地的社会状况，还能吸引来自乡村企业界和个人的投资者，为改善农村生态环境作出贡献，促进乡村经济健康发展，实现多方共同治理，促进多元共治的局面。

三是治理模式。治理模式是影响政府决策的关键因素，它可以影响治理制度的有效性和效率。现代化的治理模式正在经历着转变，它已经从封闭转向开放，并且从集中转向分散，交流、合作取代了传统的命令、管理，协同治理成了治理的主要手段。在当今世界，权力治理已经成为一种普遍存在的治理模式，而强制性和命令性是其中一种重要的政策工具，这一点在环境保护领域尤其如此。随着市场经济的发展，中国农村生态环境治理已转向以市场机制为主导的治理模式，并开始大力推行鼓励性和指导性的政策措施。

二、农村生态环境治理政策演进

农村生态环境治理的发展具有复杂性，为了更好地了解这一问题，笔者对政府部门发布的相关政策进行了深入研究，并对政策法规发展的阶段进行了界定，依次是初始阶段、摸索阶段、提高阶段和深化阶段。每个阶段所表达的政策背景、理念、主体、模式和举措都有所差异，这些差异反映了治理方法一直在不断发展和完善，能够带来更好的效果和具有更高的水平。

（一）农村生态环境治理的初始阶段（1949—1972 年）

在这个时期，新中国经历了一个重大转变，从最初的困难时期走向了全面恢复工业建设时期，并且在国家经济的快速增长下，农村地区的环境问题也日益突出。这一时期，政府作为唯一主导者，负责监管和管控；治理理念也更加注重保持和提升人们对于保护和恢复自然生态的重视；治理措施主要依靠行政和权力，注重末端管理；治理方案大多关注城市和工业污染，但缺乏对农村生态环境保护的充分重视。

在逐渐恢复的国民经济建设过程中，党和国家就开始有意识地保护生态环境，并采取了兴修水利、植树造林、城市废弃物综合治理、开展爱国卫生运动等举措，使经济建设和环境治理工作有了和谐的进展。1958年,“大跃进”开始,由于受“浮夸风”和冒进思潮的影响,全国各地小企业“大干快上”,完全不顾环境保护要求,肆意排放“三废”污染物,并大量采伐森林资源,这给生态环境带来了极大的损害。为了纠正“大跃进”中的问题,促进经济发展,国家制定了一系列法律法规,如《森林保护条例》和《破产资源保护条例》,以确保我国的自然资源免遭损害。然而,1966年爆发的“文化大革命”导致了更严重的生态环境恶化。由于片面强调“以粮为纲”,森林砍伐和湖泊建设活动频繁发生,严重损害了自然界中山水田园草地的生态平衡,导致生态环境进入一个恶化的循环状态。1972年,大连湾水质恶化、北京官厅水库鱼中毒,敲响了警钟,引发了人们对环境污染的关注。同年,在瑞典斯德哥尔摩召开了“联合国人类环境会议”,中国首次派出环境代表团参加了此次会议,可以看出我国已经意识到了环境保护在当前国际形势下的重要性,这是我国生态环境治理的一个重要转折点。

(二)农村生态环境治理的探索阶段(1973—1999年)

这一时期,我国的生态环境治理正处于一个探索的阶段。随着城市和农村经济的迅猛发展,环境保护问题已成为一个日益凸出且紧迫的挑战。该阶段,农村生态环境治理取得了长足发展,其中最重要的是通过法律手段来规范和管理农业领域,人们意识到,经济增长并不意味着环境保护,应同时关注保护生态环境和自然资源,并将可持续发展作为重要目标。我国依赖政府及其建立的环保部门进行环境保护的管理工作,并通过市场机制吸纳了一些新的管理主体,但缺乏更多的参与者。因此,应将终端治理与根本治理相结合,并采取更多有效措施来提高治理效率,例如,采用市场激励性政策,建立一个由政府领导的从上到下的环境治理体系。

随着农村生态环境日益恶化,针对性和实用性的政策文件仍然相对稀缺。污染防治已经从单一的城市管理方式发展到城乡协作,但是在农村地区,整体协同治理仍然是一个挑战。

1973年,中国首次举办了全国环境保护会议,并颁布了一项旨在保护和改善环境的法规《关于保护和改善环境的若干规定(试行草案)》。这份重要文件提出了一系列旨在推进环境保护方面的政策,并宣告了全国性的环境保护工作正式开始。1974年,中央政府成立了一个专门负责环境保护的部门,并在随后的几十年里,各级政府都陆续建立起了相应的环境保护机构,以政府为主导的环境治理模式开始流行起来。进入20世纪80年代,随着城市工业向农村转移,乡镇企业迅速崛起,同时也带来了农村污染问题,严重损害了农村生态环境。1984年颁布了《国务院关于加强乡镇、街道企业环境管理的规定》,旨在采取措施保护农村地区的生态平衡,防止污染扩大。1989年底出台《中华人民共和国环境保护法》,该法是新中国成立后的第一部环境方面的立法,对于改善和保护环境意义重大。

20世纪90年代,农村地区的环境问题开始出现集中暴发,城市工业排放的有害物质、乡镇企业排放的污染物以及农业本身排放的污染物都成了主要的污染来源。随着时间的推移,人类活动对于农田土壤的污染日益严重,如农药、化肥和农用地膜的滥用,以及农村生活垃圾的污染等。在全球范围内,农村生态环境保护问题成为重要的议题。为了更好地保护农业生态,我国在1993年颁布了《中华人民共和国农业法》,这一法律为我国农业生产和农业生态保护提供了强有力的指导。1990年出台的《国务院关于进一步加强环境保护工作的决定》要求,必须严格禁止使用农药、化肥和地膜,以确保生态环境得到有效保护。着眼于改善村庄和集镇的整体环境,并遵循相关法律法规,制定一系列有效措施,以促进由局部治理向全面治理的转变。1996年,《中华人民共和国乡镇企业法》出台,其中第三十五条明确规定,乡镇企业应切实防治环境污染和生态破坏，保护和改善环境。在乡村地区，需要进行一系列改善，包括村容村貌、村庄和集镇规划建设管理条例，以及其他相关政策措施，以确保农村居民能够得到更好的居住、发展、生产、生活、生态等方面的保护，实现乡村地区的持续健康发展，促进乡村社会的可持续发展。

（三）农村生态环境治理的提升阶段（2000—2012 年）

进入 21 世纪，城市工业污染得到了有效控制，农业和农村地区的排放污染变得越来越严重。农药化肥、秸秆废弃物、畜禽粪便和生活固体垃圾等都是造成这些污染的主要原因，导致农村地区的生态环境受到严重影响。农村地区常常会出现各种各样的环境问题，包括点源污染和面源污染，以及工业和农业污染相互交织在一起。氮和磷是导致农田污染的主要因素，第一次全国污染源普查结果显示，化学需氧量、总氮和总磷排放量分别占全国排放总量的 43.7％、57.1％和 67.3％。农用地膜在提升农作物产量和效益方面发挥着重要作用，尤其是在大棚中得到了广泛使用，然而，地膜并未得到充分的回收利用，导致土壤二次盐碱化，严重危害农村土壤环境。

这一时期，中国农村地区的生态环境得到了显著改善。治理理念上，自党的十七大以来，我国一直致力于推进“生态文明”，并将其作为国家发展战略的重要方向，以促进可持续发展和科学发展观的贯彻落实；同时，还致力于打造资源节约型、环境友好型农业发展目标，以保护自然资源，为人类健康与幸福作出贡献。治理主体上，除了传统的环保部门之外，越来越多的第三方机构，如社会组织，也开始参与其中，形成了一个多元化和协调一致的局面。随着时间的推移，环境保护的管理方式已经不再局限于某一特定因素，而是致力于实现全面管控，并逐渐意识到利用市场机制和法律措施是提高管控效率的有效途径。

2004—2012 年，我国一直致力于解决农村生态环境问题，并制定了一系列政策和措施，旨在解决农村生态环境问题。这些政策为政府部门提供了指导，促进了农村污染防治工作，并推动了农业和农村经济的发展。这些措施既有针对性，又有可行性，既指明了污染防治的发展方向，又通过奖补措施确保了资金的落实，还强化了农民环境意识的培养，鼓励他们积极参与环境治理工作，为改善农村生态环境作出贡献。

（四）农村生态环境治理的深化阶段（2013 年至今）

党的十八大以后，随着我国综合实力的不断增强，我国社会主要矛盾已经转变为人民日益增长的美好生活需要和不平衡不充分的发展之间的矛盾。因为生态环境问题日益突出，农村绿色发展面临严峻挑战，所以解决这一问题已成为当前社会各界的共同责任。农业畜禽养殖污染严重、农村人居环境恶化、饮用水污染严重、农村生活垃圾胡乱堆放等一系列阻碍美丽乡村建设的问题在很多地区普遍存在。据估算，农村地区每年会产生 38 亿 t 畜禽粪污，但是这些废物的利用率并不高，大约只有 3/5 被有效利用；农村地区还会产生近 9 亿 t 秸秆，但没有被有效利用；此外，农村地区还会使用 200 多万 t 农膜，但是回收率很低，只有不到 2/3。在当前阶段，我国致力于实施绿色发展战略，努力为人民提供更加优质的生态产品，并通过创新的管理方法和工具，不断改善农村的生态环境，实现治理的现代化。《关于加快推进生态文明建设的意见》为我们提供了一个清晰、明确的发展目标，并且为实现这一目标打下了坚实的制度基础。从 2013 年以来，党中央提出“美丽乡村”的建设目标，并制定了相应的政策措施来改善农村人居环境，包括《关于改善农村人居环境的指导意见》《农村人居环境整治三年行动方案》《关于印发农业农村污染治理攻坚战行动计划的通知》，这些措施逐渐成了农村生态环境治理政策体系不断完善的重要组成部分，这些重要文件旨在打赢农业农村污染治理攻坚战，为促进经济增长和社会进步作出贡献。这正是农村生态环境治理政策体系不断完善的体现。

通过不断改进和完善政策制度，实现生态环境治理体系现代化，从而提高经济效益和社会效益。首先，需要通过创新的顶层设计来推动治理理念的现代化。近年来，我国一直在努力推进生态文明建设，并将其纳入宪法和党章规定之中。这表明，我国已经开始认真落实保护生态环境的政策，并将其作为国家发展战略的重要组成部分。“绿水青山就是金山银山”成为发展农业和乡村经济的基础原则，也已经成为全国所有农民的共同愿景。2013—2021 年，中共中央发布了一系列重要文件，旨在深化农村改革，推动农业现代化，并加强对农业生态环境的保护和管理。这些文件为农业农村发展提供了全面的规划和设计，为促进农业健康发展提供了重要支持。其次，全民共同参与，促进多元化的治理模式。为更好地推动环境保护工作，需要加速从管理型向服务型转变。这需要深入探索新的制度，并鼓励企业和个人积极参与其中。同时，还需要引入市场和社会中的多方主体，建立自下而上的决策机制，以弥补环境治理方面存在的不足。这将有助于形成政府、市场、社会共同参与治理的格局。再次，重新构建治理体系，通过部门协作来实现现代化。为了实现农村环境综合整治的目标，应重点关注农业农村污染的相关领域，并加强部门之间的协作治理。通过提高生态环境部、农业农村部、财政部等相关部门的协作能力，来提升整体的环境保护水平；通过更加清晰地界定生态环境部和农业农村部两个部门的职责，打破过去农村生态环境“多头管理”的僵局，更好地保护和改善家园和社区。最后，实施精细化的治污措施，提高治理能力的现代化水平。采取精准措施，综合运用经济、法律、技术和必要的行政手段，加强对农村用水、化肥农药、面源污染、生活垃圾和人居环境等问题的监管，从而改善“突击性、粗放性、运动性”等问题，并使问题得到“常态性、精细性、规范性”解决，从而形成一个持续改善的新格局，治理水平和能效才能得到持续提高。

三、白洋淀流域农村环境污染现状及特点

以河北保定市的白洋淀为例，淀外污染源中以工业废气、城市生活污染源以及通过径流进河入淀的农业面源污染物为主；此外，淀内还有来自周围地区居民日常生活垃圾、废水处理等废弃物，以及来自水产和畜牧养殖等行业的废气。

（一）生活污染成为流域主要污染源

根据《白洋淀生态评估报告（2006）》，流域内 COD 排放量 4.19 万 t/年，其中淀外源占 81.38%，淀区源占 18.62%；生活来源（不含淀区生活）占 68.97%，工业来源占 22.43%，而在淀区的居住、旅游和养殖等来源则占 8.60%。淀外污染源随河流入淀以及淀边排放的废水量为 55.35 万 m^3/d，在这些废水中，生活污水占 58.72%，工业废水占 41.28%，带入的 COD 量为 3.83 万 t/年，其中生活源占 75.42%，工业源占 24.58%。综上可知，工业污染已经被有效控制，但是生活污染仍然是流域中最主要的污染物来源之一。

（二）淀内农村生活和生产污染较为严重

“华北明珠”白洋淀湿地淀内有超过 10 万名居民，而淀边地区则有 24.3 万名居民，“十

二五”期间这些地区正面临着很多挑战，包括水源供应逐年减少、湖泊发育时间推后、水环境容量缩小、生态系统承受能力下降等问题。保定市建设了污水处理厂，有效提升了淀外污染源对工业和城市点源污染的处理能力，但是，农村地区依然存在着严峻的生活和生产污染问题。2001—2005 年，白洋淀水位未达到功能区最低水位(8.4 m)的要求，有水期间多为 7.0 m 左右，其中南刘庄(Ⅳ类区)水质最糟，而其他监测点则处于轻微污染状态。2009 年水位为 6.85～7.39 m，Ⅲ类区域 7 个点位全部为Ⅳ类水质，与 2008 年相比，Ⅲ类区的枣林庄、烧车淀和王家寨的水质由Ⅴ类提高到Ⅳ类，表明水质得到了改善，另外 5 个监测点位水质类别与 2007 年保持一致，总体污染指数较 2007 年有所下降，污染程度有所减轻，但是各点位水质均未达到功能区要求。

(三)农村面源污染加剧流域污染压力

在丰水年，水资源为中等承载，水质也较好；但在平水年、枯水年，二者的承载力都会下降。总体来看，白洋淀生态承载力不足，生态环境脆弱。在淀边村乃至淀中村的一些村办个体企业无法对环境进行治理。化肥的利用率平均只有 30%～35%，仅 10%～13%的农药能够产生杀虫效果，然而，这些农药和化肥残留物会随着雨水渗透进入土壤、河流和淀积物中。在淀内，人们不顾禁止或限制养殖区域，大力发展规模化养殖水产品，这种做法会导致水质变差。此外，在淀中村和淀边村，不当堆积的畜禽粪便会导致污染，并引发有毒有害病原体的侵染，严重影响周围地区的环境质量，尤其是导致周围水质恶化。在淀区，许多村庄都会将生活垃圾收集起来，然后在附近的地方进行集中填埋，但大部分垃圾没有分类，直接倒入淀边水坑或露天堆放，无日常清理，不仅夏天产生恶臭，渗滤液还对淀边地表水和地下水造成污染。目前，淀区的秸秆除少数碎秸秆用于焚烧做饭，大量秸秆用于苇秸编织出口，多数仍然无序堆放，造成景观障碍和火灾隐患。由于水面减少，生态用水量不足，再加上人口增加，枯水期的水污染更加严重。

四、白洋淀流域农村环境政策的供需分析

(一)农村环境政策的需求分析

我国流域水权和环境权属于国有，对经营权、处置权和收益权并未得到明确界定，导致农村环境污染的扩大，使水资源变得更加脆弱，治理的难度大大提升。农民致富与政府治污相冲突：一方面，政府要在生态脆弱的流域进行环境治理。需要针对环境容量制定更加严格的政策；另一方面，农民的自利愿望使其认为政府应全权负责环境政策的实施，而政府不愿为较高的政策执行成本买单，于是，政府与农户的非合作博弈导致环境政策常出现“公地的悲剧”。政府治污目标与农户致富目标相悖，使政府更加倾向约束型手段，农户的自利愿望又使政策效果无法持续下去。因此，在约束型手段的强制性下，农民的福利下降以及公益性的空缺，更加需要制定创新农村环境政策，使政府与农户的利益耦合。

(二)农村环境政策的供给分析

目前，农村环境政策存在以下问题：一是政策成本较大。农村政策的制定往往因调研不足、财政支出有限性与政策时效性而存在一些主观性。二是政策权责不清。基层政府环境事

权不清，环境监管能力较低，水环境污染损失又难以计量，政策体现农民利益诉求不充分。三是配套政策不足。环境配套法规和基层的乡规村约常与环境政策脱节，农民政策信息不灵，对上级政策常常理解扭曲，导致环境政策适用性下降甚至失效。四是政策执行边界不清。当政策的激励和约束机制失衡时，农民的积极性就会受到影响，无论是在奖励方面还是在惩罚方面，都会受到限制。如果没有利益诱导，农民不会积极参与，那么“点多面广”的农村环境治理就会效果不佳。因此，建立一个适应当地的农村环境政策，有利于完善我国“以奖促治，以奖代补”的农村环境政策。

五、费补共治型农村环境政策设计与综合评价

由政府收费与奖励补贴以及农民缴费共同参与治理，再与第三方政策效果评价相结合，构成农村环境保护“费补共治型”政策设计的基本思路，如图 4-1 所示。

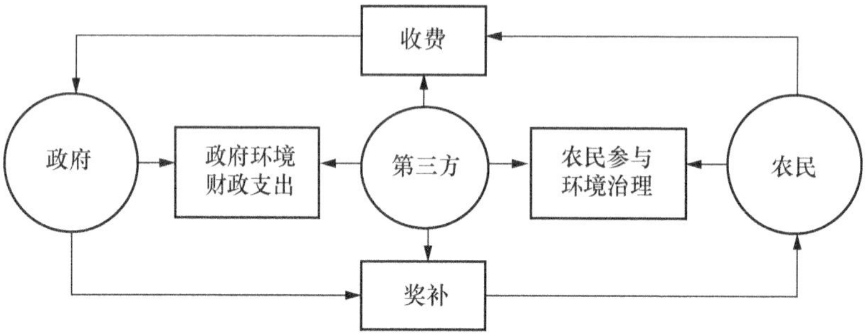

图 4-1　面向流域的农村环境保护“费补共治型”政策设计

(1)政策的主体　政府负责制定并实施各项政策，并对其进行监督和管理。政府部门通常会通过各种方式来监督和规范政策的实施，并确保其符合法律法规和社会公平原则。目前，政府对于解决社会问题起着至关重要的作用。一些社会团体和企业虽然也参与环境保护事业，然而，它们在这方面发挥的作用很小，缺乏多方参与的治理机制导致了我国环境保护政策实施效果不佳。政府在制定和实施环境保护政策时存在一些局限，可能导致决策失误或执行不力。

(2)政策的对象　面向流域的农村环境保护“费补共治型”政策对象包括企业、城镇居民和农村的广大农民等排污者。

(3)政策的制定　政府主导，企业、协会和农民积极参与，因此，面向流域的农村环境保护“费补共治型”政策手段应尽量使政策公开化、透明化、民主化。

(4)政策的实施机制　通过采取控制和引导措施，政府可以直接通过政策来干预和监督环境保护，而通过市场机制则可以促进企业为了满足其自身的利益，来维护和改善环境状况。这两种方式都可以有效地促进环境保护，但前者更为严格，后者更加灵活。政府出台费补共治的政策，可以是一定时间内如按季度或月份或每年，农民先缴费后通过责任制评估环境效果，再得到奖补；或政府先付给农民奖补资金，以严格的责任制评估环境效果后再收费，依次进入下一个阶段。

(5)政策的效果　通过建立完善的环境政策评估体系，并通过规范的评估机构、流程、方法来促进正式评估的规范性，同时也为公众参与到其他类型的非正式评估中提供了更加自由、更加有利于他们参与的政策环境，这将有助于促进我国环境政策评估的发展，也有助于推动环境

政策目标的实现。因此，需要制定适当的政策目标，以衡量环保措施的有效性和可持续性。

六、"费补共治型"农村环境政策实施的保障措施

（一）确保"费补共治"基层政策法制化

与国家相配套细化地方性农村环境政策，建立乡镇村级基层的乡规村约，并纳入村庄发展规划中，确保"费补共治"的激励及约束机制的有效实施。根据实际情况来调整策略，通过各种奖励补贴与处罚措施相结合，致富与治污相促进，以利益为导向激发农民保护环境的积极性和创造性，以达到农村环境污染治理的目的。

（二）强化村民参与的治理机制

应将利益冲突平衡作为基本原则，通过实际项目来促进公众参与，并致力于提供有效服务，帮助农民提高主体意识，培养参与习惯，提升他们的维权能力，并建立一个由村民自治的治理机制，让民众有更多的决策可供咨询。

（三）构建第三方评价机制

第三方评估并没有采用比政策体系内部评估更科学的评估方法和技术，其重点在于评估主体的独立性和特殊性。建立一个由专家组成的非政府组织（NGO）作为第三方评估机构，定期检查，改变传统的基于公众利益的政策评估模型，提升政策的公平性和有效性。

（四）广泛开展文明生态村的创建

借鉴示范村"费补共治"的经验，从淀中村到淀边村逐步开展文明生态村创建活动，将其纳入村庄新农村建设规划中，强化环境综合治理，通过以评促建，提高农民环境保护意识，提高基层干部的环境管理能力，将文明生态村创建的绩效与干部考核挂钩。

（五）逐步建立流域化管理体制

逐步建立流域化管理机构，重新配置权力和职能。一是要明确流域化管理机构的法律地位和水污染防治职责，形成"一区、一规、一策"的立法模式；二是提升流域化管理机构的行政管理水平，扩大流域管理机构的行政权力；三是为了更好地管理水环境，需要统一收费和奖补，并且合理配置水环境管理职权，同时，还需理顺流域管理、部门管理和行政区域管理之间的关系；四是流域治理机构的决策机制问题由行政主体转变为法定流域管理委员会、非政府组织和农民共同参与的合作决策主体，以确保流域内各方利益得到保障。

七、结论

农村环境保护手段包括技术手段、工程手段、管理手段、法律手段和政策手段等。在协调排污者与环境利害的利益关系上，政策能发挥较强的激励和约束作用。因此，农村环境保护政策是农村环境保护行动的重要依据和引导，也是指导农村环境保护的重要途径。流域农村环

境治理过程受到管理水平、技术水平、社会条件、经济发展水平、自然环境等多层面的影响，如何配置政府的管制手段、引导手段和市场手段，在遇到农村水环境产权模糊、跨界利益协调和生态补偿难度大以及居民素质较低等因素的困扰时，以白洋淀为例建立适用可行、易于操作的政策手段并取得政策绩效，将对全国各地在贯彻国家农村环境政策的同时，因地制宜地制定面向流域、各类湖泊和湿地以及农村环境综合治理政策都具有一定的启发性；同时，也对强化农村环境政策中的政府地位，发挥农民参与治理农村环境污染的作用，加强农村环境保护生态脆弱区政策差异化研究具有积极的意义。在本案例中，重点讨论了白洋淀地区的农村环境政策，并通过对供应与需求的分析来探讨如何构建有效的乡村环境政策，提出了一些可能的解决方案，以期为乡村环境的有效改善提供建议和意见，对建立适合白洋淀流域农村环境治理的长效机制，尤其是对加强农村环境政策、流域治理政策与农村公共政策的结合并提高政策执行效率等方面具有一定的研究价值。

参考文献

包庆德．论生态存在与生态意识[J]．北京林业大学学报(社会科学版)，2005，4(1)：8-12.

陈龙珠，王军．面向流域治理的农村环境政策与综合治理对策综述[J]．北方经济，2010(21)：88-89.

丁文广．环境政策分析[M]．北京：北京大学出版社，2008.

耿立坤．农村环境治理关键问题分析[J]．城市建设理论研究：电子版，2016(9)：1262-1262.

黄璟璠．农村环境治理问题和对策研究[J]．农村实用技术，2022(2)：117-118.

蒋知栋，位蓓蕾，李耀．我国农村环境污染问题及成因分析[J]．中国环境管理干部学院学报，2013，23(1)：4-7.

金书秦，韩冬梅．我国农村环境保护四十年：问题演进、政策应对及机构变迁[J]．南京工业大学学报(社会科学版)，2015，14(2)：71-78.

李成，王丽娟，李熙．农村生活垃圾治理：政策历程、效果及展望[J]．江苏农业科学，2020，48(19)：12-16.

李书舒，陈锐．农村环境治理关键问题分析[J]．生态经济，2012(6)：185-187.

刘金海．中国农村治理70年：两大目标与逻辑演进[J]．华中师范大学学报(人文社会科学版)，2019，58(6)：45-52.

马广文，王晓斐，王业耀，等．我国典型村庄农村环境质量监测与评价[J]．中国环境监测，2016(1)：23-29.

马静，张素珍，王玉冲，等．白洋淀生态承载力研究[J]．南水北调与水利科技，2008(5)：94-97.

任晓冬，高新才．中国农村环境问题及政策分析[J]．经济体制改革，2010(3)：107-112.

王军，杨雪峰．资源与环境经济学[M]．北京：中国农业大学出版社，2009.

晏妮，邓乐．论环境污染的城乡转移与政策保护[J]．生态经济：学术版，2008(1)：429-431.

叶进，周宏彬．构建新农村生态环境保护长效机制探微[J]．农村经济，2009(3)：47-49.

张金俊．我国农村环境政策体系的演进与发展走向：基于农村环境治理体系现代化的视角[J]．河南社会科学，2018，26(6)：97-101.

张秋．建立完善农村环境保护的激励机制研究[J]．农村经济，2011(3)：109-112.

朱立志．农村环境污染防治机制与政策[J]．环境保护，2008(15)：18-19.

第六章
农村新型合作医疗案例

案例:农村新型合作医疗案例分析
——以河南信阳为例

摘要:我国农村医疗保险领域的问题越来越引起人们的重视。新型农村合作医疗制度是一项社会福利制度,也是紧要的民生工程,其政策性很强,各地根据当地的经济发展水平及随时间的推移因地制宜地不断发生变化。然而,要从根本上解决农民看病的问题,使新农合更有效地发挥农民健康权益保护伞的作用,还有很多需要完善的地方。本案例主要介绍农村新型合作医疗及其发展历程,简单分析农村新型合作医疗的制度优势,针对性叙述其对国家可持续发展战略起到的作用,等等。以河南省信阳市为例,运用前人的评价指标体系对其进行评价,从评价的结果上简单探讨信阳市新农合发展中存在的问题,并分析原因,提出针对性的对策,最后得出合理结论。

新型农村合作医疗(简称新农合)是指由政府组织、引导、支持,农民自愿参加,个人、集体和政府多方筹资,以大病统筹为主的农民医疗互助共济制度。其采取个人缴费、集体扶持和政府资助的方式筹集资金,在保障农民获得基本卫生服务、缓解农民因病致贫和因病返贫方面发挥着重要的作用。但在不断发展的过程中,我们发现仍有着一些问题需要解决。例如,新农合原本是为了减轻农民的医疗负担,增加医疗需求,但有调查显示,因为医疗价格同时上涨,一部分农民支付的费用并没有相应减少。如果引入医疗保险,医疗价格同时上涨,那么,对于理论上的受益人农民来说,好像并没有得到应有的回馈。本文通过文献检索、材料收集等,以河南省信阳市为例,简单提出一些新农合发展上的问题,并给出相应的解决对策。

一、研究背景与意义

(一)研究背景

新农合政策的推出是一项利国利民的大事件。近年来,国家对农村地区发展的支持力度越来越大,农民的收入稳步增加,这为新农合的发展提供了良好的经济基础,经过多年的探索,新农合的发展取得了巨大成就。在推行实施新农合的过程中，不可避免地经历了一些困难，随后进行了制度的完善和补全。

从2002年至今所颁布的有关新农合的文件不难看出，党和国家高度重视农村医疗保险制度，同时也说明农村的医疗保障制度还存在很多需要关注和改进的地方。新农合是保障农村居民医疗权益的最主要的制度，对于新农合制度的完善，政府和众多学者一直在进行积极的探索。

(二)研究意义

本案例主要从社会保障的角度出发，通过对信阳市新农合制度实施效果的实证分析，评价信阳市新农合发展的现状，发现其中存在的问题，进而探索问题出现的原因，并根据原因提出可行的对策。这对于完善我国农村医疗保障体系有一定的意义，同时，也能够在一定程度上充实我国新农合研究的素材。

合作医疗是由我国农民自己创造的互助共济的医疗保障制度，在保障农民获得基本卫生服务、缓解农民因病致贫和因病返贫方面发挥了重要的作用。它为世界各国，特别是发展中国家所普遍存在的问题提供了一个范本，不仅在国内受到农民群众的欢迎，还在国际上得到一众好评。在1974年5月的第27届世界卫生大会上，第三世界国家普遍表示热情关注和极大兴趣。联合国妇女儿童基金会在1980—1981年年报中指出，中国的“赤脚医生”制度在落后的农村地区提供了初级护理，为不发达国家提高医疗卫生水平提供了样本。世界银行和世界卫生组织把我国农村合作医疗称为“发展中国家解决卫生经费的唯一典范”。

二、国内研究现状与发展简述

(一)新农合发展简史

20世纪40年代中期，保健医舍和卫生合作社出现在陕甘宁边区，这是合作医疗的最初形式，到1955年医疗站和保健站达到空前规模；20世纪60年代以后，农村合作医疗呈现良好的发展势头，1976年前后农村合作医疗发展达到鼎盛时期；1978年改革开放后，农村进行市场经济改革，合作医疗名存实亡。

2002年10月29日，《中共中央 国务院关于进一步加强农村卫生工作的决定》明确指出，要逐步建立以大病统筹为主的新型农村合作医疗制度。2003年1月10日国务院办公厅转发了由卫生部、财政部、农业部联合下发的《关于建立新型农村合作医疗制度的意见》，指出建立新型农村合作医疗制度是新时期农村卫生工作的重要内容，对提高农民健康水平，促进农村经济发展，维护社会稳定具有重大意义。从2003年起，各省、自治区、直辖市至少要选择2～3个县(市)先行试点，取得经验后逐步推开。到2010年，实现在全国建立基本覆盖农村居民的新型农村合作医疗制度的目标，减轻农民因疾病带来的经济负担，提高农民健康水平。2008年全国新型农村合作医疗参合率达91.5%，到2009年年底，全国新农合参合金额突破8.3亿元，新农合参合率首次达到94%，筹资额达821亿元。2010年3月召开的全国人民代表大会中，各地代表为完善新农合制度献计献策。2011年全国新农合的参合率上升到97%以上。

2012年党的十八大报告明确指出以农村为重点推动医疗制度的改革。2013年9月国家卫计委下发《关于做好2013年新型农村合作医疗工作的通知》,新农合保障病种和报销比例有了进一步提升。2015年1月,国家卫计委、财政部要求,各级财政部门对新农合的人均补助标准要达到每人每年380元。2016年中央一号文件明文指出要进一步完善城乡居民医疗保险制度。同年1月,国务院出台了国发(2016)3号文件,即《国务院关于整合城乡居民基本医疗保险制度的意见》。根据该意见精神,将原来的农村新农合、城镇居民医疗保险整合为统一的"城乡居民医疗保险"。整合后的城乡居民医疗保险,提高了统筹层次,整合了覆盖范围,统一了筹资政策,统一了待遇保障。属于农村新农合的医疗保险制度的升级换代版,管理上统一由各级社会医疗保险机构负责管理,从此我国的医疗保险制度由原来的三驾马车过渡到两大医疗保险制度,即城镇职工医疗保险、城乡居民医疗保险制度。

(二)国内研究现状

我国幅员辽阔,各地区经济发展水平极不平衡,因此用同样的标准来衡量各地新农合的发展程度是不科学的,应该根据当地经济和农村居民的实际情况制定具有当地特色的农村医保体系。我国各地区应当借鉴国内外经验,并依据我国的具体国情,制定符合我国实际情况的医疗保障体系。

有研究梳理了我国农村地区医疗保险常见的几种模式,而且对每种模式都进行了利弊分析,并指出应该允许各地医疗保险体系在发展上存在不同,但坚持的基本原则应该一致。我国农村目前的医疗保障体系还远远不能满足农村的医疗需求,我国目前的新农村合作医疗是"低水平、广覆盖"式的,任何社会保障在筹资水平和保障内容较低的情况下都不能很好地发挥应有的作用,并指出,我国农村医疗保险首先要做到可持续,随着发展再逐步完善。

在调查我国农村医疗保障的发展历程、现状及面临的问题的基础上,借鉴国外医疗保险发展的先进经验,提出系统构建多层次农村医疗保障制度的必要性,即以新型合作医疗为核心、以卫生防疫和保健为基础、以补充性医疗保障为辅助的三层次相互衔接、互为补充、能够覆盖我国农村各地的具有综合医疗保障功能的新型农村医疗保障网;本着可行性与可持续性的原则,重点探讨新型农村合作医疗制度构建中不可或缺的政府行为与责任、农村医疗体制改革,以及其他相关性综合配套政策建议等,以实现部门间、政策间的配套与衔接,从而确定农村医疗保障制度的顺利开展。

从2003年我国在农村推行新型农村合作医疗制度,到2008年这一制度基本覆盖农村,新型农村合作医疗制度已经成为当前中国农民基本的医疗保险形式。新型农村合作医疗制度实行的初衷是为了解决农民看病难、看病贵、"因病致贫"和"因病返贫"的问题,因此,新型农村合作医疗制度实施以来,有很多学者都非常关注这一制度的实施效果。医疗支出是农民利用医疗服务的最终结果,已有研究使用中国健康与营养调查数据考察新型农村合作医疗制度对农民个人医疗服务利用的影响,同时使用中国健康与养老追踪调查数据考察新型农村合作医疗制度对老年人医疗服务利用的影响。

三、信阳市案例

(一)信阳市新型农村合作医疗实施的现状

1. 新农合的参保情况

信阳市下辖八县两区,总人口798万,其中农业人口657万。2003年9月1日,信阳市出现第一个新农合试点县(固始县),经过十几年的发展,信阳市新农村合作医疗发展迅速,覆盖了全市绝大部分人口。

由相关数据可知,信阳市2010年新农合的参保人数为629.5万人,参保率94.3%,有6.7%的农业人口没有参加新农合。到2013年,新农合的参保率已经达到99.29%,2014年,固始县由于经济发展迅速以及庞大的人口数量,被划为省直管县,从信阳市分割出去。2015年信阳市新农合参保率达到99.5%,新型农村合作医疗几乎成为每个农村居民都会参与的医疗保险形式。

被调查的农村居民都认为新农合能够减轻自己的医疗负担,其中76.51%的家庭认为新农合在减轻医疗负担上的作用很小,19.87%的家庭认为在减轻医疗负担方面新农合比较有用,只有3.61%的家庭认为新农合在很大程度上减轻了自己的家庭负担。在是否会继续参加新农合方面,100%的家庭都表示会继续参加,94.58%的家庭表示继续参加的原因是新农合能够在不同程度上减轻家庭医疗开支,4.21%的家庭表示他们主观上没有参加的意愿,但是看大家都参加了就一起参加,还有1.2%的家庭是迫于干部或医生的压力才参加的。没有村民表示将不再参加新农合。

2. 农村居民参加新农合的受益情况

通过查阅文献、网站数据可知,2003年信阳市新农合医疗补偿金的总额为202.93万元,受益农民4.23万人次。到2010年,全市新农合补偿金额为7.13亿元,受益人数575.68万人次,当年的支付率为76%。2011年,全市新农合补偿医疗费用总金额为8.25亿元,全年受益农民达到627.53万人次。到2012年,新农合医疗补偿总金额和补偿人次都比2011年有了大幅度提升,补偿人数达到810.61万人次,补偿医疗费用总金额13.92亿元。其中,医疗费用补偿金额超过10万元的农民有125人,超过15万元的有37人。较之2011年,2012年全市新农合补偿人次增长29.08%;参合农民住院补偿受益率为7.69%,全市统筹基金平均支付率为88%。

还有数据指出,83.12%的农民对医疗机构的服务质量基本满意,60.12%的农民对医疗机构的服务质量持肯定态度,71.69%的农民表示住院费用的报销程序不是太烦琐可以接受,但是仍旧有28.31%的农民不清楚住院费用的报销程序或者对住院费用的报销程序不关心。只有55.42%的农民认为新农合医疗费用的报销是公平、公正的,54.21%知道医疗机构定期公布报销情况,45.79%的农民认为医疗机构没有定期公布报销情况或者没有关注报销情况,表明新农合的宣传力度还有待于进一步加强。

(二)信阳市新农合实施的效果评价

1. 信阳市新农合实施结果的评价

新农合覆盖了信阳市的所有县区、村镇,到2015年信阳市新农合的参合率达到99.5%。医疗试点不断增加,覆盖面扩大,参合人数也在不断增加,参合率达到空前规模,信阳市几乎每一个农村户口都参加了新农合。

从前面对信阳市参合农民的调查中可知,88.54%的参合农民对新型农村合作医疗基本满意,这项制度得到了广泛认可。从对信阳市参合农民的调查问卷中可以看出,绝大部分农民认为国家为保障农村居民的医疗保险权益而实施的新农合政策是正确的,参合农民在一定程度上确实从中得到了实惠。

从调查问卷的结果统计来看,定点医疗机构的满意度为60.12%,因此此项得分60分。参合农民不满意的地方主要表现在对基层定点医疗机构的医疗服务水平不满意,医疗设备简陋,医生医疗水平低。

2. 新农合制度运行的总体评价

受调查的所有参合农民都表示新农合在不同程度上减轻了家庭医疗负担,所有农民都表示将继续参加新农合。参合农民都对新型农村合作医疗这项医疗制度持肯定态度。结合调查问卷和查阅相关数据得出的评估结果,说明农民对新农合总体运行是满意的。目前,农村居民已经将新农合看成一种常规化的医疗保险制度,他们愿意从收入中拿出较小的比例购买医疗保险。在笔者走访村干部和基层卫生人员的过程中也了解到,收缴新农合保险费基本没有压力,只要将通知发下去,农民就会主动上缴费用,遇到关于新农合不明白的问题也会主动询问或者上网查阅最新政策,可以说,新农合政策已经深入民心。但是,虽然新农合取得了可喜的成绩,但总体评价不高,说明新农合在运行过程中还存在很多问题,以下进行深度解析。

(三)信阳市新农合政策实施中存在的问题

1. 医疗费用实际报销比例低,农民医疗负担沉重

信阳市新农合医疗保障是“低水平、广覆盖”普惠型的保障,新农合政策将保障待遇支付的目标定位为以保障大病为主,补贴农民的住院医疗费用和大病医疗费用支出。2004年,信阳市新农合住院费用的报销比例为30%左右,接下来的几年随着经济发展水平和农民收入的增加,人均缴费额也在逐年增加,住院费用的报销比例稳步提高。2012年,卫生部要求各地新农合住院费用或者大病补偿的报销比例要提高到50%以上。世界卫生组织提出医疗费用与家庭收入之间关系的概念,一个国家的个人卫生支付比重降到家庭收入的15%~20%才能够基本解决因病致贫和因病返贫的问题,这其中的差额需要医疗保险补充。近年来,虽然新农合的报销比例和报销范围都有了提高,但增长的速度仍未能满足参合农民的医疗需求,农民因大病而遭遇困境的案例屡见不鲜。

信阳市的新农合,在乡镇及以下指定的医疗机构看病的门诊费用可直接用个人及家庭缴纳的新农合资金扣除,超出部分按照规定范围和规定的比例报销。县级及以上医院只有达到规定的起付线之后才能报销,这个起付线是针对住院费用制定的,但经过调查发现,在实际执行过程中,县级及以上级别的医院的门诊费用也按照这个标准报销:县级及以上的门诊费用没有达到住院起付线(没有住院)则不予报销,住院费用的实际平均报销比例只有50%,甚至某

些家庭出现极端案例，家里的老母亲生重病，住院的报销比例只有10%。受调查的农民家庭中有76.51%的人表示新农合在减轻家庭医疗负担方面确实发挥了作用，但这种作用很微小。新农合的保障模式只能保障农民的基本医疗权益，对于大病，农民医疗负担仍旧十分沉重。经济困难仍旧是导致农民有病不能医的主要原因，“因病致贫”“因病返贫”是农民医疗路上沉重的负担。

2. 信阳市新农合定点医疗机构的医疗条件较差

基层医疗机构医生专业能力、职业素质和医生的医疗水平有待提高。一是，当前省市级大医院不断扩大办院规模，由于大医院工资待遇、学业发展前景、工作环境明显优于基层医疗单位，大量优秀人才被吸引吸收，基层医疗单位反而成了省市级大医院人才的“培养基地”，没有经验的毕业生在基层医院得到锻炼后，便进入工作环境、工资待遇和发展前景都更好的大医院，大医院的医疗条件得到了进一步改善，但基层医院的医生专业素质一直止步不前，也进一步加剧了基层医疗卫生单位人才短缺。二是，部分乡级合管办工作人员是卫生院内部职工，不少是非卫生技术人员，甚至是无学历人员，难以胜任繁重的新农合监管任务。

这些问题的存在，在一定程度上影响了新农合工作的健康发展。在看病过程中，有些农民由于文化程度低，在表达病情过程中词不达意或者不知该怎样描述自己的病情，一些医生就显得很不耐烦，甚至态度恶劣，这是不具备良好职业素养的表现，不利于保障农民的医疗权益和新农合作用的发挥。

医疗设备方面，信阳市新农合基层医疗机构的医疗设备陈旧落后，新农合定点医疗机构平均设备数量、万元以上设备平均数量以及50万元以上医疗设备数量都满足不了农民的就医需求。

此外，信阳市某些新农合定点医疗机构卫生环境比较差，某些乡镇卫生院房屋设施简陋，例如，夏秋多雨季节有漏雨现象；由于气候湿润，杂草丛生，灭虫工作不到位导致蚊虫肆虐；病床上的被子由于清洗不及时有发黄霉变现象。

3. 医院选择及转诊难度大

在发生重大疾病时，参合农民如果想获得医疗补偿就必须选择定点医疗机构，这对于在外务工的农民来说难度很大，虽然异地报销已经在试行，但不能满足医疗需求。转诊方面，当县级及以下定点医疗机构不能满足医疗需求时，需要向市级或者更高级的医院转诊，而这些医疗条件好的医院很多不是定点医疗机构。

外出务工的参合农民就医与转诊方面，信阳市近些年在外务工人员数量持续高于200万人，省外务工人员的转诊和报销难度更大。虽然信阳市在北京、上海等一线城市设立了22个新农合医疗点，但是这对于庞大的外出务工人口、务工地点繁多和信息障碍，很多务工农民不知道这些医疗点在哪儿，考虑到距离和成本通常放弃去一线城市的新农合医疗点。目前异地转诊是挡在外地务工人员面前的难题。

在本地就医转诊方面，参合农民必须在定点医疗点的范围内进行医院的选择，去定点医疗点以外的医院就诊的费用新农合不予报销。转诊方面，可能出现的两种情况：一种情况是向更高水平的专科医院转诊，而新农合目前的情况是市级和省级定点医疗机构基本无一例外的是综合性医院，在某一方面专业性很强的专科医院不在定点医疗范围内，参合农民去就诊是不能报销的。另一种情况是向更高水平定点医疗机构转诊，从走访的情况来看，重复挂号、重复检查的现象十分普遍，造成医疗资源浪费，同时也会加重就诊患者的经济负担。

(四)提升新农合政策实施效果的对策

1. 扩大新农合保障范围

新农合保障的对象基本已经覆盖了农村的所有居民,所以这里提到的扩大保障范围指的是保障的病种和给予报销的药物目录范围。

报销病种方面,新农合报销的门诊病种有 14 种,但很多农民多发病和高发病不在这 14 种可报销的病种范围内,以在农村常见的血吸虫病和季节交替时多发的风湿病为例,这两种病对农民的健康构成严重威胁,发病率较高,但是不用住院治疗,门诊不给予报销,由农民自己负担,这样不仅影响农民生活水平的提高,而且还制约新农合保障参合农民医疗权益效果的发挥。报销的住院病种方面不存在限制,只要住院费用达到起付标准就能予以报销,对这一点应予以肯定。

报销的药物目录范围方面,相关部门应该成立专门的调查组,走访农村地区的卫生院并与农民交流,将参合农民的常用药和急需药物列入报销药物目录,让新农合切切实实在减轻农民医疗负担方面发挥作用。

2."三保合一"使城乡居民享有公平的医疗保险权益

"三保合一"意味着农村居民和城市居民在今后享有同样的社会医疗保险。这一举措既提高了新农合保障病种的范围,也扩大了新农合报销药物目录的范围。2003—2007 年,我国针对农村人口建立了新型农村合作医疗制度,针对城镇非就业人口建立了城镇居民基本医疗保险,针对城镇职工建立了城镇职工基本医疗保险。这些医疗保险制度在健全基本医保体系、满足群众的医疗保障需求、提高人民生活健康水平方面发挥了重要作用。

近年来,随着经济社会的快速发展,城乡二元基本医疗保险体制的负面效应开始显现,并存在重复参保、重复投资、待遇不足等问题。整合城镇居民和农村居民医疗保险制度后,城乡居民在就医选择上不再受城乡身份的限制,参加统一的医疗保险制度,按照统一的标准缴纳医保费用和享受同等的医保待遇。

(1)统一保障待遇　遵循"保障适度、收支平衡、权利义务对等"的原则,城乡居民在缴纳医保费用、发生医疗支出后的起付线、报销的比例都应该享有同等待遇。住院保障方面,政策范围内费用支付报销的比例保持在高水平,并逐步扩大保障的范围;门诊保障方面,还应该进一步完善门诊统筹政策,逐步提高门诊医疗费用的保障水平,并在此基础上拓宽保障的范围。

(2)统一医保目录　按照国家的相关规定,基本医保用药管理要遵循"临床必需、安全有效、价格合理、技术适宜、基金可承受"五个原则,统一城乡居民医疗服务设施、诊疗项目范围、医保药品目录范围。

在现有新型农村合作医疗保障范围和城镇职工医疗保险、城镇居民医疗保险的基础上,考虑参保人员需要的变化,根据当前的实际情况做到有增有减、稳步推进、保障适度以及符合当前需要。结合现行城乡居民基本医疗保险和新农合的有关规定,制定符合城乡居民的统一的基本医疗保险目录。

3. 建立基层医疗服务机构人员激励机制

新人才资源是发展基层医疗机构过程中最为重要的资源,国家应该针对目前基层医疗机构的实际需要,加快培养满足农村基层医疗需要的全科西医及中医人才,制订长期培养计划,以适应完善新农合制度的需要。此外,还应该提高基层医疗机构工作人员的薪酬、福利、晋升渠道及工作环境待遇，能够让优秀人才安心留在基层，进一步提高医疗服务水平。

4. 解决医院选择和转诊困难的问题

信阳市新农合参合农民医院选择及转诊中出现困难的表现主要有两个方面：一是在外务工的农民工能够选择的异地就医报销点十分有限，返乡就医距离较远，成本高；二是较低级定点医疗点不能满足就医需要时，同级平行转诊困难，向更高级的定点医疗点转诊手续烦琐，且检查及治疗结果各医院互相不承认、不信任。

信阳市是农民工外出务工大市，解决好外地农民工的就医和报销问题对完善信阳市新农合政策显得尤为重要。据了解，农民工异地就医的困难主要表现在可供选择的异地医疗点和报销点很少，虽然信阳已经在北京、上海、广州等农民工比较集中的一线城市设置了22个异地就医、异地报销点，但对于庞大的农民工群体来说，其作用显然还十分有限，信阳市相关部门应进一步增加新农合异地医疗报销点的数量。

另外，对于本地就医者而言，乡镇级的医疗点虽然数量庞大，但是医疗水平有限；县级及以上的医疗机构医疗水平相对较高，但是可供选择的数量少，且基本都是综合性医院。在某一方面专业性很高的医院，如妇幼保健院、骨科医院等都不是新农合定点医疗机构，为了给参合农民提供更优质的医疗服务，这些专业性的医疗机构也应该被纳入新农合定点医疗的范围中来。

基层定点医疗机构的医疗服务质量对参合农民的满意度有决定性的影响，影响基层医院医疗服务质量的因素概括起来主要包括三个方面：医务人员的数量和质量、医疗设备水平、医院的环境（主要指病床数量和病房）。

基层定点医疗机构医务人员的数量和质量都跟不上的主要影响因素，包括薪资待遇、工作环境、晋升机制以及社会地位等。因此，要引进高素质的医务工作者就必须提高待遇，要让高级人才能够心甘情愿地留下来，就必须改善基层医疗点的环境，建立科学合理的晋升渠道，并引导社会产生尊重基层医护工作者的良好氛围，让基层医疗人员有认同感。

基层医疗机构应该采购能够满足参合农民需要的基本的医疗设备，国家应给予适当比例的补贴。各个定点医疗点应该根据日常需要对病床的数量做适当增减，病房应做好卫生工作，防止蚊虫苍蝇等的滋生。

四、结语

本案例简单介绍新农合发展的现状，并运用前人的评价指标体系对其进行评价，从评价的结果上探讨信阳市新农合发展中存在的问题，并分析原因，针对原因提出针对性的对策。具体结论如下：

①新农合参合农民对新农合持肯定态度，对新农合的运行状态基本满意。

②医疗费用实际报销比例低，对大病医疗的保障作用较小。

③新农合定点医疗机构医疗条件差。

④医院选择及转诊难度大。

产生这些问题的原因主要有：以报销药物目录和报销病种范围有限，报销比例和分级诊疗挂钩导致农民医疗负担进一步加剧。人才的严重流失是基层医疗机构服务质量不高的重要原因之一。异地医疗点偏少，上下级定点医疗机构缺乏有效的协调沟通。

对此，提出如下对策：扩大新农合保障范围，“三保合一”使城乡居民享有公平的医疗保险权益，建立基层医疗服务机构人员激励机制，在解决医院选择和转诊困难的措施方面：一是扩大定点医院的数量，二是提高基层医院医疗服务质量。

参考文献

G·布罗姆，汤胜蓝．中国政府在农村合作医疗保健制度中的角色与作用[J]．中国卫生经济，2002(3)：17-21.

白重恩，李宏彬，吴斌珍．医疗保险与消费：来自新型农村合作医疗的证据[J]．经济研究，2012，47(2)：41-53.

陈红．新型农村合作医疗制度存在问题浅议及对策分析[J]．农业装备技术，2018，44(3)：58-59，62.

樊丽明，解垩，尹琳．农民参与新型农村合作医疗及满意度分析：基于3省245户农户的调查[J]．山东大学学报(哲学社会科学版)，2009(1)：52-57.

方黎明．新型农村合作医疗和农村医疗救助制度对农村贫困居民就医经济负担的影响[J]．中国农村观察，2013(2)：80-92.

房莉杰．制度信任的形成过程：以新型农村合作医疗制度为例[J]．社会学研究，2009，24(2)：130-148，245.

封进，李珍珍．中国农村医疗保障制度的补偿模式研究[J]．经济研究，2009，44(4)：103-115.

封进，刘芳，陈沁．新型农村合作医疗对县村两级医疗价格的影响[J]．经济研究，2010，45(11)：127-140.

宫习飞，于保荣，孟庆跃，等．新型农村合作医疗对灾难性卫生支出的影响研究[J]．卫生经济研究，2009(9)：27-29.

顾昕，方黎明．自愿性与强制性之间：中国农村合作医疗的制度嵌入性与可持续性发展分析[J]．社会学研究，2004(5)：1-18.

胡善联．我国新型农村合作医疗制度的运行状况与评价分析[J]．中国卫生经济，2008(2)：26-27.

李思雅，张鹏琦，唐小淋．信阳市新型农村合作医疗大病保险制度实施现状及问题研究[J]．农村经济与科技，2019，30(5)：210-212.

李卫平，石光，赵琨．我国农村卫生保健的历史、现状与问题[J]．管理世界，2003(4)：33-43.

林闽钢．中国农村合作医疗制度的公共政策分析[J]．江海学刊，2002(3)：91-96，206.

刘近安，孙辉，徐凌中，等．新型农村合作医疗满意度及影响因素分析[J]．中国公共卫生，2008(2)：175-177.

刘书鹤．农村社会保障的若干问题[J]．人口研究，2001(5)：35-42.

马双，臧文斌，甘犁．新型农村合作医疗保险对农村居民食物消费的影响分析[J]．经济学(季刊),2011,10(1):249-270.

乔益洁.中国农村合作医疗制度的历史变迁[J].青海社会科学,2004(3):65-67,40.

尚虎平,黄六招.新中国农村合作医疗参合率变迁研究:基于中央层面316份合作医疗政策文件的计量探索[J].中国农村经济,2020(7):99-121.

苏榕生,李进亮.浅议新型农村合作医疗的可持续发展[J].卫生经济研究,2005(8):24-24.

孙金铭.新型农村合作医疗参合农民满意度评价及其影响因素研究[D].浙江大学,2015.

王超,沈世勇.我国农村医疗保障制度发展的可视化分析[J].中国医疗管理科学,2021,11(6):79-84.

王绍光.学习机制与适应能力:中国农村合作医疗体制变迁的启示[J].中国社会科学,2008(6):111-133,207.

王天宇,彭晓博.社会保障对生育意愿的影响:来自新型农村合作医疗的证据[J].经济研究,2015,50(2):103-117.

魏红英,雷春兰.浅议我国新型农村合作医疗制度的走向[J].保险职业学院学报,2011,25(3):66-69.

夏杏珍.农村合作医疗制度的历史考察[J].当代中国史研究,2003(5):110-118,128.

新型农村合作医疗试点工作评估组.发展中的中国新型农村合作医疗[M].人民卫生出版社,2006.

张俊红.浅议新型农村合作医疗制度面临的问题及完善对策[J].经营管理者,2017(23):52.

周浩杰.新型农村合作医疗制度:经验、挑战和对策[J].中国卫生经济,2005,24(1):7-10.

周萍.信阳市新型农村合作医疗实施效果研究[D].西北师范大学,2017.

朱信凯,彭廷军.新型农村合作医疗中的“逆向选择”问题:理论研究与实证分析[J].管理世界,2009(1):79-88.

朱珠,夏迎秋.新农合,中国实现全民医保制度的基石:江苏农村合作医疗60年回顾与展望[J].中国农村卫生事业管理,2021,41(8):534-538.

第七章
农产品流通政策案例

案例一：农产品流通模式及案例分析

摘要：农业是我国的国民经济重要组成部分，我国农村经济的发展历程依托于农产品流通。农产品的流通体系自改革开放至今，已经从“统购统销”发展至如今形成的以市场为主导的农产品流通体系，带来了多层次、多元化、多业态的重大变革。各种不同农产品的流通模式都有其各自的优势和缺陷，这些不同的农产品流通模式之间相互补充，为农户提供了多种多样可供选择的途径。本案例主要论述有关我国农产品物流政策的发展过程、国内农产品流通体系的局限性以及简述农产品流通的模式与部分案例。

一、农产品流通政策的发展过程

在新中国成立后三年的国民经济恢复时期，我国存在着国营经济、合作社经济、私人资本主义经济、公私合营经济和个体经济五种经济成分，国家在流通领域实行以国营经济为主导国内贸易的自由政策，农副产品基本上是借由市场来进行自由购销的。在此期间我国大力发展国合商业，与此同时，为了掌握与国计民生有关的重要农产品，加强对市场的领导，国家和地方政府采取了许多政策和措施，主要有确定粮棉比价，委托供销合作社来代购重要的农副产品，国合商业通过粮食等商品收购、供应化肥和分放预购定金的办法，跟农民签订预购合同来预购农副产品。

第一个五年计划时期，针对部分重要的农副产品，开始实行计划购销制度。从 1953 年开始，随着开展大规模经济建设，市场上陆续出现了油料、棉花、粮食等农产品供不应求的现象。为了保证国家经济建设和人民的基本生活需求，稳定市场的物价，国家对主要农副产品相继实行了计划购销政策。从 1953 年 11 月起，到 1955 年 2 月，国家先后对油料(食油)、棉花和粮食实行了统购统销，对生猪实行了派购。以此为基础，国家又进一步扩大了统一收购的农副产品品种，1957 年 8 月，国务院规定黄洋麻、烤烟、茶叶、家蚕茧、羊毛等几十种农副产品为国家统一的收购商品，指定为供销合作社以及国营商业进行统一收购，且严格规定其他单位和个人无收购权。不隶属于计划收购和统一收购的物资，仍然开放国家领导下的自由市场。

1958 年年底，我国农村基本实现了人民公社化。1959 年 2 月，国务院决定开始实行商品分类分级管理。第一类商品共有 38 种，由国务院进行集中管理，第二类商品共有 293 种，国务院确定了商品政策，统一进行平衡安排，进行差额调拨，其他商品皆为三类，不同情况分别采取不同的管理办法。同年，由国合商业经营的一、二类农产品有 109 种。此后，国家进一步明确农产品的购销政策，对一类农产品棉花、粮食、食油继续实行统一购销，对二类农产品实行派购，对三类农产品实行国家需要收购的部分议购。从 1961 年起，国家对收购的油料、棉花、麻类等重要经济作物开始实行奖售，奖售物资主要为化肥、粮食、棉布等。

在“文化大革命”期间，我国农产品流通政策可以说总体上没有太大的变化，仍然实行分类管理，继续实行统购、派购、议购和奖售的政策。但是个体商业和农村集市贸易受到严格的限制。由于当时社会动乱，农产品的流通遭受到了极大的破坏。

在中共十一届三中全会以后，国家开始调整农产品的购销政策，全面纠正“左”的错误认识。主要是提高了棉花的奖售标准和重要农产品的收购价格，对三类农副产品开展议购议销，以及完成国家收购计划后的二类农副产品也开展议购议销，放宽了农产品的流通政策，对完成国家统购、派购任务的一、二类农产品（不包含棉花）和三类农副产品（除油、棉、粮、烤烟等产品）开始允许上市自销，在完成国家统派购任务之后允许远途自销。

1982 年之后，我国农村开始普遍实行家庭联产承包经营责任制，国家和地方政府进一步放宽了农副产品的购销政策，减少统派购品种，发展多渠道流通。1984 年 6 月 1 日，国务院决定将统派购的范围进一步缩小，减少后的商业部系统管理的一、二类农副产品为 12 种，此前为 21 种，约减少一半。统购品种仍为粮食（稻谷、小麦、玉米）、油脂油料（菜籽、棉籽、花生）和棉花（等内棉、棉短绒）3 种，派购品种由 18 种减少至 9 种，其余农副产品皆放开，实行自由购销。对于林产品、中药材等，国家也缩小了派购计划和收购范围。同年，河北省内有证的个体商贩由上年的 218 257 户增加至 490 263 户，其营业额由上年的 7 964.4 万元猛增至 175 103 万元。

在 1985 年 1 月，关于农产品的统派购制度，中共中央及国务院决定对其进行改革。基本全面取消统购，粮食、猪肉、生鲜等改成合同定购及自由购销。其他统派购产品，也分品种、分地区开始逐步放开。取消统派购制度后，我国农产品流通基本实行多渠道的自由流通，不再受原本流通制度分工的限制。

中共十一届三中全会以前，国合商业的主营商品包括一、二类农副产品，基本上是执行单一计划价格，1979 年以后，除少数关系到国计民生的重要商品需要继续实行计划价格，其余商品实行国家指导价和市场调节价。20 世纪 80 年代以后，国家又进一步放宽了价格政策。目前，除合同定购的粮食、棉花外，其他农副产品的价格基本上都已全部放开，实行市场调节。

中共十一届三中全会后，家庭联产承包经营责任制自我国南方推行开来。国家在流通领域逐步实行以国合商业为主体的多渠道自由流通的政策，价值规律和市场机制在农产品生产和流通中开始发挥基础性调节作用，极大地促进农产品生产和流通的发展。

中共十七届三中全会后，农产品的流通政策演变大致围绕以下几个方面展开。

(一)推动农产品产销衔接，完善市场的供给应急保障和价格调控

国内农产品价格急剧变化的主要原因有：产销衔接不畅、农产品流通成本过高等。农产品价格上涨，也进一步推动政府对农产品供给的应急保障和价格调控的重视，因其对 CPI 有重大的影响。为降低流通成本，减少流通环节，推进农产品产销衔接，我国农产品流通的政策一直把保障短期供应、防止农产品价格过快上涨或大幅度波动作为关注的重点之一。2009 年 4

月 22 日,国务院常务会议提出,要做好粮食、油菜籽这些大宗农产品收储工作,做好棉花收储预案。2011 年 9 月 26 日,《农业部办公厅关于进一步加强产销衔接保障农产品市场稳定的通知》要求有关部门推动完善农产品地方储备,加强对市场突发异动的应对和调控能力。

根据 2008 年 12 月 30 日发布的《国务院办公厅关于搞活流通扩大消费的意见》内所要求的"积极发展推动'农超间对接',农产品的流通企业、大型连锁品牌超市与农产品建立专业合作社农产品采购基地,积极培育自有品牌,促进产销之间的紧密衔接"。国务院在 2009 年 4 月 22 日的常务会议中提出,要专项清理农产品流通过程中的收费环节,在全国范围内推进合法装载鲜活农产品的车辆免收取通行费的措施。国务院在 2010 年 8 月 18 日的常务会议中提出,要引导蔬菜产地生产合作社、批发市场等与大型零售流通企业和酒店、学校等最终用户直接进行对接,进一步稳固产区和销区之间的紧密联系。《国务院办公厅关于促进物流业健康发展政策措施的意见》于 2011 年 8 月明确提出,大力发展"农超对接""农校对接"和"农企对接"等产地到销地的直接配送方式,支持发展农户专业合作组织,加强主产区大型农产品集散中心建设,促进大型连锁超市、学校、酒店、大型企业等终端用户与农户专业合作社、生产基地建立长期稳定的产销关系。2011 年 10 月 8 日,国务院常务会议明确提出,鼓励专业合作社、农业生产基地在小区菜市场直接供应直销,鼓励开设早晚市、临时性摊位、周末直销菜市场等。2010 年 8 月 18 日,国务院常务会议要求,扩大"绿色通道"政策所覆盖蔬菜品种的范围,做到"菜篮子"市长负责制的切实强化,健全建立相关的考评体系。2011 年 6 月 8 日,国务院常务会议提出,要加大对农贸市场、农产品批发市场的政策扶持和政府的投入。2011 年 10 月 8 日,国务院常务会议提出,落实完善"绿色通道",依法查处违规的收费行为,进一步加强"菜篮子"市长负责制,切实提高大中城市的鲜活农产品自给率;城市政府要"合理安排动态库存,保障应急供应,防止价格大起大落"。

(二)加强农产品物流设施体系的建设,支持发展冷链物流体系

提升农产品货运物流设施的建设,支持发展趋势冷链运输是近年以来农产品商品流通制度的突出性闪光点之一。2008 年 12 月 24 日,国务院常务会议明确指出,2009 年中央预算将提升农产品电商保障体系持续发展的项目资金和推动产业发展的项目资金经营规模。2009 年 4 月 22 日,国务院常务会议明确提出,从 2009 年开始分配中间补贴投入的建设资产,执行农民科学合理储存粮食专项项目,为主产地的农民改进较好的储存粮食标准;提升大宗商品农产品的仓储物流、货运物流设施建设。2010 年 8 月 18 日,国务院常务会议明确提出,要改进蔬菜流通设施标准;加速《农产品冷链物流发展整体规划》的实行,提升原产地蔬菜的急冷设施、批发商城的冷藏设施、大都市蔬菜超低温配送核心建设;提升产销地铁路专用线、铁路线冷链运输车辆和货运站的设施建设,推动远距离、大批蔬菜的铁路货运。2011 年 8 月 2 日公布的《国务院办公厅关于促进物流业健康发展政策措施的意见》要求,把农产品物流行业的高速发展放到优先选择部位,增加制度的支持力度,加速创建安全便捷、顺畅高效率的农产品物流配送系统,切实解决农产品货运物流运营阶段多、成本相对高、规模较小、消耗严重的问题。2011 年 10 月 8 日,国务院常务会议明确提出,要高度重视原产地预冷、加工配送、预选分类、冷藏运输、冷藏冷冻、外包装仓储物流、产品质量检测、电子清算等设施的建设。

(三)加快推进农产品市场的建设和改造升级,积极完善城市的便民服务设施

在现行政策下,我国日益重视提升农产品的市场建设,不断完善农业现代化大市场、大流

通的标准,在农产品流通与便捷城镇居民生活上,收到了良好效果。2008 年 12 月 24 日,国务院常务会议规定,2009 年、2010 年这几年在主产区与关键点销区改造或新创建一批农贸批发市场和农产品批发;健全城市社区的便民服务设施,挑选一批农贸市场进行规范化改造,以适应住户便捷交易、放心消费的需要。2010 年 10 月 8 日,国务院常务会议提出,加强城市农贸市场、蔬菜批发市场和社区菜店等的建设、管理与服务;加快建设产地的农产品批发市场,加快进行一批大型蔬菜批发市场的升级改造,鼓励建设改造城市菜市场。

(四)促进对农产品流通组织化程度的提高,对农产品流通组织的分类引导加强

提高农产品流通的组织化程度,不但有利于提高农产品流通经济效益和效率,健全农产品的市场监管;还有助于加强农产品的供应链协调、资源整合能力,提高抗风险和农牧业竞争能力,是健全农产品流通常态化的重要环节。但是,农产品流通组织类型多种多样,不同类型的流通组织对运行环境的要求往往有很大差别。提高农产品流通的组织化水平,规定强化对农产品流通组织的种类和指导,推动不同类型农产品流通组织良性竞争、互利共赢、各展其长。2008 年 12 月 24 日,国务院常务会议明确提出,推动流通公司的发展,减少消费成本,适用大中型流通公司跨地域的合并重组,提高运营的优点,控制成本,让价消费者;为适用于中小型商贸企业的高速发展,金融企业要制定差异化授信额度标准,解决中小型商贸企业借款的质押难题。2009 年 4 月 22 日,国务院常务会议提出,加快培育大型农产品经纪人和农产品流通企业。2010 年 7 月 21 日,由国家工信部、发改委等 12 部委联合发布了《有关充分发挥骨干企业积极作用完善和优化政府对大宗农产品市场调控机制和制度的通告》,明确提出,要合理选择部分骨干企业参与市场调控,明确了骨干企业的义务和权利,加强对骨干企业的监督管理,积极支持骨干企业的发展。2010 年 8 月 27 日《国务院关于进一步促进蔬菜水果生产保障市场需求价格基本稳定的通告》规定,提升蔬菜水果产供销组织化程度。2011 年 10 月 8 日,国务院常务会议明确提出,要促进流通公司间的强强联手,帮扶培养出来一批大中型新鲜农产品运输企业、流通企业及合作社。除此之外,要提升农产品流通的组织化的程度,务必强化对农产品流通机构领头人的培训学习以及宣传策划,提升农产品流通机构的核心竞争力。

我国农产品流通的政策演化重点围绕以下几个方面展开:①推动农产品的产销对接,完善销售市场价格调控和提供应急保障;②提升农产品物流运输基础建设,大力推广冷链运输;③加速推进农产品的改造升级和市场建设,积极主动完善城市便民服务设施;④提升农产品流通集约化的水平,强化对农产品流通机构的种类和指导;⑤顺应农产品流通行业的发展趋势,完善农产品和城镇现代化的流通互联网;⑥提升覆盖全过程的农业信息服务的体系建设,提升完善农产品产品质量追溯规章制度。2011 年的农产品流通政策指出,要重视新鲜农产品的市场调控和产销对接,重视宏观经济政策的协调性、创新性和目的性;重视农产品行业和流通服务体系的公益型,更加重视流通业态创新;凸显重视减少农产品流通费用,不断提升农产品流通政策含金量。

二、农产品物流的特点

1. 农产品物流具有季节性和周期性

农产品生产制造具备周期性，尤其是生鲜类的农产品，其冷藏阶段短、易腐烂变质，且通常原产地较为集中，市场的需求较为分散。这就导致农产品在成熟时，短期物流量升高，而反季后，物流量开始快速降低。从长期来看，物流量起伏是周期性的。

2. 农产品物流涉及面广

我国国土地域辽阔，农产品的生产有地区性差别。伴随着人们生活水准的不断提升，消费者的需求越来越多元化，消费者已不能满足于当地农民的供货种类，继而向更远的地域寻找新奇的农产品。消费者在不同时期内的需求，决定了在我国农产品物流是持续的、全国范围内的、大量的，甚至有时是进口的。

3. 农产品物流具有专业性

农产品具有独特的生化特性，因而农产品的物流过程需要很强的专业性。这就要求农产品物流中的各个环节，如生产、包装方式、流通加工、储运技术等，都具有一定的专业性，不仅要有具备专业知识的人员，还要有专业的农产品运输流通设备、设施和运输工具，以此来保障农产品在物流过程中的新鲜度并降低损耗。

三、我国农产品流通的局限性

1. 流通主体组织化程度仍旧偏低

在我国农产品流通领域里以前以供销合作社和国企为主体的流通方法早已被打破，多样化、多业态、多层面、多种渠道的农产品流通互联网已基本产生，参加农产品流通市场主体日渐多样化，主要包含国有制粮油公司和贮备管理体系、供销社管理体系、私营龙头企业、国有制大中小型批发价外贸出口企业、零售企业、商贸公司和农民专业合作社等。可是，在我国农产品流通的规模化和组织化程度依然较低，尤其是农产品的流通行为发展趋势仍处于销售商、农民经纪人等初级水准，各类农业合作社、龙头企业和农户密切联系的高速发展还不够充分。

2. 农产品物流成本高，流通过程损耗严重

农产品物流的整个过程包括农产品采收、生产加工、包装、仓储物流、派送、运输等，一般来说，农产品商品流通传动链条非常长，一般需经过好几个阶段，且农产品生产加工、运输、仓储物流等成本费用都非常高，消耗比较严重，物流效率不高。现阶段，我国农产品物流成本费用一直持续上升，面对零售终端的农产品综合性物流派送管理体系仍处于持续发展的初始阶段。我国农产品冷链物流发展趋势也相对落后，仍以常温下物流或自然物流为主导。物流基础设施建设比较弱，物流技术实力相对落伍，大部分公司没有完备的冷链物流管理体系，信息管理系统和服务体系不是很完善，导致农产品在物流过程的损耗量和开支都比较高。尤其是，在农产品的预冷冷藏、低温条件下的分拣、生产加工、包装等商品处理及其运输环节中涉及环境温度控制等专业技术相对落后，造成农产品的物流费用较高，消耗比较大。

3. 农产品流通信息化程度仍待提升，信息流通不够流畅

现阶段，我国农产品流通过程的信息化基本建设不够完善，农产品销售市场信息流通受阻，明显牵制着我国农产品流通的高速发展。一方面，在我国地市政府积极主动开展信息互联网平台的建设工作，成效显著。但是，整体农产品流通过程的信息链是中断的，造成上下游中间的行业供需信息不能够迅速、流畅、清晰地传送，缺乏精确信息，常常导致农产品流通过程的盲目性。除此之外，由于对农民的信息服务不到位，农民获得销售市场信息的成本较高。大部分农民欠缺对市场需求合理分析的能力，一般习惯盲目从众，从而造成农业生产与农产品流通的盲目性。另一方面，现阶段信息化硬件配置不够齐全，在运输、派送、仓储物流等各个环节仍以人工为主导；批发市场、物流配送中心等缺乏足够的硬件配置，信息化程度不高，不能够满足农产品流通信息服务的大量需求。

四、农产品流通模式及案例

（一）自产自销模式

自产自销指农户生产的农产品直接销售给客户，是很初始、简单的一种农产品商品流通方法。这个模式有着最小的物流环节，可以降低交易费用，提升利润空间。但因为单一农户的生产量不足，通常销售规模较小，市场集中度低。最典型的自产自销方式通常散落在城市里或农村集市中，是农户最传统的销售模式。农户将自己家生产出来的农产品用运载工具送至附近的集市中进行出售，这类销售模式一般是短期、周期性的。“互联网＋农业”是一种高效率的直销渠道。农户利用互联网直销农产品的形式是各种各样的，有些自己做微商，有些利用网络直播平台来销售，还有些在零售电商平台内开设店铺。

1.“农产品＋微商”模式

“农产品＋微商”的方式，实际上，便是农特微商。根据微信发朋友圈公布自己家的农产品信息，包括栽种、发展、采收等。把农产品生长状况拍照成图片分享到微信中，让消费者第一时间掌握农产品的即时状况。“农产品＋微商”方式要充分考虑的一些问题有：①知名品牌的打造。要打造一个人格化属性品牌，根据知名品牌来造成股权溢价。②产业链的打造。派送与货运物流、冷链物流，这也是农特微商的核心。③展现真实的自我。微信发朋友圈是吸引用户对农民生活喜爱与认同的一种方式。

张大发售卖大樱桃被称为“我国农产品微商第一实例”，他 15 天卖了 81 282 箱大樱桃，得到 10 365 950 元的营业收入。张大发短短 2 个月就建立了 10 多个微信聊天群，且要持续学习培训和做网上预购，还应建立微商精英团队，提升个性标签推广及其加强，之后就依靠积极传播，打造人格魅力，从而使自己带领的微商精英团队以及客户、代销商对张大发更为信赖，这才出现数万人一同替张大发卖樱桃的现象。

2.“农产品＋网络直播”模式

2016 年网络直播很火，大牌明星陆续加入网络直播，而且得到百万打赏。网络直播带来的好处有：①亲眼看见，提升选购信心；②参加互动交流，得到成就感；③新奇时尚，大部分人都是寻着新兴事物而来的。“农产品＋网络直播”的方式可以拉近商家与消费者的心理距离，让消费者提高对产品的信心，还能够加速传播推广速度。由于互联网的广泛性，网络直播的形式

能够很好地营销推广农产品及其品牌。但网络直播也要考虑到以下几个难题：①主播知名度，最好公司的创办人或是网红明星；②服务项目更应高于一切，特别是要有客户付款后更安全、迅速的货运物流与派送。

在海南省海口市石山镇内举办的互联网技术农业小镇创业者沙龙活动盛典交流会上，4名“创业者”化身“网络红人”，根据网络直播的形式将特色农产品推销到国内各地。海南爱尚玫瑰有限公司乔顺法在直播间推销了自己家乡的火山玫瑰，在众人面前详细介绍由火山玫瑰加工制作的产品——肥皂、精油、玫瑰鲜花饼等。这些产品不仅可以在门店选购，还可以通过微信下单。

3.“互联网＋农业”模式

褚橙电商销售是网络农业模式里最成功的案例之一，在2014年，4 000箱哀牢山直接供应的褚橙(共20 t)以电子商务的方式进行市场销售，从开售到售完只用了60 h。2019年10月，褚橙与著名电商平台达成合作框架协议，消费者在这个电商平台上能够预订褚橙，由种植园直发，这样需求量更为明确，即使订单数量较大，供应端也能控制成本。

作为供应链管理尾端电商零售服务平台拼多多，积极开展农产品的供应链管理，与全国约500个农产区20 000多名商家共同联手，举行“农货节”活动，根据积累交易端数据信息进行数据分析，筛选出最热门的农产品分区域地分享给全国消费者。其中就有一些品质上乘而缺乏名气的自然地理代表性农产品，通过“农货节”的活动，让不少高质量的农产品被全国各地大量消费者所尝到。电商平台更像一座桥梁，直联“城市小区”与“田间地头”，使农民受益颇多。

“互联网＋农业”线上营销方式属于自产自销，农产品一般以快递方式送至消费者。许多快递企业也察觉到了创业商机，陆续上线了以生鲜食品、农产品快递产品与包装服务，这类快递产品的包装更加专业，运送、配送速率更快，减少了快递过程中的消耗，消费者可以得到更好的购物体验。有些快递企业也抓住这一突破口，加速布局农产品的冷链仓储运输，为农民提供货品冻库存放、快递分拣、包装派送、信息内容运转等一体化冷藏运输服务项目。

(二)农超对接模式

农超对接是企业与农户签署市场销售意向协议，将制造的农产品向超市所提供的一种商品流通方法。这类模式的物流环节偏少，可以创建系列农产品生产加工销售链，有利于促进农产品电子商务工作的开展。其主要缺点是经营者较为分散化，物流效率无法提升而且物流费用较高。在我国农超对接主要有两种方式：一种是“农户＋产业基地＋商超”的方式，即超市开设种植基地，农户栽种，待成熟后超市开展回收。例如，TESCO在我国设立了自主品牌的蔬菜种植基地，分配各种农产品生产时期及生产数量，农户根据其规定栽种，待蔬菜水果成熟时开展采摘、包装并运送至物流配送中心。另一种是“农民＋专业合作社＋超市”。专业合作社是一种以乡村家庭承包经营为载体，农户自行参与专业合作社，专业合作社统一选购农业生产资料，并为农户提供农产品销售、加工、运送、储藏及其他与农业相关的技术性服务。专业合作社在农超对接模式下具有连接农户与超市的功效，专业合作社与超市签署采购合同，农户生产的农产品由专业合作社统一销售给超市。伴随着生鲜食品超市的兴起，许多专业合作社也开始与连锁加盟生鲜食品超市展开合作，将农产品销售到生鲜食品超市。

农超对接方式之中的物流主要有三种：一种是以超市为主体的物流，即超市利用自己物流管理体系进行购置农产品的运送；一种是以农业合作社为主体的物流，由农业合作社实施物流的运送，将农户的商品运输至超市；一种是以第三方物流公司为主体的物流，在农超对接环节中引进第三方物流公司，物流公司全权负责运送、仓储物流等相关工作。

(三)农产品批发市场模式

农产品批发市场为交易双方提供固定、公开、长久的批发交易设备和场地，市场运作模式以支付现金、现货市场为主导，具备产品集散中心的功效，这种模式称为农产品批发市场模式。具体操作方式如下：农户制造的农产品由收购商回收后都集中在出产地的批发价市场，再由中间批发商回收并运送到集中地或销地，有些农产品需经过多级别零售商的转运才能成功抵达零售市场。这种模式增加了农产品售卖的范畴，但是因为有零售商，特别是通过多级别零售商的运转后，产品的价格逐级累加，农民盈利空间相对来说变得很小。

农产品批发市场是十分传统农产品流通模式。在我国全国各地均有农产品批发市场，东部地区相对密度比较大。沈阳地利农副产品市场是东北地区内最大的一个果品批发市场，市场内供给的新鲜水果占沈阳当地市场的90%之上，与此同时，50%的水果供货至东北三省及内蒙古地区。沈阳地利农副产品市场不仅有蔬菜水果市场，还有海产品市场和小百货调味品市场，是一个全渠道农产品批发市场，也是东北地区最主要的农副食品物流中转站。在农产品批发市场模式中，农产品的货运物流分为两种模式：一种为批发商自主运送；另一种为批发商授权委托运输企业，以全车或零担的形式进行运送。

(四)农产品物流园模式

农产品物流园是经过第三方物流公司通过系统化运行为农产品交易双方提供全方位的农产品物流配送服务的方式。除提供交易场所外，还提供仓储物流、运送集散中心、物流包装、派送、出口报关、检验检测等服务。第三方物流不同于第一方和第二方，是作为与商品流通间的分工协作，减少中间商和流通成本，但农产品物流园区的建设也要适时、适地、适宜，符合地方政策和经济基础。

贵阳农产品物流园集展示交易、生产加工仓储物流、冷链运输、配套方案、安全性于一体，是线上与线下相结合的农产品供应链服务商。与贵州省精准脱贫产业基地、全国各地高品质蔬菜水果主产地等签署了合作框架协议，为当地农产品积极主动构建产销对接平台，打通农产品产销传动链条，提升农产品附加值。该物流园与好儿家超市连锁店都签有定向采购协议书，与此同时，一些大中型企事业单位和学校也在园内购置农产品。

参考文献

范金旺．以第三方物流企业为核心的农产品供应链管理模式分析[J]．南方农业，2017，11(18)：75-76，84．

纪良纲，王佳淏．“互联网＋”背景下生鲜农产品流通电商模式与提质增效研究[J]．河北经贸大学学报,2020,41(1):67-75.

姜长云,赵佳.我国农产品流通政策的回顾与评论[J].经济研究参考,2012(33):18-29.

梁建立,彭军华,宋书凤.农产品流通政策的回顾与展望[J].河北供销与科技,1998(5):26-27.

刘昕.商务部力促农产品"插电"[N].国际商报,2013-10-10(C6).

毛莉敏.新零售驱动下的农产品物流变革[J].商业经济研究,2019(15):128-131.

任为.我国农产品批发市场转型及现代化发展探讨[J].商业经济研究,2019(24):127-130.

王凯.数字乡村建设对农产品流通现代化发展的影响[J].商业经济研究,2023(19):136-139.

夏春玉.中国农村流通体制改革研究[M].北京:经济科学出版社,2009.

辛本禄,王学娟.乡村振兴战略背景下我国连片特困区农产品流通治理研究[J].南京社会科学,2019(2):19-25.

徐红.生鲜农产品流通渠道以及发展路径研究[J].物流技术,2023,42(10):9-11.

杨文静.农产品物流与民营物流企业[J].中国储运,2005(6):26-31.

周祺.我国农产品流通主要模式分析及典型案例[J].现代营销(经营版),2020(4):28-29.

周伟,李想,璞晓鹏,等.2011年我国农产品流通状况及特点分析[J].中国农村科技,2012(6):30-33.

案例二:农产品流通政策案例分析
——以我国"菜篮子"工程为例

摘要:流通环节生产和消费是实现国民经济循环平稳流动的关键,对推动国民经济发展过程中具有重要的基础性和先导性意义。围绕农产品批发市场的提升转型,进一步完善农产品流通体系,大力发展农业生产经营主体,进一步发挥政府的宏观调控功能,是进一步健全和完善现代农产品流通体系,实现农业产业化、现代化经营的必然需要。

近年来,随着我国农产品流通体系建设的快速发展,发展农产品现代流通对推进农产品供给侧结构性改革、解决供需错配、扩大有效供给,加强实现乡村振兴具有重大意义,使我国农业与农村经济的发展迈入新的时期。然而,从当前形势来看,我国农产品市场流通还存在着体系制度不够健全、市场引导能力差、缺乏抗风险能力等问题,这些问题已经成为制约我国农业经济与农村经济发展的主要障碍。因此,如何发展多元化的农产品市场,构建现代化的农产品流通方式,扩大农业消费,提升农产品流通效率,已经成为当前我国农村经济发展的当务之急。

一、农产品流通体系发展现状

我国是农业大国，农产品流通在国民经济发展中发挥着重要作用，关系到农业产业化的发展、农民收入的增加以及我国农产品国际竞争力水平的提高。改革开放以来，我国农产品流通体系建设取得明显效果，取得重大成就，农产品市场体系基本形成，流通主体与流通渠道日趋多元，基础设施建设逐渐完善，农产品大流通、大循环的发展格局已然形成。目前，我国已经形成由田头市场、批发市场、零售市场、农产品电商市场、期货市场等组成的多层次的市场体系。多元化的市场主体发展迅速，2020 年，全国有超 9 万多家农业产业化龙头企业，224.9 万个合法登记注册的农民合作社，农业农村部门名录管理的家庭农场有 348.1 万个，农村网商(店)达 1 500 多万家。

农产品界定在食品、饮料和烟草制品范围内，批发、零售以及连锁超市分别占据农产品流通组织形式的前三位，其中批发市场的销量占整体流通体系的比例最高，零售企业是流通渠道的最后环节，直接对接消费者，因此，在研究农产品流通效率对居民消费的影响时，选择限额以上农产品批发企业和零售企业的销售额作为我国农产品流通现状的代表指标。2008—2018 年我国农产品生产总值以及限额以上农产品的供零售企业占农产品总产值比值情况见图 6-1，限额以上农产品供零售企业销售额及差距波动情况见图 6-2。

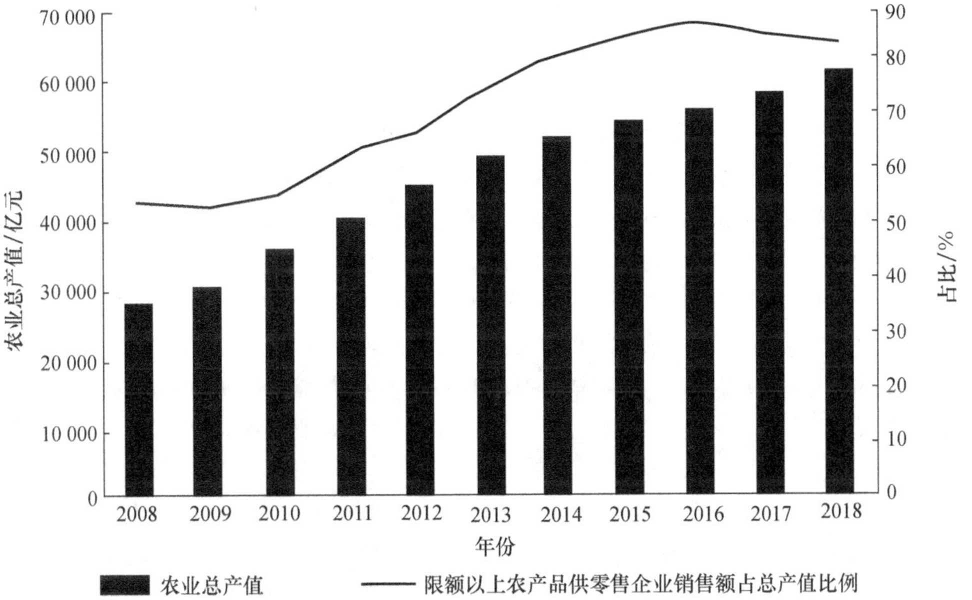

图 6-1　2008—2018 年我国农产品生产总值以及限额以上农产品的供零售企业销售额占比情况

如图 6-1 所示：①我国农产品生产总值在 2008—2018 年期间稳步提升，但增长率逐渐放缓。2008 年，我国国内生产总值为 319 244.6 亿元，其中农业总产值为 27 679.94 亿元，占生产总值的比值为 8.67%；2018 年国内生产总值为 919 281 亿元，其中农业总产值为 61 452.6 亿元，占生产总值的比值为 6.68%，相比 2008 年，国内生产总值和农业总产值分别提高 187.96% 和 122.01%，表明随着国民经济的持续发展，农业产值也在增加，但相对值在减少，其占比份额逐渐

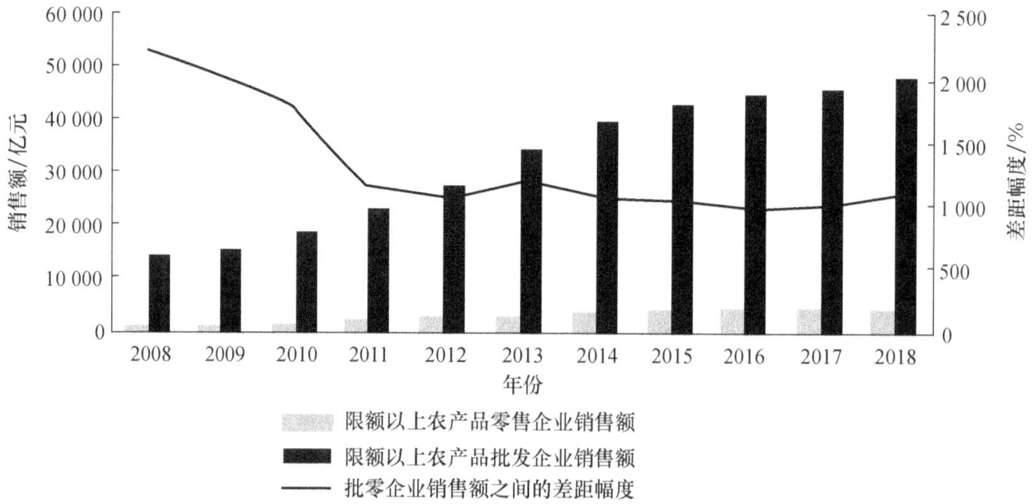

图 6-2　限额以上农产品供零售企业的销售额及差距波动(2008—2018 年)

降低。②农产品的供零售企业销售额大幅度提升,农产品的流通能力不断提高。2008 年,限额以上农产品批发企业销售额为 14 443.98 亿元,限额以上农产品零售企业销售额为 632.65 亿元,合计占农业总产值的 54.47%;2018 年,限额以上农产品批发企业销售额为 47 801.4 亿元,限额以上农产品零售企业销售额 4038.46 亿元,合计占农业总产值的 84.36%。网络平台的发展推动了农产品销售额的大幅度增长,批零业已成为消费品市场的重要支撑。

如图 6-2 所示:2008 年,限额以上农产品批发企业的销售额高于零售企业销售额的 2 183.09%,两种流通渠道的流通能力差距在 2008 年达到最大。2009 年之后,随着限额以上农产品零售企业的销售额快速增长,其与农产品批发企业销售额之间的流通差距快速缩小,到 2011 年二者之间差距幅度缩小为 1 141.18%。随后在 2012—2018 年期间,限额以上农产品批发企业的销售额与零售企业的销售额差距幅度进入平缓期。

随着信息技术和移动互联网的迅猛发展和应用,以龙头企业、合作社为主体的产销一体化,以零售超市为主导的农超对接、农批对接,以 B2C 模式为代表的农产品电商等新型流通模式层出不穷。阿里巴巴、京东、盒马生鲜等大型电商纷纷在生鲜“O2O”市场进行布局,充分利用“互联网+流通”的信息化与数字化优势,以及连锁经营的品牌优势,形成扁平化的农产品流通新模式。但是,在我国农产品流通体系中批发市场仍然处于核心和主体地位。

随着我国城镇化进程和现代物流的快速发展,批发市场行业集中度持续上升,集团化趋势明显。农产品流通主体的组织化水平日益提高,农产品跨区域、大规模流通已成为一种常态,形成一批具有强大集散功能的大型农产品批发市场,使批发市场行业集中度持续提升。政策支持体系不断完善,市场发展环境持续优化。“十三五”期间,国家出台了一系列重要政策文件,涉及流通节点城市、法治化营商环境、线上线下流通、平台经济、流通供应链、实体零售创新、“互联网+流通”等。历年中央一号文件反复强调加强农产品流通设施和市场建设,各地各部门出台农产品流通发展规划和支持政策,实施农产品仓储保鲜冷链物流建设等重点工程项目,社会资本积极进入农产品仓储、物流、营销等各环节,扶持农产品流通发展的政策环境不断优化。

同时,基础设施建设不断加强,新技术应用更加广泛。一是农产品流通基础设施设备不断完善，运输能力大幅度提高。建立以37个国家级和66个区域级的流通节点城市为物流枢纽的流通网络基本形成，不断优化完善鲜活农产品“绿色通道”运行管理机制以及运输车辆通行服务。农产品仓储保鲜冷链物流设施发展环境和条件也在不断改善，贮藏保鲜能力不断提升。2019年，全国冷库容量达到6 052.5万t，冷藏车保有量21.5万台。二是农产品流通技术水平和管理水平得到较大提升。互联网普及、先进物流技术应用、信息化建设使得农产品流通信息化程度大幅度提高。冷链物流技术的推广应用更是提高了我国农产品流通效率，降低了农产品流通损耗率。此外，大数据、物联网等技术的应用能够精准预测市场需求，加速农产品流通向智慧化、智能化转型发展，供应链管理能力得到有效提升。

二、农产品流通体系存在的突出问题

随着我国进入新发展阶段，农业供给侧结构性改革的深入推进，必须充分利用农产品现代流通体系连接上联生产与下联市场的桥梁作用，从而进一步提高我国农业生产和消费的适配性。农产品流通具有明显的季节性、农产品供应量波动大、对物流要求高、多方主体的参与、交易方式多元化等特点，这导致我国农产品流通体系在面对新形势新要求方面，仍然存在短板与堵点，阻碍流通效率提升与功能发挥。

1. 农产品流通主体组织化程度较低

目前，参与农产品流通的主体有农户个人、农民专业合作社、农产品中介与农产品流通企业等，但流通主体组织化程度仍然较低，主体之间联结机制利益不完善，信任机制缺失，合作关系不稳定。主要从以下三方面进行阐述。

一是农户个体。从生产、加工到市场销售，参与的主体与组织众多，其中个体农民占绝大多数。农民个体力量相对薄弱，若想维护自身利益，必须团结一致。但是，农民受传统观念束缚，缺乏市场风险意识、参与意识、竞争意识，经营不规范问题频发。

二是农民专业合作社。农民专业合作社虽然有一定的历史，但相对发达的农民专业合作社并不多，有的农民专业合作社在自身经营管理上没有规定和约束，组织管理经营能力不强，没有发挥应有的作用。

三是农产品中介。在农产品流通中采购、销售、信息传递等方面，农产品中介发挥着尤为重要的作用，但其加入农产品中介协会的比例较低，组织化程度低。

2. 农产品流通基础设施不够完善

经历40多年的发展，我国交通运输线路网络基本成型，大型物流站点和冷链仓储等一大批基础设施已经逐步建成，较为完善的农产品流通网络体系已逐步形成，但物流和冷链运输等基础设施仍存在不足，建设水平有待进一步提高。

一是冷链物流和农产品仓储设施建设相对滞后，基础设施建设资金投入不足，城乡之间道路状况差异较大。农产品冷链物流设施建设不适应市场需求，导致我国农产品物流成本居高不下，损耗大。在农产品集中上市的季节，由于缺少仓储设施（如冷藏储存等），极易引起短期的阶段性积压，从而造成销售困难，农户高产难收。

二是农村地区农产品集散网点少，城乡物流体系不协调。当前，我国城市农产品集散网点建设范围较广，数量较多，但农村地区集散网点相对较少，加之城乡道路状况差距大，农民居住方式分散，配送半径大，导致物流企业成本增加，影响农村农产品供给规模和流通效率。此外，在农产品质量检测方面的设施投入也不足。

3. 农产品批发市场规划布局有待完善

当前，农产品批发市场是一个重要的载体，但农产品批发市场布局不合理，缺乏规划统一市场功能不健全，“有场无市”“有市无场”的情况时常发生。依据全国城市农贸中心联合会数据显示，我国成规模的农产品批发市场共有 4 200 多家，其中 70%分布在东部地区，而中部、西部地区仅占 20%和 10%左右。中部地区粮棉油和蔬菜水果生产基地以及西部地区特色农业区批发市场发展滞后，与实际流通需求不匹配。部分大中型城市农产品批发市场集约化、低水平同质化竞争严重，最终导致资源的浪费和流通效率的损失。

4. 农产品流通全过程标准化发展滞后

我国农产品市场、农资市场发展迅速，但农产品流通不够标准化、规范化。农产品流通标准化建设，有助于保障农产品质量，提升农产品流通服务水平。农产品流通链条长、环节多，从产地田间采集到配送仓库到城市的配送仓，再到客户家中，整个过程中的标准制定较为困难。目前，我国大部分农产品流通标准的制定仅停留在部分环节，即使制定了标准，但缺乏强制性规定，标准的推广和使用也会受到限制。例如，水产品、肉产品、冷藏车等冷链相关的标准有近 200 多项，但实际执行情况不容乐观。这样一方面不利于提升我国农产品流通体系的整体层次；另一方面严重阻碍建设全国统一大市场的进程。

5. 农产品流通各环节利润分配差距大

农产品在流通过程中需要经过生产、加工、运输、批发、零售等各个环节，但各环节的利润分配并不均衡。根据农业部 2008 年对粮、畜、菜三大类 9 个品种的研究，在蔬菜生产环节投入最大，成本占 43%，而利润仅占 8%。从农产品流通环节全链条来看，农户获利占比较低，这与农户组织程度低、话语权有限有关。此外，农民在销售农产品时，经粗略加工的农产品附加值低，因此农户获得的利润低。

6. 农产品加工程度较低

在国外，农产品进入市场时，加工率高达 70%～90%，精加工提高了农产品附加值。而国内的农产品多是以原生态或初步加工状态进入市场的，包装粗糙，多以麻袋或筐进行运输，浪费极大。农产品精加工不仅能增加农产品附加值，还能提高市场竞争力。此外，在农产品精加工过程中，农产品的原始状态被改变，有利于储存运输，还使运输途中的成本降低。

7. 农产品信息化程度较低

如今是一个信息化时代，信息的充分流动能促进交易双方作出更准确的判断。随着国家对农村网络设施的投入，农村网络覆盖率逐渐加大，农村网民数量也有了大幅度的增长，促进了信息在农村的流动。2011 年，农业网站占网站总数的比重不足 4%，与农业的产值所占比重严重不符，而在这其中，以农业商务内容为主的纯农业网站更少，且缺乏专业性和实用性，提供的信息多而杂，很少能为农民提供真正需要的信息。现有农产品信息服务体系虽然较以前在信息的高效、真实、实用方面有一定的提高，但仍不能满足农产品流通中一些主体的实际需要，有待进一步完善。

三、构建农产品现代流通体系的政策建议

农产品流通现代化是我国实现农业现代化进程中的一个重要环节。构建现代化农产品流

通体系，必须正视发展中存在的问题，破解体系机制上的障碍，打通各流通关节的“堵点”，不断扩展农产品流通体系的多功能性。

1. 培育壮大农产品流通市场主体

推动和引导广大农户、农业龙头企业、农产品经销商等主体之间形成“风险共担、利益共享”的利益联结机制要做到以下几点。

一是提高农产品流通组织化程度。大力发展多种类型农民专业合作社，延伸业务范围，提升综合能力，尽可能减少流通环节，并按照企业的模式运作，增强农民组织进入市场的信心，真正代表农民的利益，为农民提供各种市场信息。

二是提升农产品流通企业竞争力。通过市场机制和政策引导，鼓励农产品批发市场和物流配送企业进行跨地区并购和投资合作，培育发展具有较强带动作用的大型农产品批发市场与农产品物流配送中心。积极推进农产品批发市场横向协作，组建“旗舰”型批发商群体。加大对农产品批发市场的扶持力度，以市场为依托，大力发展农民物流合作组织，提高农民参与市场的组织化程度。

三是要加强对新兴农产品流通主体的支持力度。鼓励新兴主体如农产品流通电商平台、产地直销、生鲜配送等与传统批发市场开展深度合作。同时，积极培育农产品经纪人协会，宣传协会宗旨，加强对协会内成员的各方面培养，争取吸引更多的农产品经纪人加入协会，壮大农产品经纪人队伍的力量。

2. 强化农产品流通设施的支撑作用

农产品流通基础设施的建设是农产品流通良好开展的基础，要把农产品流通基础设施的投资纳入公共投资的范畴，加快批发市场设施提档升级。

一是要加大农村流通基础设施建设支持力度。提高对农村道路尤其是农产品生产基地的道路建设资金投入，大力扶持农村地区物流配送中心、市场信息网络与电子商务平台、大型农产品流通设施等流通基础设施建设。增加农产品质量检测方面设施的投入，确保农产品安全可靠。

二是要大力推动和支持各类批发市场设施升级。重点扶持电子结算系统、交易与冷藏设施、质量检验检测系统等一系列基础设施建设，推动建设一批集集货、预冷、分级、包装、仓储和配送等功能于一体的产地综合性集配中心。基本的道路建设与物流业的发展，能够有效降低农产品流通中的成本，减少损耗。

三是支持新业态流通模式基础设施建设。支持开展“农超对接”的基地到终端的冷链储藏、冷链运输及终端冷链设施项目建设，构建新型零售网络。

四是鼓励和支持新技术在农产品流通领域的融合应用。鼓励建设大数据中心或电子交易中心，鼓励其采用具备数据存储、传输及交易票据打印功能的电子称量设备，充分利用5G、大数据、物联网等新技术提升传统市场的现代化水平。

3. 优化农产品市场结构和布局

构建现代农产品流通体系，应当立足当下，着眼于长远，综合考虑经济社会发展水平、交通区位、人口分布、农产品流通基础、产业布局等因素，统筹规划农产品市场建设。建立覆盖全国农产品重要流通节点，以跨区域批发市场为龙头、区域市场为零售、骨干市场和田头市场为基础、电子商务等新型市场为重要补充，线上和线下融合、有形和无形结合、产地和销地匹配，统一开放、布局合理、竞争有序、制度完备、安全规范、高效畅通的中国特色农产品市场体系。

农产品市场应该具有两大功能：一是集散功能，即是集散商品，为买卖双方提供农副产品进行大型交易的场所；二是价格发现功能，即降低交易费用和价格导向。中国农村批发业的批发网点存在着组织化程度低、组织形态单一化、批发的商业功能没有充分发挥、流通效率低、竞争优势较弱等特点。在农业规模化、产业化、现代化发展中批发业并未起到媒介和桥梁的作用。因此，优化农产品市场的主要方向如下：一是规划建立和完善城市销地批发市场，为农产品进入城市提供良好场所；二是要积极地组织农民实行批量交易；三是应为试办期货交易市场创造更好条件，以便于更好地引导和组织商品生产；四是大力发展一批主要为出口提供货源的外向型农产品批发市场，优化农产品市场结构和布局。

4. 创新现代农产品流通模式

在农产品流通中，信息的高效准确尤为重要，应充分利用现代新型信息化技术和移动互联网技术，不断创新农产品流通模式。大力发展农产品电商、产地仓、宅配等新兴流通业态，并探索密切的利益联结机制，推动农产品流通上下游环节紧密衔接。创新"批发市场＋种养""批发市场＋新零售""批发市场＋直销配送"等新产业，积极发展鲜活农产品直供、直销体系，推广"生产基地＋加工企业＋商超销售""生产基地＋中央厨房＋餐饮门店"等产销新模式，不断提升鲜活农产品流通效率。

当前，推进农产品流通新型信息化技术建设，一是要构建一个成功将生产者、消费者、销售市场相连接的信息体系，使农产品信息在各主体间与各区域间充分流动、有效衔接。二是要充分运用网络平台，提高信息传递的效率。三是有关部门要做好信息收集工作，最好成立专业的农产品信息采集机构，对信息进行采集、分析与预测。四是要为使用者提供真实、可靠的信息，建立良好的信息发布平台。

5. 发展农产品加工业

发展农产品加工业不仅能够降低物流成本，还可以提高农产品附加值。农产品加工业不仅是对现有农产品进行精加工，还要在包装、分拣、分类、综合利用水平以及加工产品卫生质量等各方面均有更严格的要求。2016 年中央一号文件提出"推动农产品加工业的转型升级"。一方面，地方政府应结合当地农业的特点，对适宜发展的农产品加工业给予政策鼓励，如税收优惠、科技支持、信贷资金支持、用地用电支持等，为农产品加工业营造更良好的发展环境，培育具有竞争力的农产品加工企业；另一方面，农产品加工企业自身要分析优势与劣势，因地制宜，不断更新自身的技术设施，引进人才，在企业创造利润的基础上，实现社会价值。

四、案例——中国"菜篮子"工程

为缓解我国副食品供应偏紧的矛盾，1988 年农业部提出建设"菜篮子"工程。一期工程建立了中央和地方的肉、蛋、奶、水产和蔬菜生产基地及良种繁育、饲料加工等服务体系，以保证居民一年四季都有新鲜蔬菜吃。到 20 世纪 90 年代中期之前，"菜篮子"工程重点解决了市场供应短缺问题。"菜篮子"产品持续快速增长，从根本上扭转了我国副食品供应长期短缺的局面。除奶类和水果外，其余"菜篮子"产品的人均占有量均已达到或超过世界人均水平。

1. 中国“菜篮子”工程政策产生背景

为进一步激活农产品流通市场，促进农民增加收入，我国建立鲜活农产品流通的“绿色通道”。由于消费结构的变化以及食品消费的高档化、多样化、周年化，鲜活农产品消费量逐年递增；生产规模极小，缺乏完善的生产供给体制；流通主体零散，批发市场体系未建立交易模式。

针对以上问题，为落实保障市民天天能有新鲜蔬菜食用，1995 年，我国开始实施中国“菜篮子”工程，率先提出并组织建设鲜活农产品公路运输绿色通道以保障城市蔬菜供应。山东寿光作为全国第一大蔬菜生产基地，着力培育优质特色蔬菜，改善提高生产条件，加大力气用公共财政扶持当地蔬菜产业，加快产业优化升级，使之成为特色鲜明、效益突出的优势投资主体项目。为确保运力，保障蔬菜运力及时到达居民的餐桌，寿光市政府及相关部门针对蔬菜销售积极协调、精心策划、着力落实，从民生问题出发，想群众之所想，急群众之所急。在 1995 年 5 月，寿光至北京的首条绿色通道正式开通并运营，成为中国的第一条蔬菜运输绿色通道，实现了寿光蔬菜直接送达北京市场的无间断销售，“寿光—北京”绿色通道的开通是建设鲜活农产品绿色通道的开端。

2. 中国“菜篮子”工程政策发展历程

参考众多学者的研究，截至目前，“菜篮子”工程主要经历了四个阶段。

(1)第一阶段是 1988—1994 年　进入 20 世纪 80 年代，随着我国城镇化率快速上升，叠加城市体制改革以及价格“双轨制”的实施，粮食食品等物资“抢购潮”频繁出现，导致物价快速上涨。1988 年 5 月，农业部出台《关于发展副食品生产、保障城市供应的建议》，其重要内容是建设“菜篮子”工程，即通过建立中央和地方的肉、蛋、奶、水产和蔬菜生产基地以及良种繁育、饲料加工等服务体系，以保障居民一年四季都有新鲜食品供应，特别是蔬菜供应。随着“菜篮子”工程实施，我国各大、中城市的“菜篮子”产品供应数量迅速增加，蔬菜、水果、肉类、禽蛋水产品、牛奶和油料等产品产量增速远超过城镇人口增速，该阶段的“菜篮子”产品达到供求基本有余的状态。

(2)第二阶段是 1995—1999 年　这一阶段，虽然“菜篮子”产品在数量上已基本能够满足稳定供给，但统计数据表明，仅有蔬菜和水果的产量增速远超城镇人口增长率，其余“菜篮子”产品产量增速与城镇人口增长率基本持平甚至要低。为解决蔬菜品种供应的单一化、农产品“卖难”及物流不畅等问题，中央确立了以增量保供为目标的设施化、规模化、多产化发展方向，并为“菜篮子”产品开辟了绿色通道。同时，本阶段“菜篮子”产品供给从郊区扩大到本城市以外的生产基地，从南到北的蔬菜产地供应周年化格局也初步显现，并初步形成了以中心批发市场为核心、连接生产基地和零售市场的稳定的“菜篮子”市场体系。

(3)第三阶段是 2000—2010 年　这一阶段，“菜篮子”产品中水果、牛奶及茶叶的产量远高于城镇人口增速，在水果供应急剧增加与水果品种结构同质化的背景下，水果“卖难”问题不断显现。同时，随着传统生产基地向无公害基地发展，“菜篮子”产品的质量问题成为社会焦点问题。在这种背景下，“农超对接”的政策举措应运而生，伴随批发市场的更新和改造，流动菜贩逐步转型成为固定商户，产地和市场的对接组织体系分工逐步完善。

(4)第四阶段是 2011 年至今　这一阶段，以增质保供为目标的集约化、设施化、规模化、标准化生产得到落实，产品认证逐步普及，批发市场向资本化或资本系列化物流园不断升级，城市“菜篮子”市长负责制也进入了实际考核阶段。但从“菜篮子”产品总量变动看，其总体规模增速跟不上城镇人口增速，特别是牛奶、肉类、蔬菜产量增长率都低于城镇人口增长率，这为现有“菜篮子”工程的保供能力带来了多重挑战。另外，经过多年发展，副食品进口已呈常态，大中城市批发市场中海外“菜篮子”产品已占一席之地。海外进口虽然大大丰富和调剂了国内供给，但其对国内“菜篮子”产品的冲击不容小觑。更严重的是，一旦发生重大突发事件，导致进口中断停滞，必然带来“菜篮子”产品价格的大幅度波动，甚至会破坏长期形成的稳定供应格局。自此，确保“菜篮子”产品供应链安全稳定至关重要。

3. 中国“菜篮子”工程政策建议

第一，各级城市政府应将“菜篮子”工程建设的“菜地”保有量列为市长负责制考核的“红线”指标，由人大来实行监督与考核。

第二，在大中型城市特别是大城市建立以连锁超市为主导、以标准化菜场为补充的生鲜农产品销售体系。这一目标需要通过政府制定政策推进“农改超”(农贸市场改成超级市场)和“农超对接”来逐步实现。由于菜场经营者多为个体经营，当政府对市场进行调控之时，“菜场”将成为政府调控的盲区。因此，在城市生鲜农产品销售主渠道政策导向的问题上，政府部门一定要树立坚定的目标与信心，将超级市场革命进行到底。

第三，为支持各级地方政府更好地实施“菜篮子”工程，需相应调整税收政策。

第四，健全以法律为依托的“菜价”调控机制。国外企业与国内企业在利益目标、市场责任承担与决策权限上差异，所以“菜价”调控对象存在外资企业“缺位”的真空现象。完整无真空地实施“菜价”调控措施需要法律制度的保障。在当前国家市场干预法律制度尚不健全的情况下，类似“菜价”调控措施的政策落实要以本土企业为依靠；同时，政府的支持政策也应向本土企业倾斜，如正在实施的国家对连锁超市的“农超对接”支持政策等。

五、小结

本案例通过分析农产品流通发展现状，从数字化发展、“互联网＋”新业态、供应链创新等方面分析当前农产品流通政策导向，为将相关政策落到实处、发挥实效，建议在各部门之间加强政策统筹和工作指导的基础上，充分发挥行业协会的协调作用，搭建政企桥梁，促成政策落地。针对农产品流通主体组织化程度较低、农产品流通基础设施不够完善、农产品流通全过程标准化发展滞后等方面的突出问题，在现有政策的基础上提出应对措施。通过中国“菜篮子”工程这一案例，从中国“菜篮子”工程的政策背景、发展历程、政策建议等方面进行梳理和总结，为新形势以及应急状态下应对新的“菜篮子”问题提供策略参考和优化方案。

参考文献

岑丽阳．广西农产品流通渠道的变革和创新[J]．广西经济，2010(3)：14-15，9.

陈永福．“菜篮子”工程理论机制与应急保障策略探讨[J]．国家治理，2022(8)：48-52.

段风军．广西农产品流通效率研究[D]．南宁：广西大学，2012：36-37.

顾国建."菜篮子"工程的目标与政策导向建议[J]. 商场现代化,2011(24):1-2.

韩喜艳. 农产品流通组织化研究[D]. 北京:中国农业科学院,2013:27-34.

李俊娟. 鲜活农产品绿色通道政策评价与优化[D]. 西安:长安大学,2013.

李连英,李崇光. 中国特色农产品流通现代化的主要问题与对策[J]. 中国流通经济,2012(2):21-26.

刘刚. 基于农民专业合作社的鲜活农产品流通模式创新研究[J]. 商业经济与管理,2013(8):5-10.

孙德梅,刘洋,王莉. 黑龙江省农产品流通现状探析[J]. 商业研究,2008(10):183-184.

晏士梅. 农产品物流影响因素分析[J]. 安徽农学通报(上半月刊),2010(13):28-29.

原瑞玲,翟雪玲. 农产品现代流通体系的现状、问题和政策建议[J]. 农村工作通讯,2022(15):19-21.

第八章
农村土地政策案例

案例：农村土地政策典型案例分析

摘要：农村土地改革是中国共产党领导中国人民彻底废除封建剥削制度的一场深刻的社会革命，是中国民主革命的一项基本任务。2008年召开的中共十七届三中全会也把农村的改革发展作为讨论的主题。本案例将从农村土地改革的各个角度和具体政策案例出发，来探究土地改革对农村的发展起到了哪些作用。

纵观历史，每一次重大社会转折必定有农村改革。新中国成立初期，中国共产党通过推进土地改革稳定了社会秩序。土地改革实现了劳动农民群众几千年以来盼望耕者有其田的历史愿望，极大地调动和提高了人民群众主动投身于国家的生产经济建设工作的主人翁精神以及创造性和积极性。社会主义改造阶段和理论初步探索阶段，为加快进一步全面推进社会主义工业化建设，中国共产党领导人民群众努力从深化农业经济合作化、集体化运动走向农村土地集体所有制。20世纪70年代末，农民对土地制度新的自发探索与政府主导改革相结合，拉开了改革开放的序幕。进入新时代，农村土地所有制进入新的改革阶段。新中国成立以来，农村土地制度作为中国特色社会主义经济制度的重要组成部分，经历了深刻的变化。农村土地制度的变革对稳定我国社会秩序、发展社会经济作出了重要贡献。每一次农村土地制度变革都牵动着亿万农民的切实利益，影响着我国经济发展和现代化建设的总体布局。因此，在实施土地的流转改革过程中，一定要坚持不断从中总结的经验方法和经验教训，完善农村土地这种农村新产品的集约化经营的模式，使其他农村土地在中国社会主义新农村发展建设活动中真正发挥到更大的社会作用。同时，应明确看到土地承包流转虽是中国土地市场改革实践中存在的新形式之一，却也绝对不是其中唯一合法的新形式，还将可能另有其他的各种法律、制度、形式随之出现，要善于研究总结，勇于大胆接受。

土地资源无疑是国家实现当代农业经济稳定高速发展最大和最富有基本生存活力的宝贵物质文化生产物质基础和实物资料，也是当代农民群众赖以获得最为基本的稳定幸福的长期社会生活基础，而当今中国亿万农民群体是中国实现社会主义农村经济长期繁荣和发展赖以持续繁荣和维持长期基本稳定幸福生存条件的一支主力军。本案例回顾我国农村土地改革历程，探讨农村土地改革对发展农村经济、城市发展的影响，并列举了农村土地改革的具体案例。

一、农村土地改革

(一)农村土地改革的历程

土地资产是亿万农民世世代代赖以发展安身立命的生存之基本。“耕者有其田”是广大农民劳动者千百年来心中最高的现实经济政治诉求和社会梦想。100多年来,中国共产党一直努力坚持真正地从千千万万农村农民生活实际用地需求出发,制定与完善了一套具体而可行和实用高效的现代化国家土地政策文件规范和土地发展的纲领,在探索实践历程中逐步探索并实践探索出了一条又一条的可以在实践中真正成功地实现中国现阶段农民土地权益保障多元化发展的现代化新道路。

中国共产党领导的农村土地制度改革,经历了从封建土地所有到农民土地所有,再到土地集体所有的所有制变革。在新民主主义革命时期*完成了建立农民土地所有制的任务,社会主义革命和建设时期确立了土地的农村集体所有制,改革开放和社会主义建设时期,结合中国的具体国情,创新形成了中国特色社会主义土地制度——家庭联产承包责任制,为中国特色社会主义新时代的“三权”分置制度的形成和发展提供了条件,从而实现了中国社会主义农业发展的两次飞跃,即家庭联产承包责任制和“三权”分置制度。进入新时代后,随着城市化和工业化发展程度的加深,农村劳动力大量流出,中国共产党领导的农村土地制度改革面临严峻的挑战。社会对土地规模生产的需要、农民对土地增值收益的多元诉求难协调、土地撂荒和土地流转的矛盾等问题,在实践中对实现国家粮食安全的战略布局和实现乡村振兴的战略布局有着重要的影响。中国共产党领导的农村土地制度如何进一步改革来应对土地增益与规模经营、生产规模扩大与农业技术落后的矛盾,从而满足农民的多元诉求?从历史中总结经验,才能坚定初心与使命,走好接下来的路。从中国共产党领导的农村土地制度改革的历程来看,其背后有着深厚的马克思主义理论支撑,坚持以人民的立场,具体问题具体分析,解放和发展生产力贯穿了整个农村土地制度改革的全过程。形成了坚持中国共产党领导下的马克思主义中国化,坚持群众史观,坚持根据时代发展的需要调整土地政策等基本经验。所以,要应对新时代中国共产党领导农村土地制度改革所面临的问题,必须坚持马克思主义的理论指导,还要坚持农村土地集体所有制,完善“三权”分置制度,适度发展土地规模经营;必须坚持发挥中国共产党领导的优势,协调好土地制度改革涉及的多元主体的利益,协调好土地规模经营和农业技术发展之间的关系,协调好农民多元诉求利益不一致的问题,在实践中深化土地制度改革,完善“三权”分置制度。

1. 土地改革前探索与实施:打土豪、分田地,推行农民私有

土地改革之前,中国农村土地制度以地主私人所有为主,地主享有土地收益权,农民长期受到压迫和剥削。中国共产党成立之初就提出要实现生产资料的公有制。1921年,党的一大通过的《中国共产党纲领》中提出所有生产资料应该归全社会所有。由于土地国有的观念与传统的土地私有观念不相符,广大农民不能接受甚至怀疑,随后相继提出“耕地农有”的办法。1927年,中国共产党提出自成立以来第一个关于土地问题的《中国共产党土地问题党纲草

---

* 新民主主义革命时期包括国民革命和土地革命、全面抗日战争、解放战争时期。

案》,明确指出,一切没收的土地之实际使用权归之于农民,租田制度与押田制度完全废除,实施耕者有其田。土地革命时期是中国共产党确立"耕者有其田"目标的探索时期。直至1933年,中华苏维埃共和国中央政府土地人民委员会土地部发布《关于实行土地登记的布告》,强调要实行土地登记,这是中国共产党在历史上第一次从法律上、组织上、宣传上和行动上提出和施行土地确权登记发证。抗日战争时期,为了团结一切可以团结的抗日力量,中国共产党将土地革命时期实行的没收地主土地政策改为"减租减息"政策。在解放战争期间,实行《中国土地法大纲》,即废除封建性及半封建性的土地制度,实行耕者有其田的土地制度。据统计,到1948年年底,全国大约在1.5亿人口的地区上完成了土地改革的任务,一亿多无地少地的农民获得了土地。新中国成立以后,我国于1950年6月30日颁布了《中华人民共和国土地改革法》(简称《土地改革法》),至此,"耕者有其田"终于以法律的形式被正式确定下来,农民实现了千百年来拥有土地的梦想。

《土地改革法》的正式颁布,规定废除地主阶级封建剥削的土地所有制,实行农民的土地所有制,以解放农村生产力,发展农业生产,开拓新中国工业化之路。土地改革始于1950年秋,到1952年基本完成。1953年春,除台湾以及西藏和新疆的民族地区以外,我国其他省份已基本完成土地改革的任务。全国3亿左右无地、少地农民及家庭分得原本归地主所有的耕地7亿亩左右,并获得大量生产资料,每年可减免3 000万t左右粮食地租负担,土地剥削制度被铲除,农民翻身得地,当上土地的主人,生产积极性空前提高,农村生产力获得解放,农业生产很快恢复和发展起来。1952年全国粮食产量和棉花产量均超过了中国有史以来最高纪录。与此同时,林业、畜牧业、水产业也发展得很快,短短三年间,就基本解决了粮食问题。经过土地改革后,刚刚诞生的人民政权由此受到农民特别是贫下中农们的极大信赖,党和国家也较好地履行了向农民作出的诺言,农村经济社会又好又平稳地实现了过渡。

2. 合作化时期土地公有制探索与实施:集中生产,落实集体所有制

土地改革在全国范围内完成后,农民拥有了自己的土地,生产积极性得到极大提高。但小农经营分散,生产方式落后,抗自然灾害能力差,再加上农村又出现了新的土地兼并和贫富分化。毛泽东同志认为,只有领导农民走合作化道路,实现生产资料公有制,才能实现"耕者有其田"的真正含义。鉴于此,1953年12月,中共中央通过了《关于发展农业生产合作的决议》,决议指出党在农村的根本任务就是要将农民生产联合起来,逐步实现过渡时期总路线"对农业的社会主义改造"。自此,我国开始了对农业的社会主义改造,引导农民走互助合作道路,合作化道路经历了"互助组—初级社—高级社"三个发展阶段。到1956年年底,农业生产合作化基本完成,标志着农业土地集体所有制形成。

1958年8月中央通过了《关于在农村建立人民公社问题的决议》,提出要将合作社办成"大社",将农户土地及全部生产资料交归集体所有。此后,"大社"逐渐发展成人民公社,1958年在全国掀起一场人民公社化运动。截至1958年10月底,全国74万多个农业生产合作社改组成2.6万多个人民公社,参加公社的农户有1.2亿户,占全国总农户的99%以上。1962年中央颁布《农村人民公社工作条例(修正草案)》,对当时的合作化经营方式进行了调整和修正补充,将人民公社定义为社会主义劳动群众集体所有制,实行公社、生产大队和生产队三级所有,以生产队为基本核算单位,以"三级所有、队为基础"为主要特征的农村人民公社,将公有制在中国农村的试验推向了高潮。

虽然农业合作化和人民公社阶段,农民私有转变为集体所有,经营方式变为合作社成员共

同经营，一定程度上解决了小农经济的局限性，但是抑制了农民的生产积极性，严重破坏了生产力。

由于改造进程过急过猛，80%以上的农民在短短的一年半的时间内加入初级社并随即转入高级社，在管理体制上过于强调农民集中生产，忽视了农业生产和手工业生产的特点，损害了农民的利益，挫伤了农民的生产积极性，对我国农业经济的发展产生了极为严重的负面影响。1966—1976年，农业劳动力投入、财政农业支出每年都在增加，而农业总产值年均增长率却在下降。从人民生活水平看，1976年全国农村每个社员从集体分得的收入只有63.3元，农村人均口粮比1957年减少4斤；1977年全国有1.4亿人平均口粮在300斤以下，农民实际生活水平徘徊不前。"文化大革命"结束以后，经济发展逐渐走上正轨，农民的思维日渐活跃，农村自发的各种改革形式不断涌现，改革的中心主要是改变当时集体经济模式下的效率和积极性低下等问题。

3. 拉开改革开放序幕：家庭联产承包责任制度

随着1978年中共十一届三中全会的召开，国家工作重点由"以阶级斗争为纲"转移到"以经济建设为中心"。为了摆脱贫困饥饿的现状，1978年年底，小岗村18户农民按下红手印搞起了"大包干"，此后，"大包干"在全国范围内广泛展开。随后，1979年9月，中央通过了《关于加快农业发展若干问题的决定》，首次提出允许实施"包产到户"，将这一做法以决策形式正式确定下来。邓小平在1980年的一次谈话中说，农村政策放宽之后，搞了"大包干"的地方，效果很好，这就为"包产到户"在更大范围的实施奠定了基础。1982年出台的中央一号文件是第一个关于"家庭联产承包责任制"的农村工作一号文件，明确了家庭联产承包责任制的主要形式。随后，"家庭联产承包责任制"的具体实现形式以及保障承包权稳定的相关法规不断完善。1984年中央一号文件规定了土地承包期一般应在15年以上。1988年的《中华人民共和国宪法修正案》进一步提出允许"国有土地、集体土地的使用权可以依法转让"，给土地流转提供了一定空间。这一时期稳定了家庭联产承包责任制这一政策，随后家庭联产承包责任制在法律地位、承包期延长、土地流转和承包经营权颁证等方面，得到进一步深化。1993年，家庭承包经营被写入修订后的宪法。同年，《关于当前农业和农村经济发展的若干政策措施》提出，为了稳定承包关系，鼓励农民增加投入，提高土地的生产率，在原定耕地承包期到期后，再延长30年不变。2002年颁布的《中华人民共和国农村土地承包法》与《中华人民共和国物权法》、2003年《中华人民共和国农村土地承包经营权证管理办法》以及2005年《农村土地承包经营权流转管理办法》等一系列农地制度相关法律政策公布实施，土地管理制度也逐渐完善。

家庭联产承包责任制将土地所有权与承包经营权分离，在生产资料集体所有前提下，以家庭为调整单位，极大提高了农民生产积极性、主动性，促进了生产力发展。可以说，这是为了实现真正意义的"耕者有其田"作出的伟大制度创新，但随着城镇化的发展，大量农民离土离乡，而土地承包经营权只能村内流转，导致大量土地被抛荒弃耕，不利于资源利用和粮食安全。

4. 21世纪的土地流转，揭开建设社会主义新农村的新篇章

早在21世纪初，处在改革开放前沿的江苏、浙江一带就已经开始了土地流转的尝试。2008年10月12日，《中共中央关于推进农村改革发展若干重大问题的决定》(以下简称《决定》)，标志着我国农村土地改革进入快速发展时期。《决定》指出，加强土地承包经营权流转管理和服务，建立健全土地承包经营权流转市场，按照依法自愿有偿原则，允许农民以转包、出租、互换、转让、股份合作等形式流转土地承包经营权，发展多种形式的适度规模经营。有条件

的地方可以发展专业大户、家庭农场、农民专业合作社等规模经营主体。所谓土地流转，就是指在保持农村土地集体所有制和家庭承包制不变的基础上，农用地使用权的转移。其实质是除所有权外的其他产权主体的易位，不同产权主体通过产权调整，优化农用土地利用结构与农业生产结构，体现农用地的资产价值，实现农用土地资源的优化配置。土地流转不仅增加了农民的收入，使农民的收入趋于稳定，更重要的是有利于土地的规模经营和集约经营，实现了土地经营模式的又一次飞跃。它不仅有利于机械化耕作和新技术、新品种的引进，有利于促进农业科学技术的进步，大大提高了农业生产率，也推动了农业产业化经营的发展，加快了农村城镇化建设的进程。从各地农村土地流转的实际情况看，土地流转的主要形式包括：土地置换、承包户自主有偿或无偿转包、租赁、股份合作等。

但是在当前农村土地流转具体实施的过程中，也出现了一些需要进一步解决的问题。一是部分转入土地存在非粮化趋势。由于受效益最大化的驱使，许多地方土地流转以后用于种植收益较高的经济作物或者果树，如果一味地任其发展下去，将对粮食安全构成实质性的影响。二是存在一定的非农化现象。在一些大城市的郊区，随着城市的扩张、旅游业的快速发展，部分流转土地主要用于建设农家乐设施，有的还用于建造宾馆、酒店、会议中心等服务性设施，实际上是变相的建设用地开发。三是在土地流转过程中，个别地区存在侵害农民合法权益的行为。一方面违背了自愿原则，强制农民流转现象时有发生。个别地区没有认识到土地流转的主体是农民，在工作中还存在“错位”“越位”的现象，在土地流转问题上，采取“一刀切”的简单化操作方式，出现强制性流转现象，严重损害了农民的利益。另一方面土地流转缺乏对农民利益的保护机制。在土地流转前，缺乏对种植大户和企业业主农业经营能力的资格审查和对市场的评估。

因此，在土地流转过程中，一定要不断总结经验和教训，完善新的经营模式，使其在社会主义新农村建设中发挥更大的作用。同时，还应该看到土地流转只是土地改革中的新生事物之一，但也不是唯一的形式，还可能有其他各种新形式出现，要善于总结、勇于接受。土地是农业发展最基本的生产资料，也是农民最基本的生活保障，而农民则是农村经济发展和稳定的主力军。农村稳则国家稳，农民富裕则国家富裕。

(二)农村土地改革对发展农村经济的影响

1. 农村土地改革对农村生产和农民受益的影响

第一，农村新土地政策的颁布实施，拓展了农民的土地权能，搞活了土地承包经营权，提高了农村土地的流转效率，加快了大面积土地集中进行作物种植和统一机械化运作的步伐，大大提高了作物种植、管理以及收割效率，有效控制了农药、化肥等对环境的污染，为现代农业种植新思路提供了实践借鉴。第二，通过土地流转政策，大幅度解放了农村生产力，为加快我国城市化建设步伐提供了建设人员保障。第三，农村人员进城后，可以从事多种多样的职业，既可以加快我国各行业的建设步伐，同时又可以通过个人劳动成果获得较高的收益。这对于我国建设全面小康社会中的“全面”中的两条意涵“覆盖的人口要全面”“覆盖的区域要全面”的实现，提供了现实可行的道路。第四，党中央明确规定了农村集体经营性建筑用地与国有土地同等上市的权益，并且同权同价，农村可以合理运用相关政策，在农村集体经营性建筑用地上寻找新的经济发展突破点，这无论对农村经济发展还是对农民创收都是极为有利的。

2. 农村土地改革对农村经济的影响

第一,农村土地改革政策的全面推动,强化了"市场在资源配置中具有决定性作用"这一重要论述,力争减弱农村经济对政府宏观调控的依赖性。党中央通过放活农村土地承包经营权、明确农村集体经营性建筑用地与国有土地同权同价等一系列相关政策,为农村经济发展方式的灵活和多样性提供了政策上的保障,鼓励农村发展自身的经济,充分发挥其主观能动性,调动一切积极因素,提高农村经济的活跃度,让农村经济发展的潜能全面释放。第二,"建立城乡统一建设用地市场"政策的重点实施,有效地打破了目前城乡二元结构下的土地市场布局,为通过房地产领域实现城市经济带动农村经济提供了切实可行的路径。

(三)农村土地改革对城市发展的影响

1. 耕地保护及其对城市发展空间的影响

在一段时期内,城市过快地蔓延发展,造成了耕地资源的快速减少。1997—2006 年,非农建设用地以年均 17.78 万 hm^2 的速度占用耕地,占这一期间耕地减少总量的 15.37%,2006 年,这一比例高达 28.71%,很大程度上造成耕地数量锐减。2020 年全国总人口已达到 14 亿多,城市化水平达到 50%,2023 年城市化水平已达 65%。耕地尤其是优质耕地减少的压力将随城市化进程而持续加大。

党的十七届三中全会提出,坚持最严格的耕地保护制度,坚决守住 18 亿亩耕地红线,这一决策不仅有利于推进耕地保护责任的落实,增强我国粮食安全能力,而且还对城市发展空间产生一定影响。主要体现在以下几方面:

一是基本农田保护区尤其是永久基本农田区,将成为城市空间拓展的禁止性区域,而且为了更有效地保障农产品安全,基本农田保护区域与城市发展空间之间将需要构建必要的生态绿带。城市污水排放、垃圾处理等有关用地布局也需要从这一角度加以考虑。

二是按照决定提出的"基本农田质量有提高"的要求,城市周边、成片的优质耕地将得到更为严格的保护,这在一定程度上也使得城市发展空间布局有更大的可能向耕地质量相对贫瘠、土壤污染问题较为突出,但不影响人类健康的区域发展。

三是耕地保护尤其是基本农田保护,在大的空间布局上对城市空间拓展产生了严格的限制,由此也将使得城市布局更加紧凑,城市土地节约集约利用水平也得以进一步提升,就业与居住相对平衡的用地方式有更大可能得以积极推行,城市居民出行时间和成本增长过快、城市交通用地需求过大等问题也将会有一定限制。

四是最严格的耕地保护制度实施,在影响城市发展空间布局与用地模式的同时,也在城市周边构筑起了相应的生态空间,将更有利于城市人居环境的改善。

2. 征地制度改革及其对城市发展成本的影响

改革开放前 30 年,我国通过工农产业剪刀差方式,为工业化、城市化发展积累了资本;改革开放后 30 年,我国更主要的是通过征地方式积累资本,有效保障了工业化、城市化发展。但城乡土地收益分配关系问题业已演化为当前社会发展中主要的社会矛盾。为此,虽然从 20 世纪 90 年代中期开始,就提出要进行征地制度的改革,主要体现为对补偿标准的提高,这在 1999 年实施的现行《土地管理法》中也有所体现。随着城市建设、工业发展的加快,市场地价飙升迅速,财政贡献大,而征地补偿地价提升很慢;加之由于我国没有对何为征地的公益性范畴作出明确的司法解释,征地范围也不仅局限于《宪法》《土地管理法》所规定的公益性范围,越是经营性强、收益高的经营性项目，地方政府越倾向于采取征地的方式，对于高速公路、铁路项目，政府则倾向于采取土地入股的方式；加之《土地管理法》实施条例规定，不得因为土地补偿纠纷，而影响征地工作的推进，更加使得地方政府陷入“多征地—多卖地—财政收入高—多征地”的怪圈，加剧了城乡矛盾尤其是农村区域的经济社会矛盾。

为此，中共十七届三中全会决定明确提出，改革征地制度，严格界定公益性和经营性建设用地，逐步缩小征地范围，完善征地补偿机制。这对于城市发展的影响将体现在以下几个方面：

一是逐步提高征地补偿价格将不断抬高城市建设与发展的成本。为了维持征地补偿政策的稳定性，我国征地补偿是采取逐步提高，不断逼近市场地价的方式。从 2009 年开始，我国全面实施征地补偿区片价制度，该制度实施不分地类、不分土地用途，同一区片同一价格的补偿方式，从全国各大城市总体情况来看，这较现行《土地管理法》法律规定的补偿价格大概提高了 3～10 倍，但与征地过程中的实际补偿价格差异可能不太大。

二是征地范围的调整也将大大提高城市发展成本。当前非农建设用地主要通过征地方式取得，今后改革趋势将向以下几方面变化：

①对征地的用途有限制，主要是更加严格地限制在公益性用途上。根据中国土地勘测规划院的有关研究报告，所谓公共利益，是指以国家为投资主体、不以营利为目的、为社会公众服务、效益为社会共享的公共设施和公益事业项目。这些地类包括军事设施，国家重点投资的用于交通运输的道路，能源、水利、市政等公用事业设施和其他公用场所，政府办公设施和政府、公共团体投资的文化、教育、卫生、科技等公共建筑等。②将城市用地纳入征地范围，这是因为城市区域承载的公共物品多。但对于建制镇是否纳入征地范围有两种观点：有观点认为建制镇集中了众多公共物品，应该纳入征地范围；但也有观点认为从建设社会主义新农村的角度，尤其是从降低建制镇建设与发展成本的角度出发，应该允许农村集体土地直接用于建制镇建设。

三是征地补偿机制的完善，也将使得被征地农户能够有更多的机会分享城市经济社会发展的成果，从而增加城市经济社会发展的成本。尤其是对于被征地农户的补偿，不仅局限于征地补偿费，而且还涉及社会保障、就业及住房安置等方方面面的问题。从当前来看，一些城市政府的被征地农民社会保障标准还不如城市“原居民”，安置的经济适用住房不临近城市中心，不够方便，接受城市服务不便利。从今后来看，被征地农民终将享有与城市居民同等的社会保障水平。

3. 农村集体建设用地流转及其对城市土地出让市场的影响

虽然我国相关部门从 20 世纪 90 年代就在江苏、安徽、广东等地的有关市县开展了农村集体建设用地流转的试点，并且，在 20 世纪 90 年代末期，农村集体建设用地流转业已在一些经济发达城市地区有组织、大规模地开展。一些经济相对欠发达的城市郊区租赁、大卖场等各种形式的农村集体建设用地流转发展也很快，但有关政府部门出于地方利益等的考虑，对此大多视而不见，乃至采取“依法处理”。但市场的发展是不以人的意志为转移的，在征地与出让巨大利差的吸引下，以及用地的便利性的影响下，农村建设用地流转发展迅速，反而使得当时的政府部门显得措手不及。

随着农村土地权益保护与土地权益体系建设问题得到更加广泛的重视，农村集体建设用地流转也在党的十七届三中全会决定中得到了必要的重视，并明确提出，逐步建立城乡统一的建设用地市场，对依法取得的农村集体经营性建设用地，必须通过统一有形的土地市场、以公开规范的方式转让土地使用权，在符合规划的前提下与国有土地享有平等权益。这为农村集体通过市场机制实现土地权益提供了政策保障。

农村集体建设用地流转在保障农村集体土地权益实现的基础上，也对城市土地出让市场产生一定影响，具体有以下几个方面：

一是农村集体建设用地流转量对城市土地出让市场的冲击。农村集体建设用地面广量大，出让主体多(众多农村集体经济组织)，尤其是更多地集中在城郊区域，因此，不可避免地对城市土地出让市场产生相应的竞争。

二是农村集体建设用地流转价格相对较低对城市土地出让市场的冲击。由于农村集体建设用地没有经过征用，所含的税费较低，流转价格也相对较低，这也不可避免地对城市土地出让市场产生影响。

三是农村集体建设用地流转对城市土地出让金的影响。城市土地出让金占城市财政收入的1/3乃至1/2、2/3，农村集体建设用地流转收益主要归农村集体所有，因此，农村集体建设用地流转不可避免地会影响城市政府出让金收入，从而将影响政府的城市土地出让金收入。

为此，在城乡土地市场一体化建设的过程中，为了增强城市政府的调控能力，需要进一步完善相关制度：

①建立地方政府的优先购买权制度。即为了防止或减少各个农村集体经济组织低价出让土地、竞相压价的现象，在同样价格条件下，城市政府具有优先购买权，从而维护土地市场秩序。

②拓展土地增值税的内涵，对农村集体建设用地流转征收土地增值税。这是因为农村集体建设用地增值不同程度上是由城市建设导致的，政府应该征收土地增值税，平衡土地收益，促进城市基础设施建设。

③依据土地利用总体规划和城市总体规划，严格确定农村集体建设用地流转的时序。只有这样才能使得农村集体建设用地流转更加有序，减少农村集体建设用地流转对于城市土地出让市场的影响。

二、农村土地改革的具体政策和案例

农村土地是农民生产生活的空间载体和增收致富的重要资源。实现乡村振兴，离不开农村土地制度改革的支撑。做实做活农村承包地、宅基地“三权分置”改革，既要激活土地要素，又要保障农民土地权益，是各级党委政府落实中央改革部署的重要任务。本案例选用陕西省榆林市榆阳区赵家峁村、山东省阳信县和贵州省安顺市平坝区飞虎山生态农业观光园为例，介绍土地改革的具体政策和相关措施。

(一)赵家峁村的主要做法

1. 打出“土地牌”：化零为整、还权赋能，以“三变”改革开辟农村产权制度改革新天地

赵家峁村作为陕西省第一个以资源性资产作为改革重点的集体经济组织，在改革中探索出了“确权确股不确地”的土地经营模式，实现了“资源变股权、资产变股金、农民变股民”的重大转变，被广大农民称为陕北农村土地的“第三次革命”。

(1)以“确权”定盘子　2013年,赵家峁村启动了国家京津风沙源二期治理移民搬迁项目,2014年配套实施了现代设施农业项目,通过这两次土地集中开发整理,村里沟沟峁峁的小块地变成了集中连片的大块地,土地面积明显增加。可是,新增加的土地归谁却成了问题。在这种形势下,赵家峁村提出了“土地确权”,即明确土地所有权属于村民小组集体,农民只有承包经营权。这样一来,既坚持了农村土地集体所有这个大前提不变,又推动形成了所有权、承包权、经营权“三权”分置、经营权流转的良好格局。

(2)以“确股”添动力　2015年,赵家峁村开始以打造休闲度假村为牵引,全面发展乡村旅游。可是,随着项目的推进,很多问题相继而来,例如,村民投入的资金、用作游客体验式民居的老旧房产、林木财产等怎么算?为了解决这些难题,赵家峁村引入了“股份制”的理念,即把土地、人口、劳动贡献、资金、旧房产等转化为股权(其中,土地股占38%,人口股占22%,劳动贡献股占5%,资金股占23%,旧房产股占12%),并把这些股份量化到人。通过“确股”,每个农民手里有了“五个产权”,极大激发了广大农民参与的积极性。

(3)以“不确地”开新局　在股权量化后,如何对土地经营管理又成了摆在村委面前的一道难题。经过多次研究论证,赵家峁村又创造性地提出了“不确地”的办法,即把土地承包经营权转化为股份后,每户人家不再具体经营某一块指定的地,而是由村股份经济合作社集中进行流转经营。通过这一措施,有效破解了山区土地零散、贫瘠撂荒、资源利用率低下的窘境,实现了土地的“化零为整”,促进了农村土地的规模化、集约化、产业化经营。

2. 打出“产业牌”:因地制宜、聚力攻坚,以“三农”工作厚植农村集体经济新优势

赵家峁村原本是陕北黄土高原上一个典型的纯农业村,在实施产权制度改革前,村庄“空壳”、集体“空心”、民居“空巢”现象十分严重。“三变”改革的实施,不仅彻底解决了“三空”问题,同时还从根本上夯实了村级集体经济的“基础桩”,走出了一条“农业强、农村美、农民富”的道路。

(1)聚焦农业强,在推动产业兴旺上打出“组合拳”　《国务院关于促进乡村产业振兴的指导意见》(国发〔2019〕12号)中指出,产业兴旺是乡村振兴的重要基础,是解决农村一切问题的前提。赵家峁村在实践探索中,坚持以特色产业为支撑,形成了具有乡土特色的两大优势性产业——现代特色农业和休闲农业。一方面,在促进现代农业提质上,赵家峁村建成40亩设施果蔬、150亩山地苹果、150亩葡萄种植区、30亩以酥梨为主的设施农业和时令水果采摘区、35亩现代养殖小区和300亩葡萄酒加工基地。另一方面,在推动休闲农业发展上,赵家峁村结合独有的立地条件、村情风貌、生态文化等资源优势,以赵家峁大梁为中心栽植大扁杏和各种风景树,打造出“春赏花、夏品果、秋观叶”的杏树文化景观,建成大扁杏基地和葡萄酒庄基地,构建起水果种植、舍饲养羊、高标准农田示范、生态经济林、旅游观光五大主导产业,成了“中国美丽田园——榆阳区杏花景观”的核心板块和重要景点。

(2)聚焦农村美,在实现生态宜居上绘制“工笔画”　2019年中央一号文件指出,要扎实推进乡村建设,加快补齐农村人居环境和公共服务短板。在打造美丽农居方面,赵家峁村以新农村现代化移民小区建设为抓手,建成占地96亩的二层小别墅112套。在新农村基础设施配套方面,村卫生室、医务室、警务室、老年活动中心等一应俱全,特别是老年幸福院的建成,让全村65岁以上的老人都有了免费吃饭之所,极大提高了留守老人的幸福指数。目前,赵家峁村已经初步建成“一山一水一片绿,宜居宜业宜旅游”的美丽乡村图景。

(3)聚焦农民富,在促进生活富裕上下功夫　生活富裕是乡村振兴的根本,也是实现全体

人民共同富裕的必然要求。2013 年 6 月以前,赵家峁村是省级贫困村,全村有 150 户贫困户,占总户数的 90%,贫困人口 470 人,占总人口的 81.7%。通过农村集体产权制度改革,2019 年赵家峁村贫困户占比从 90%下降至 3%,贫困人口从 81.7%下降至 2.4%。同时,随着村集体经济的快速壮大,农民也由村民转变为股民和产业工人。仅 2016 年,全村村民在园区、旅游区务工率就超过 80%,工资性收入达到 50 多万元,户均超过 1 万多元,村民可支配收入比 3 年前翻了一番,有效消除了贫困,实现了稳定脱贫。

(二)阳信县的主要做法

阳信县地处鲁北平原黄河三角洲腹地,下辖 2 个街道办事处、7 个镇、1 个乡。总面积为 7.92 万 hm^2,其中耕地为 4.67 万 hm^2,2018 年末总人口数为 47 万,其中,农村人口数为 30.6 万,约 11 万户,是典型的北方农业县。农村居民人均可支配收入 14 798 元,农村居民人均消费支出 9 915 元。2018 年以来,该县立足"乡村振兴"这个目标,坚持以问题为导向,促进农村土地"三权分置"改革落地见效,取得了显著成效,为北方农村地区深化土地制度改革、促进兴村振兴提供了可借鉴的经验。

1. 坚持问题导向,找"短板"、觅"弱项"

阳信县坚持问题导向,通过多种途径,对全县土地利用情况进行摸底,精准定位出全县土地利用的"短板"和"弱项"。

(1)村集体对四荒地的所有权弱化虚化　荒沟、荒滩、荒堐、荒地等农村土地,就法律规定而言,其所有权归相应的村集体所有,应该由村集体经济组织或者村民委员会向外发包。但多年来,由于具有难开垦、难种植、碎片化等特点,难以实施家庭联产承包经营进行利用。有的被长期闲置,有的被村民无序开垦。农村集体对四荒地的所有权被虚化、弱化成为不争的事实,严重制约土地资源的集体管理。

(2)土地成方连片适度规模经营难　土地流转和适度规模经营发展有利于各生产要素的优化组合和高效运行,是农村发展的必然选择。但土地流转对个人家庭来说,到底合不合算,农户有自己的打算,有的积极支持,有的坚决反对,有的模棱两可。党委政府必须防止搞"一刀切",要在农民自愿的基础上进行引导。这给工作实践带来一个难题:愿意流转的农民土地分散,不能成方连片,难以形成规模经营。

(3)宅基地废弃闲置普遍、空心村现象突出　随着城镇化进程的加快推进,农民进城务工、在城市买房的越来越多,阳信县空心村和闲置废弃宅基地现象比较突出。受传统观念和基层党组织弱化的影响,农村闲置废弃宅基地游离于村集体和村民之外,成为闲置资源,影响村容村貌,制约生态宜居目标的实现。

2. 探索土地"三权分置"实现形式,盘活利用土地资源

(1)清产核资明确土地资源归属,让四荒地变身为增收田　阳信县抓住农村集体产权制度改革这次重大机遇,依靠细致全面、公平公正的清产核资工作来破解难题。为保证资产登记的公平公正,阳信县特聘专业公司海天地理信息测绘有限公司对农村集体土地进行清点核查,坚持严格程序,精细操作,最终将确权到户之外的土地资源全部量化登记到集体名下。不仅依法依规将确权到户之外的四荒地重新掌控到村集体手中,而且名正言顺地将四荒地变为村集体的资产,实现了村集体对四荒地所有权模糊到清晰、虚化到实化、抽象到具体的转变,为村集体以地生财提供了前提条件。阳信县在股权量化并科学设置股权的基础上,引导推动村集体

成立新型集体经济组织，选举能人来经营村集体的四荒地等资源，四荒地成为集体经济组织增加新收入的重要来源。

(2)坚持“定量不定位”原则促进土地流转，让承包地增产增值　阳信县以承包地“定量不定位”政策来破解土地成方连片适度规模经营的困难。首先选取试点，将确权到户的家庭承包地的合同面积量化登记到股权证中，在股权证“其他资产”一栏进行登记，成为农户名下的个人资产，使农户在土地承包经营权证之外，又拥有了股权证来保证自己对土地的承包经营权，给农户土地承包权益上了“双保险”，减少了他们对土地流转的后顾之忧。其次，大力推行“土地定量不定位，家家户户一块田”，不再用明确四至的方法界定农户的承包地位置，而是用明确数量的方法界定农户承包地数量，实现了土地合并和平移，小农户和种粮大户的土地成方连片，适合规模经营、机械作业。从此，农户不用担心自家土地“被流转”，农业大户不用担心土地不能成方连片，阻碍适度规模经营，双方都吃上了“定心丸”。再次，通过引导承包地有序规范流转促进承包地适度规模经营，引导合作社为农业生产提供产前、产中、产后“一条龙”服务，增强农业生产的现代化程度，增加了承包地的产出效益。2019 年底，阳信县被评为山东省“两全两高”农业机械化示范县，全县土地适度规模经营化率达到 63.55%，99% 的行政村都成立了新型农村集体经济组织。

(3)用活宅基地，让闲置废弃旧宅基焕发新生机　阳信县根据农村宅基地“三权分置”改革和鼓励农村宅基地有偿退出的要求，对闲置废弃宅基地实行村集体依法实施宅基地所有权，保证村民的宅基地资格权，管理或流转其使用权，保障其收益权，对闲置废弃宅基地进行丈量，明确四至和农户管理权，赋予其收益权。拆整费用由政府出资，拆整后综合利用的收益由村集体经济组织和村民按照 2∶8 的比例分成。因为最大限度保障了农民财产权益，调动了他们参与闲置废弃旧宅基的积极性。各村对于拆整出来的宅基地，通过规划新建房屋、增减挂钩拆旧复垦、发展绿化经济、对外租赁、建设文化场所、建设村办公场所等方式进行综合利用，让闲置废弃旧宅基焕发出新生机。因该项工作突出，滨州市多次在阳信县召开宅基地综合利用现场会。其中，温店镇综合利用闲置废弃宅基地的先进做法在滨州市范围内推广，流坡坞镇多次进行典型发言。

(三)飞虎山生态农业观光园的主要做法

飞虎山生态农业观光园坐落在贵州省安顺市平坝区白云镇，于 2016 年 3 月由飞虎山生态农业种植专业合作社创建，园区主营无公害大米、水果、蔬菜、花卉、药材种植，特色家禽、牲畜、水产养殖、生态林园、休闲农庄、乡村休闲旅游等产业开发，核心区规划总面积 10 030 亩，覆盖 5 个行政村 12 个自然村寨。

观光园创建以来，坚持“人人当老板、户户是股东、共同奔小康”的创建目标，有效激发了村民的内生动力，整合盘活了闲置的土地、劳动力等要素资源，实施产业主导、农文旅结合、一二三产融合发展，完成了核心区红不软桃基地、猕猴桃基地、四季果园基地、中药材葛根基地等的规划建设，给当地群众带来了巨大实惠。

1. 继续深化农村土地改革，减少产业融合发展的障碍

要继续深化“资源变资产”改革，引导农户以土地经营权入股飞虎山生态农业观光园，采取“土地租金＋工资收入＋按股分红”等多种方式，让农户分享加工、销售环节收益，实现农民增收；放活农村用地审批权，根据实际制定、调整土地规划。如根据“飞虎山生态农业观光园”发

展的实际需要，给予适当的建设用地指标或者其他方式给予用地支持，用以承接“水上乐园”等三产项目落地。实现第三产业反哺农业，为现代农业企业的发展壮大创造良好的环境。

2. 完善土地流转的法规，增强村民的履约意识

修订完善相关法律法规。在《物权法》《农村土地承包法》等法律法规中增加土地承包经营权可以入股、抵押的规定，为土地流转、发挥农村土地的生产要素功能提供基础性法律支撑，规范流转手续。土地流转双方向村集体或者土地流转中心提出流转申请，明确土地流转形式、补偿标准、流转期限，依法签订流转合同，做好流转合同的公证以及登记工作。最后妥善处理土地纠纷。引导村民通过调解、诉讼和仲裁等方式解决土地纠纷，严格禁止私自改变土地用途等违法行为。

3. 鼓励适度规模经营，拓宽收入渠道

鼓励通过经营权流转、代耕代种、土地托管等多种形式形成规模经营，引导农民发展适度规模家庭农场，与飞虎山生态农业观光园的规模化、产业化经营形成“绿叶＋红花”的效果。支持新型农业服务主体成为现代化农业的骨干力量，扶植育苗、农机作业、农田灌溉等经营性服务组织，发挥规模经营在农业机械、绿色生态发展、市场对接等方面的引导作用。产业融合发展，让农民共享产业融合发展的综合收益。如鼓励农民开办农家乐、通过“黔货出山”平台销售无公害、绿色农产品等，引导农民参与农业产业的发展，积极与市场对接，共享农业收益。

4. 多种方式吸引和使用人才，稳定与村两委关系

针对各类人才缺乏的实际，一方面引进来，通过“互联网＋”邀请省市县及全国各地农业专家对飞虎山生态农业观光园进行远程指导；另一方面派出去，村里选派优秀青年去学习取经，培养自己的农业技术人才。村两委班子也要主动融入飞虎山生态农业观光园的产业发展并加强服务，做好村民的思想以及宣传解释等工作，鼓励土地承包经营权向家庭农场、农业企业流转，为农业的产业化、规模化创造良好的环境。

三、农村土地改革的问题和建议

农村的土地改革发展到这一阶段，积累了大量丰富的经验。但由于家庭联产承包责任制是土地由国家控制，集体承受国家控制的一种制度安排，在集体所有制的条件下，实现农民对土地的直接经营权，不足之处是缺乏统一的土地流转价格指导办法及纠纷处理办法，有的流转模式还容易使农民的发展权无法得到保障，农民对土地的占有、使用、收益等权利无法充分实现。

安全的土地制度是提高农业生产效率的关键，明晰而确定的土地权利是改善透明性、增加问责制、改进治理效果以及减少与土地相关的法律纠纷的关键。健全的土地制度是城乡经济持续繁荣、社会和谐稳定的重要支柱。在改革现行土地制度上，充实农民的土地使用权利是重要内容，农民应该拥有完整的土地使用权利。在此基础上，中国农村土地的改革可以放弃对农村土地所有权的争论，从充实农村居民对土地的完整使用权出发，保证农村居民主要的实质性财产权利。

(一)农村土地改革存在的问题

1. 农民对土地的所有权残缺

现行农村有乡镇、村、社三个不同级别,在不同程度上都拥有农村集体土地产权,但国家对“集体”的法律规定不明确。农民虽有对土地的使用权,但实际上不具有对土地的占有权、独立经营权、自由转让权、入股权、抵押权以及继承权等。产权的不完全致使土地的承包期有限,一些农民采用掠夺性经营方式,导致土地贫瘠化加剧。这些因素抑制了农民对土地的投资和经营积极性,也影响了农民收入的增长,更严重影响了土地的休养生息,制约着农业和农村的可持续发展。

2. 人地矛盾突出,获得规模生产效益不易

我国耕地面积总量大,但人均耕地面积仍然居于世界平均水平之下,人口和土地之间的矛盾是我国的基本国情。家庭联产承包责任制实行至今,基本上都是根据农村集体土地的质量和数量,将土地按本地人口或已有劳动力平均分配。这种分配方式导致农村土地生产经营分散,成不了规模化的效益。随着城镇化进程的不断加快,开发区、房地产等层出不穷,使有限的、不可再生的土地资源严重流失,造成农村耕地面积不断减少。在我国,不同地区之间的人口分布和土地资源又很不均衡,若只按人口平均分配土地,很容易造成人地矛盾加剧,人地关系结构失衡。

3. 农产品供给层次不高

目前,农产品进入市场面临各种困难:首先是分散的主体无法应对激烈的市场竞争以及市场需求变化等带来的巨大风险;其次是经营比较封闭,组织化程度不高,造成农产品直接进入市场的费用上升;最后是获取市场信息以及对信息分析、筛选、判断、选择的能力不够强,从而造成农业资源的巨大浪费。

(二)对农村土地改革的政策和建议

1. 建立健全耕地保护制度,强化农民土地承包经营权

进一步完善《土地管理法》《农村土地承包法》《物权法》等相关法律制度,赋予农民永久的完整土地权利,即使用收益权、转让权、独立生产和经营权、农产品的处置权,以及土地被征用或征收的补偿权利等,完善土地产权制度,克服当前土地产权残缺的弊端。

做好土地承包经营权的确权、登记和颁证工作,统一设计土地承包合同和土地证书,对农民的土地权利给以法律保护。

建立健全土地承包经营权市场化流转机制。随着工业化、城市化不断推进,大部分农村劳动力会选择永久非农就业,从而土地不断集中,农户经营规模不断扩大,政府应在健全土地法规、界定土地产权和制定土地流转规则上,积极探索建立“依法、自愿、有偿”的市场化的土地承包经营权流转机制,培育土地使用权转让市场。

2. 以保护农民权益为核心,改革征地制度,改进对失地农民的安置工作

改革现存的政府强制征地的法律体制,通过严格界定“公共利益”,缩小征地范围,使农村建设用地市场化,推动建设城乡统一的土地市场机制。只要政府是新增城市土地的唯一提供者和农地转换为市地的唯一仲裁者,强制性的土地征用就会不可避免地普遍存在,因此,需要

同时采取措施减少政府对农地转换为市地的一级市场垄断地位。

完善征地补偿机制，保障农民合法权益。目前，我国不是按照土地的实际价格对失地农民进行补偿，而是按征用土地的原用途进行补偿，补偿标准偏低，严重损害了农民的利益，因此，征地补偿必须以土地的市场价值为依据，制定详细、严格的评估标准，评价被征用土地的市场价值。此外，土地还发挥着社会保障的作用，给被征地农民的补偿还应当包括对生产资料的补偿和对未来生活保障的持续补偿。从长远看，为失地农民建立社会保障是保障失地农民权益的根本途径，政府应从土地出让收益中按一定比例注入失地农民的社会保障基金，将失地农民纳入城镇职工社会保障体系，将其保障水平与未来土地收益挂钩，建立包括最低生活保障、养老保障和医疗保障在内的失地农民社会保障体系。

通过建立健全失地农民再就业培训机制，促进失地农民就业。政府对自谋职业和自主创业的失地农民在贷款、税收、场地等方面应提供优惠政策，鼓励和扶持失地农民发展生产。

3. 强化农民对宅基地的权力，培育农民宅基地市场

明确农民宅基地的永久性用益物权。在规范农民宅基地审批的基础上，尽快制定农村宅基地管理、流转及集体土地农民住宅拆迁补偿办法的法规，明确界定农村宅基地的标准和内涵，明晰宅基地的产权，充实宅基地的转让权、抵押权、收益权等用益物权，明确集体建设用地流转、收益分配等问题，维护农村宅基地的用益物权。逐步探索建立农村宅基地流转市场。随着农村劳动力的转移，农村宅基地存在大量闲置，应在保护农民宅基地的权利的基础上，组织开展“空心村”和闲置宅基地、空置住宅、“一户多宅”的调查清理工作，优化宅基地土地资源配置。同时，结合村镇建设规划，科学合理调整村镇建设规划布局，实现集约、节约用地，推动宅基地整理和居民点的优化。

参考文献

白俊超．我国农村土地制度改革研究[D]．杨凌：西北农林科技大学，2007.

曹煜玲，钱欣莹．乡村治理现代化情景下农户土地流转意愿政策影响效应[J]．长春大学学报，2022，32(9)：1-7.

陈茂玲，巩前文．农村土地制度探索与改革的百年历程[J]．农村经营管理，2021(7)：20-22.

陈小君．我国农村土地法律制度变革的思路与框架：十八届三中全会《决定》相关内容解读[J]．法学研究，2014，36(4)：3-25.

高文学．土地改革的政治现代化意义[D]．湘潭：湘潭大学，2017.

葛于鹏．建国初期江苏土地改革运动探析[J]．中国石油大学胜利学院学报，2020，34(4)：87-90.

郭德宏．土地改革史若干问题论纲[J]．近代史研究，1987(3)：59-76.

郭晓鸣．中国农村土地制度改革：需求、困境与发展态势[J]．中国农村经济，2011(4)：4-8，17.

韩长赋．土地“三权分置”是中国农村改革的又一次重大创新[J]．中国农业会计，2016(3)：62-64．

胡永鑫，杜军，郭婳．持续深化土地改革护航高质量发展[N]．许昌日报，2022-11-10(001)．

黄贤金．农村土地改革对城市发展的影响[J]．现代城市研究，2009，24(1)：12-15．

经凤．中国共产党领导农村土地制度改革的理论与实践研究[D]．重庆：重庆工商大学，2022．

李厚喜，苏礼华．推动当前中国农村土地制度改革的政策建议[J]．地方财政研究，2011(1)：56-59．

李杰，张光宏．农村土地制度与城镇化进程：制度变迁下的历史分析[J]．农业技术经济，2013(2)：104-111．

李宇佳．土地流转对农业经济的影响分析[J]．河南农业，2022(20)：19-21．

刘丙林．浅析当前农业土地流转存在的问题及对策[J]．安徽农学通报，2022，28(9)：136-138．

刘锐．如何解读党的十八届三中全会土地制度改革精神[J]．国家行政学院学报，2014(1)：23-27．

刘守英．土地改革要坚持问题导向[J]．农村经营管理，2014(4)：27．

刘卫东．当前我国土地改革中的若干重要问题[J]．人民论坛·学术前沿，2014(5)：62-67．

刘鑫．党的土地改革动员逻辑思考[J]．南方论刊，2022(7)：3-4，8．

刘永辉．建国以来我国农村土地制度改革的回顾与思考[J]．传承，2015(12)：28-29．

刘永佶．论中国农村土地制度的改革[J]．中国特色社会主义研究，2014(1)：40-50．

刘志忠，张浩然，欧阳慧．乡村振兴下土地流转的收入分配效应研究：基于农村劳动力就地转移的视角[J]．学术研究，2022(8)：83-91，177．

芦津华．乡村振兴战略背景下农村土地“三权分置”改革研究：以山东省阳信县为例[J]．中国高新科技，2020(15)：81-82．

陆文．新中国农村土地制度的改革历程[J]．党政干部学刊，2011(7)：49-50．

罗红云．中国农村土地制度研究 1949—2008[D]．上海：上海财经大学，2010．

明亮，郝儒杰．我国农村土地制度改革研究综述[J]．山西经济管理干部学院学报，2018，26(1)：22-25．

秦剑军．建国以来我国农村土地制度的嬗变[J]．经济问题探索，2011(2)：24-27．

饶漱石．解答若干有关土地改革的问题[J]．山东政报，1950(10)：67-72．

任俊杰．推进土地流转促进农机合作社发展的思考[J]．当代农机，2022(6)：95-96．

唐栋．深化农村土地改革探索农村农业产业振兴：以安顺市平坝区飞虎山生态农业观光园为例[J]．农家参谋，2020(3)：56，66．

武靖凯．从破冰到破题：陕西省榆林市榆阳区赵家峁村农村土地改革实践的思考[J]．支部建设，2019(25)：22-25．

许琼英．浅析农村土地改革的问题与对策[J]．发展，2014(4)：86-87．

续瑞丰．简析农村土地改革对发展农村经济的影响[J]．经贸实践，2017(12)：71．

杨德利，周璐．土地流转对农户家庭收入影响研究：基于代际差异视角的分析[J]．价格理论与实践，2022：1-5.

杨淑涵．我国农村土地所有制发展演变及经验研究[D]．北京：外交学院，2022.

张兰，冯淑怡．建党百年农村土地制度改革的基本历程与历史经验[J]．农业经济问题，2021，42(12)：4-15.

张文选，陈绪杨，韦杰．农村土地流转影响因素及效应分析[J]．当代农机，2022(8)：82-83.

张晓山．土地改革应注意的四个问题[J]．农村经营管理，2019(4)：44.

赵新潮．我国农村承包土地“三权分置”研究[D]．石家庄：河北经贸大学，2016.

朱哲，刘光前．加快农村土地改革构想[J]．农村经济与科技，2022，33(13)：34-37.

第九章
提高农民收入案例

案例一：浅析如何提高农民收入
——以吉林省部分地区为例

摘要：农业强大是扎实推进共同富裕的重要方面。要缩小贫富差距，需要重点缩小城乡差距，关键着力点是要大力提高农民收入。党的二十大报告中指出，通过深化农村土地制度改革，赋予农民更加充分的财产权益；保障进城落户农民合法土地权益，鼓励依法自愿有偿转让；完善农业支持保护制度，健全农村金融服务体系等，力求通过各类举措来大力提高农民收入。

本案例以吉林省的大安市、前郭县哈拉毛都镇、伊通满族自治县、通榆县、汪清县、和龙市、长春市双阳区鹿乡镇鹿乡村、白山市、永吉县等在2022年所采取的因地制宜的具体措施为例，讲述各地区是采取何种具体举措来增加农民收入的。

一、从党的二十大报告中看国家对于提高农民收入的重视程度

（一）过去几年的工作总结和存在问题的提出

党的十八大召开至今，国家经历了对党和人民事业具有重大现实意义和深远历史意义的三件大事，其中一件就是完成脱贫攻坚、全面建成小康社会的历史任务，实现了第一个百年奋斗目标。

在近几年里，国家始终坚持加强党的全面领导和党中央集中统一领导，全力推进全面建成小康社会进程，突出保障和改善民生，集中力量实施脱贫攻坚战。我国坚持精准扶贫、尽锐出战，打赢了人类历史上规模最大的脱贫攻坚战，历史性地解决了绝对贫困问题，为全球减贫事业作出了重大贡献。

在党的二十大报告中，指出了工作中存在的一些不足以及面临的不少难题。有关于农民收入方面的，主要有：发展不平衡不充分问题仍然突出，推进高质量发展还有许多卡点瓶颈；确保粮食、能源、产业链供应链可靠安全和防范金融风险还须解决许多重大问题；城乡区域发展和收入分配差距仍然较大等。对于这些问题，国家已经采取一系列措施加以解决，今后必须加

大工作的力度，力求增加农民收入，让人民过上好日子。

（二）国家层面提高农民收入的角度

习近平总书记在党的二十大报告中指出，全面建设社会主义现代化国家，最艰巨最繁重的任务仍然在农村。对于如何发展农村，振兴农村，需要坚持农业农村优先发展，坚持城乡融合发展，畅通城乡要素流动；加快建设农业强国，扎实推动乡村产业、人才、文化、生态、组织振兴；全方位夯实粮食安全根基，全面落实粮食安全党政同责，牢牢守住十八亿亩耕地红线，逐步把永久基本农田全部建成高标准农田，深入实施种业振兴行动，强化农业科技和装备支撑，健全种粮农民收益保障机制和主产区利益补偿机制，确保中国人的饭碗牢牢端在自己手中。树立大食物观，发展设施农业，构建多元化食物供给体系；发展乡村特色产业，拓宽农民增收致富渠道；巩固拓展脱贫攻坚成果，增强脱贫地区和脱贫群众内生发展动力；统筹乡村基础设施和公共服务布局，建设宜居宜业和美乡村；巩固和完善农村基本经营制度，发展新型农村集体经济，发展新型农业经营主体和社会化服务，发展农业适度规模经营；深化农村土地制度改革，赋予农民更加充分的财产权益；保障进城落户农民合法土地权益，鼓励依法自愿有偿转让；完善农业支持保护制度，健全农村金融服务体系。

二、案例分析：从吉林省看如何提高当地农民收入

（一）一揽子政策鼓起吉林省的粮袋子

吉林省始终坚持把抓好粮食生产作为首要任务和头等大事，持续加大政策支持力度，全力扛稳维护国家粮食安全的政治责任，2022 年粮食的产量再上 800 亿斤台阶，确保中国人的饭碗牢牢端在自己手中。

2022 年 3 月，受新冠疫情的影响，有部分农民被滞留在蛟河市区无法返乡备春耕，正在这些农民们一筹莫展的时候，政府及时出台相关的政策，为备春耕人员开辟了绿色通道。在备春耕关键时刻，吉林省按照保面积、保物资、保人力、保进度、保安全的总体要求，组建 9 个备春耕生产综合服务指导组，深入各地开展现场指导服务，开辟绿色通道，统一组织车辆运送返乡农民，全力打通难点堵点，推进农资及时下摆入户，保障农资供给。

2022 年，吉林省下达实际种粮农民一次性补贴 10.79 亿元，进一步应对农资价格上涨对实际种粮农民增收影响，保障农民种粮收益，稳定种粮农民收入，不折不扣落实国家耕地地力保护补贴、农机购置补贴等强农惠农政策，提前释放政策信号，给农民吃上“定心丸”。国家安排吉林省保护性耕作任务面积 3 050 万亩，建设县乡高标准应用示范基地 220 个，按照玉米秸秆覆盖量划分 3 个档次进行补贴，秸秆覆盖量 60% 的每亩补助不超过 100 元，秸秆覆盖量 30%～60% 的每亩补助不超过 80 元，秸秆覆盖量在 30% 以下的每亩补助不超过 40 元，提高农户实施保护性耕作的积极性。吉林省还安排了资金 91.76 亿元，支持高标准农田和小型农田水利项目建设，为现代种业发展基金注入资本金 5 000 万元，推行“强种贷”，安排农机装备主体建设资金 8 000 万元，在全省 30 个产粮大县扶持建设新型农业经营主体 42 个。同时安排资金 7 000 万元，专项用于农业生产防灾减灾，一套政策“组合拳”为 2022 年的粮食增产提供了强有力的保障。

1. 大安市:"四种模式"发展,壮大乡村特色产业

2022年以来,大安市始终把发展产业作为增加农民收入、实现稳定增收、壮大县域经济的根本之策,由25名市级领导担任链长,统筹各行业部门,加强肉牛、肉鸡、棚膜、土地整治、清洁能源等16个产业链建设,采取"四种模式"发展壮大乡村特色产业。

一是实施重点项目强产业。充分利用好涉农整合资金,优先扶持发展农业产业项目。2022年整合涉农资金57 466.35万元,用于产业项目32 043.2万元,占比达55.76%,实施了棚膜园区、45 MW光伏新能源、冷链仓储等18个产业项目,为产业带农、扩大就业、增加收入提供长远支撑。其中,45 MW光伏新能源项目即将并网发电,运营期达25年,项目年收入1 700万元,每年可为每个村增加村集体收益7.6万元,不断发展壮大村集体经济。整合资金5 460万元,实施的安广镇、太山镇、红岗子乡、月亮泡镇4个冷链仓储项目建设,通过延长农产品保鲜期,推动农产品错峰上市、反季销售,增加农民收入。

二是聚焦整地增粮强产业。结合盐碱地集中分布的特点,抢抓吉林省"千亿斤粮食"工程建设政策机遇,大力实施盐碱地综合整治,探索盐碱地治理"大安模式"。2022年新增耕地5万亩、粮食产量0.6亿斤,为保障国家粮食安全贡献大安力量。投资1.34亿元,建设高标准农田10.14万亩;投资7 400万元,实施保护性耕作185万亩,切实提高粮食产能和抗灾能力,助力农民增产增收。

三是突出棚膜经济强产业。在珲乌高速公路和302国道沿线乡镇,发展黄菇娘、西甜瓜、蔬菜水果等特色棚膜产业。2022年,列支奖补资金1 000万元,建设各类棚室500栋、30亩以上标准化园区4个。目前,全市规模化棚膜园区达到60个,大棚发展到2.58万栋,棚膜总面积为10万亩。

四是围绕畜禽养殖强产业。实施两家子镇、舍力镇、红岗子乡万头肉牛养殖项目建设,以大项目带动肉牛产业大发展,重点打造3个万头肉牛乡镇和11个千头肉牛专业村,全市肉牛养殖达到14万头。依托安大牧业公司千万只白羽鸡项目,打造集生态农业、农畜产品加工、乡村旅游为一体的国家级农村产业融合发展示范园区,肉鸡养殖发展到1 100万只。加大对牧原、大北农、金隆丰等龙头企业扶持,生猪发展到120万头。以安广镇、舍力镇为依托,建设区域性肉羊交易集散中心,肉羊养殖达到150万只,其中100只以上规模化养殖近2 000户,以畜牧产业高质量发展助力乡村振兴。

2. 前郭县哈拉毛都镇:大力发展健康农业,提高农民收入

健康农业是以生态、安全、健康、营养为特征,适应当下人们追求健康生活的需求,是农业发展的高级阶段,更是乡村产业振兴的新抓手、新方向。

据统计,2022年,后店村有温室育苗大棚100多栋,农户在育苗阶段全面减少化肥投入量,并实现有机肥覆盖。同时,还采取生物灭虫、人工灭虫等方式,保证农业绿色生产过程,为进一步提高水稻品质打下坚实基础。

近年来,哈拉毛都镇坚持以绿色理念指导农业现代化发展,依托二松滩涂的生态和资源优势,通过打造绿色种植、推广绿色水稻技术模式、坚持典型引领、辐射带动、阶梯推进、整体提升思路,走出了以绿色现代农业生产、抢市场、富农民的绿色生态农业发展之路。

3. 伊通满族自治县:促进鲜食玉米产业发展,增加全县农民收入

鲜食玉米营养丰富,含有丰富的膳食纤维、多种维生素和矿物质,特别富含硒和镁。鲜食玉米的美味营养,满足了生活水平日益提高的民众对膳食营养多元化的需求,成了当代快节奏

生活的上班族们的餐食选择之一，具有既方便又健康的双重益处。

伊通处于世界三大黄金玉米带之一（北纬40°～45°）核心区域，北纬43°3′～43°38′，于20世纪90年代开始种植鲜食玉米，拥有天然适宜鲜食玉米生长的积温，具备得天独厚的产地优势，所产的鲜食玉米具有“甜、糯、脆、香”四大优点，啃之酣畅淋漓，食之唇齿留香，其独特口感深受消费者喜爱。

伊通满族自治县为了更好地推进供给侧结构性改革，做出种植结构调整，鼓励企业与家庭农场、合作社、农户合作，通过“企业＋合作社、家庭农场、农户＋订单”形式，继续扩大伊通鲜食玉米种植面积，通过政策支持、技术指导等途径，擦亮伊通鲜食玉米品牌，切实做到增加农民收入。

4. 通榆县：巧打“反季牌”，“冬闲”变“冬忙”

“秋后不耕田，一年闲半年”，这是过去农民一年劳作生活的真实写照。可现如今，白城市通榆县许多的乡镇农民在秋收后，利用温室大棚巧打“反季牌”，让“冬闲”变成“冬忙”，实现了增收致富。

2022年12月，在通榆县兴隆山镇硕果巨丰家庭农场的温室大棚内，原本应该“猫冬”的农场负责人张子柱，正在和工人们为刚采摘的西红柿打包。

2020年，张子柱投资了200万元，承包了10栋温室大棚的经营权。当时，即使很多人不理解，怕投资这么多，万一赔了怎么办，但他还是坚定地做了选择。在经营的过程中，由于经验不足、不懂技术，遇到了很多问题。这确实把他急坏了，后来县里派来了专业的农业技术人员，在技术人员的耐心指导下，张子柱的温室大棚越办越好，里面的果蔬不仅品种齐全、长势良好，还利用控温、控水、控光等技术让各类果蔬错峰生产、反季节上市，实现利益的最大化。张子柱所种植的反季果蔬销量十分可观，2022年他家的10栋大棚纯收入可达100余万元。

在通榆县，还有很多像张子柱一样的农民，冬闲时节每天在温室里忙着种菜、摘果。他们种植的大棚果蔬均采用有机肥、农家肥培育，个头饱满均匀、口感香甜，一经上市便深受市场欢迎。

为深入贯彻党的二十大精神，通榆县将抓住产业结构调整的有利时机，充分发挥生态农业潜力，因地制宜发展设施农业，统筹推进“一村一品”发展布局，将果蔬产业作为加快乡村振兴、增加农民收入的切入点，通过企业引领、政策扶持、技术帮扶等措施，积极地引导农民们采用大棚来种植蔬菜、瓜果。

5. 汪清县：激发内生动力，推进保护性耕作高质量发展

近年来，汪清县坚持生态优先、用养结合、稳产丰产、节本增效导向，大力实施保护性耕作项目，推进保护性耕作高质量发展。汪清县将保护性耕作列入年度重点工作，制定出台《关于全面加强黑土地保护的实施方案》《汪清县2022年保护性耕作实施方案》等政策措施，以“早谋划、早部署、早实施”的原则，依托“两区”划定成果，优先落实到粮食生产功能区。2022年实施保护性耕作作业面积较2020年增长85%，实现了重点突破和整体提升，为保障“黑土粮仓”打下坚实基础。

汪清县利用传统媒体和新兴网络媒体双向发力，持续强化保护性耕作的科普和推广。2022年以来，汪清县在全县范围内创新开展“科学保护人人受益，黑土良田代代相传”主题宣传活动，累计悬挂条幅200个、发放宣传单2 000余份。围绕保护性耕作、耕地深松等生产技

术，开展专题培训班 4 次，受益人数 400 余人，形成了县乡村三级联动的格局。在各种不利经济发展因素影响下，全县创新形式以线上直播方式召开示范区保护性耕作少耕播种现场观摩会、示范区秸秆全量覆盖还田免耕播种作业现场观摩会，累计观看达 1 580 人次，为保护性耕作技术的推广和应用，营造了良好宣传氛围。

汪清县所辖耕地普遍存在坡度大、地块分散等特点，绝大多数农户对保护性耕作技术掌握不够全面。全县农业农村部门组织农业骨干人员组成技术服务专家团队，依托田间学校、农技下乡等活动，深入乡镇和村屯，对作业户、农户进行一对一跟踪指导和技术培训，有效破解涝洼地、坡耕地等实施保护性耕作技术难题。

近年来，汪清县加大保护性耕作技术应用力度，在县级高标准应用基地和乡(镇)级高标准应用基地中，重点推广秸秆全量还田免耕播种技术和"梨树模式"，实施地块中高质量作业地块比例在 95%以上，每公顷平均增产 2 000 kg，切实改善土壤环境，减少风蚀水蚀，提高农民收入。2019—2022 年，全县累计示范带动农户 700 户，对保护性耕作满意度在 95%以上，保护性耕作面积呈逐年递增趋势，为促进黑土地保护和乡村振兴发展提供有力支撑。

6. 和龙市：脱贫质量高，振兴"成色足"

近年来，众鑫米业入选了吉林粳稻产业集群建设项目；"秸秆变肉"工程的有力推进，8 万头肉牛膘肥体壮；4 420 名脱贫劳动力在外务工就业，2 642 名脱贫人口通过公益性岗位丰衣足食。冬日边城，草木凋零，万物伏藏，但一个个红火的产业项目、一个个勤劳的身影，让和龙乡村处处呈现出谋发展促振兴的喜人景象。和龙市以党的二十大精神为指引，把巩固拓展脱贫攻坚成果同乡村振兴有效衔接工作摆在突出位置，紧紧咬住增量性、保障性、竞争性、导向性 4 类 10 项指标，全力建设宜居宜业和美乡村。

聚焦收入增长、产业帮扶、就业帮扶"增量性指标"，促进农村经济结构持续提升。和龙市持续深化市、镇、村三级联动，深入开展"抓产业、促就业、稳增收"提升行动，使用整合资金 1.01 亿元，大力实施 26 个产业项目，推动优势产业发展，全力支持脱贫人口就业，千方百计增加农民收入。据统计，2022 年，和龙市脱贫人口人均纯收入达 16 993 元，同比增长 1 471.24 元，增幅 9.48%。

聚焦"三保障"和饮水安全保障、防止返贫监测、易地搬迁后续扶持"保障性指标"，促进群众生活质量逐步走向吉林省前列。2022 年，和龙市 224 名义务教育段脱贫家庭学生全部就学，无住危房"六类人群"，农村人口饮水安全达标，低保、社保代缴残疾人生活护理补贴、医保等政策应发尽发，累计将 119 户 201 人纳入防止返贫监测对象。落实易地扶贫搬迁社区治理，成立 27 个安置区管理委员会，

覆盖所有集中安置区搬迁居民，实现有劳动能力搬迁家庭至少 1 人就业的目标。

聚焦重点帮扶县倾斜支持政策、乡村建设、乡村治理等"竞争性指标"，蹄疾步稳促进农村各项实力快速增长。和龙市积极争取上级支持，柳洞水库、机水洞水库、明南水库等重大项目列入《吉林省"十四五"饮水安全保障规划》。开展政担融资，为养牛、桑黄项目融资 6 470 万元。新建污水管网 49.5 km，改造 10 kV 线路 37.12 km，新建农村公路 11.8 km。投入 307 万元实施福洞镇民光学校、头道镇中学宿舍楼综合维修工程项目，为八家子镇中心卫生院和头道镇中心卫生院各补助资金 30 万元。全市 76 个行政村划分 284 个网格，配强网格长、网格员、驻村辅警力量，排查化解矛盾纠纷 235 起。完善"积分超市"机制，2 893 人参与积分兑换，乡村治理水平得到有效提升。

聚焦工作常态化排查整治，加快完善“导向性指标”，促进工作成色不断提升。和龙市主动认领国考、省考问题和中办通报、国务院大督查问题，全面抓好各项整改任务落实。推动开展巩固拓展脱贫攻坚成果“一夯实、一跟进、十聚焦”行动 100 项工作任务，以及巩固拓展脱贫攻坚成果同乡村振兴有效衔接“大提升”专项行动 119 项工作任务，让脱贫质量更高、乡村振兴“成色”更足。

7. 长春市双阳区鹿乡镇鹿乡村：青贮玉米做饲料，营养丰富鹿儿俏

2022 年一场冬雪过后，在长春的双阳区鹿乡镇鹿乡村，农民忙着把青贮玉米加工成饲料，有的采取直接粉碎，有的打成发酵包。据时任鹿乡村党总支书记张平介绍，将青贮玉米做成饲料，由于其营养的成分含量高、口感好，具有较高的饲用价值，梅花鹿喜欢吃，产出鹿茸品质更高，并且，秸秆处理的问题也得到了有效解决。

鹿乡村有“中国梅花鹿第一村”的美誉，2022 年养鹿户 456 户，鹿存栏量 1.8 万只。鹿乡村每年种植玉米 700 多 hm^2，其中有 200 hm^2 左右用来种植青贮玉米。种植青贮玉米就是为了发展村里的梅花鹿养殖业；青贮玉米是梅花鹿的上等食粮，但在 2015 年以前，鹿乡村的养殖户都要从外地购买青贮玉米做饲料。后来，村里集思广益，搞清楚了循环农业模式：拿出一部分土地种植青贮玉米，专门用来喂鹿，将鹿粪收集起来，发酵成有机肥，第二年再还田。这样一来，鹿儿长得壮、品质高，秸秆处理的问题解决了，鹿粪也有了用处，一举多得。

鹿乡村通过争取上级扶持资金、村干部垫资、集体出资、吸纳社员资金等多种方式，流转土地 70 hm^2，创办了以养鹿为主的万鹿源农民专业合作社。合作社初始社员只有 11 户，随着惠民举措的不断推进，成功吸纳了百余户养殖户入社。2022 年，合作社共有梅花鹿 7 600 余只、社员 115 户，注册资金 1.5 亿元。在发展村集体经济、带动村民致富的同时，鹿乡村还着眼全产业链优化，助力梅花鹿产业再升级，依托万鹿源合作社，重新定位发展方向，促进一二三产业融合发展，实现村集体经济与农民收入“双赢双增”。

8. 白山市：加快建设现代国有林场

近年来，白山市充分发挥自然资源禀赋优势，汇集各方面的力量，加快基础设施建设，科学开展森林经营活动，大力发展林下产业，加快建设现代国有林场。从白山市区出发到四方山森林公园，一路上有 10 多个通车景点，客流量从 2 万人次增加到 15 万人次。随着服务中心、观景台、木栈道、民宿等陆续建成，四方山森林公园人性化、绿色化的设计使公园倍受人们喜爱。该公园的旅游开发不仅增加了白山市林场的收入，还对保护森林中的生物资源的多样性、促进资源的可持续发展有着十分重要的作用。

向绿色求发展，向生态要效益。白山市依托丰富的森林资源，大力发展林下产业，创新引入社会资本，以林地、生产厂房、人工管理作为合作资本，在松杉灵芝产品研发、生产、销售等环节开展深入合作；同时，建立以培育、栽培、种植、生产为一体的山慈姑产业基地。经过三年的建设，林下产业生机勃勃，富余职工得到安置，职工和周边农民收入不断增加。

白山市对林地条件好的红松人工林采取集约经营措施，促进林木生长、缩短结实周期，提高结实量。对天然更新等级低、珍贵树种成数少以及影响冠下珍贵幼苗树生长的天然林和人工林，采取抚育、补植补造等措施，激活天然更新机制，改善生态系统健康状况，调整林分结构，促进林木生长，提高林分质量和林地生产力，使绿色森林实现可持续发展。

9. 永吉县：助农增收出实招，产业振兴见实效

永吉县紧紧围绕产业兴农的总思路，大力培育脱贫产业，带动广大农村群众增收致富，奋

力书写乡村振兴多彩画卷。寒冬时节，在万昌镇吴家村禾谷丰水稻种植农民专业合作社库房内，村民们正根据订单将大米打包装袋。

永吉县现代农业高速发展，各类农业经营主体吸纳大量农村劳动力就业，特色产业辐射带动广大农民增收致富。2022 年新建立了两个帮扶车间，有效带动了脱贫户和监测户经济收入，通过直接用工签订劳动协议，每户增加 4 000 元以上。此年，永吉县累计投入巩固脱贫攻坚成果与乡村振兴有效衔接资金 2 773 万元，新谋划实施 18 个产业项目，现有 77 个产业项目实现 750 余万元收益，将稳定带动脱贫人口户均增收 900 余元。

为了更大程度上解决脱贫群众务工问题，永吉县开设公益岗位，加大劳务协作对接力度，持续拓宽农民增收渠道，以“四小”工程项目为典范，各类联农、助农项目点对点、面对面持续增加农民收入。

同时，永吉县还坚持“数商兴农”发展理念，支持“驻村第一书记”发展直播经济，组织第一书记参加农博会等线下销售本土农产品活动，农副产品销售额达 230.46 万元，组织开展 13 场消费大集活动，累计销售额达 147 万元。

三、总结

为了实现中华民族伟大复兴，我们必须努力、大力、全力全面推进乡村振兴，加快农业农村现代化，要把提高我国整体的农业生产能力去摆在首位，更要有深度地拓展农业功能。摆在更突出位置上的是提高农民收入，应有维护农民利益的厚度；同时，农业现代化与农村现代化要一并推进，应有促进城乡融合的高度。

党的二十大报告明确提出，全面建设社会主义现代化国家，最艰巨最繁重的任务仍然在农村。报告强调，“全面推进乡村振兴”“坚持农业农村优先发展”“加快建设农业强国，扎实推动乡村产业、人才、文化、生态、组织振兴”。这为“三农”工作指明了前进方向，提供了根本遵循。提高农民收入是关键，但更为关键的是让农民具有富起来的能力！

总之，唯有保持“时时放心不下”的责任感，我国 14 多亿人自己手中的饭碗才会更加牢固，农村生活才会更加富足，乡村建设才会更加和美。

参考文献

安冬，姜涛，王喜成，等．吉林省肉牛养殖模式[J]．吉林畜牧兽医，2022，43(10)：3-4.

白瑞仙．绿色农业种植技术及推广策略[J]．农家参谋，2022(21)：28-30.

曹艺腾．吉林省鲜食玉米产业发展问题诊断及对策研究[D]．长春：吉林农业大学，2022.

陈健．新发展格局下城乡经济循环畅通的难点及其化解[J]．农村经济，2022(10)：18-26.

陈维林．绿色农业种植技术的推广应用策略研究[J]．农家参谋，2022(17)：28-30.

巩雅菲．以绿为底林下生金[N]．云南政协报，2022-05-30(003).

雷刘功，牛震，周崃．看白山松水如何筑牢黑土粮仓：吉林省粮食生产综述[J]．农村工作通讯,2022(18):12-15.

李锦谊.小农户和现代农业有机衔接路径研究[D].贵阳:贵州大学,2021.

李军,高文,阎红玉.吉林省出台一揽子粮食生产支持政策全力提升产能[N].农民日报,2022-05-18(002).

李婷,姜岸松.永吉县坚定不移打造更优营商环境[N].吉林日报,2022-09-21(008).

刘延滨,肖锐,崔崧,孙国芝.近 40 年红松人工林研究的趋势与热点[J].林业科技,2022,47(5):58-62.

马爱平.自立自强,为端牢中国饭碗提供更有力的科技支撑[N].科技日报,2022-10-22(002).

马洪超.不毛之地成草茂粮丰[N].经济日报,2022-07-31(006).

潘雪晨.协同治理视角下乡镇特色产业发展模式研究[D].延边:延边大学,2022.

桑黄—乡村振兴的“新引擎”[J].山西农经,2022(4):66.

孙鹏.基于物联网的温室大棚种植技术[J].农业工程技术,2022,42(13):81-83.

脱贫攻坚战取得全面胜利脱贫地区农民生活持续改善[N].中国信息报,2022-10-26(001).

吴彩文.农村专业合作社财务管理探析[J].上海商业,2022(11):124-126.

许西奎,朱绍伟,赵月省,蒋辉,陈强,夏尚远.乡村振兴战略中畜牧业发展研究[J].现代化农业,2022(10):85-87.

闫肃,孙祥逊.奋力推动巩固拓展脱贫攻坚成果再上新台阶[N].淮北日报,2022-12-15(004).

杨玉珍,黄少安.乡村振兴战略与我国农村发展战略的衔接及其连续性[J].农业经济问题,2019(6):77-85.

杨宗辉.踔厉谱写新时代新征程乡村振兴新篇章:全国农业农村系统学习宣传贯彻党的二十大精神综述[J].农村工作通讯,2022(22):13-14.

杨宗辉.全方位夯实粮食安全根基[J].农村工作通讯,2022(21):42-43.

增进民生福祉,提高人民生活品质[N].新华每日电讯,2022-12-17(001).

张萌.汪清县蔬菜种植户环境意识研究[D].延边:延边大学,2021.

张志勇,徐文君,王者.汪清推进保护性耕作高质量发展[N].吉林农报,2022-12-13(008).

长春双阳:奋力绘就新时代乡村振兴壮美画卷[N].吉林日报,2021-06-29(008).

仲音.努力绘就乡村振兴的壮美画卷[N].人民日报,2022-10-03(004).

案例二：以衡阳县为例对提高农民收入进行分析

摘要：中国的农业农村问题是一个复杂的、涉及多种因素的经济社会问题，农村发展始终是摆在我们面前亟待解决的难题。农村发展的难点主要表现在两个方面：一是农业生产效益较低；二是劳动力和资金资源向城市集聚。提高农民收入始终是解决中国目前"三农"问题的核心内容。在当前经济社会发展面临许多新困难和复杂环境的情况下，解决好"三农"问题，对确保全面建成小康社会，实现中国经济长期平稳较快发展具有重要意义。要充分认识解决"三农"问题对全面建成小康社会的重要性和紧迫性，从全局和战略角度出发做好"三农"工作。

一、背景

"三农"问题是关系改革开放和现代化建设全局的重大问题。解决好"三农"问题，关系到经济社会发展全局、党和国家长治久安以及全面建成小康社会的进程。改革开放以来，在国民经济持续快速增长同时，农业与农村经济发展滞后制约了城乡关系的协调发展，严重影响和制约我国现代化进程。因此，解决好"三农"问题已经成为党和政府工作中的重要议题。解决"三农"问题的根本出路在于改革开放，实现农村经济持续、健康、快速发展，其中提高农民收入是关键。农民收入水平是一个国家或地区农业和农村经济社会发展的重要标志，也是衡量一个国家或地区现代化程度的重要指标。在一定程度上提高农民收入能促进整个国民经济的发展，提高人们的生活水平和生活质量。

农民收入主要包括三部分：一是工资性收入，指从事种植业、养殖业及其相关行业中获得的工资收入；二是家庭经营收入，主要指以家庭承包经营为基础，从事农业生产经营而获取的财产性、转移性和生产性纯收入；三是财产性、转移型和劳动型其他收入，如养老金、利息以及其他社会保障性或转移性的报酬。

农民增收还包括农民的其他经营性收入，包括从事种植养殖等生产经营活动中获得的非经营性报酬或财产性收益等，如农业机械购置及使用、良种、化肥和农药等生产资料投入增加，以及农产品销售所获得的收入。

农村非生产性支出包括教育支出、医疗卫生支出、社会保障支出等。

二、我国城乡居民收入差距状况

党的十七大报告明确指出，城乡居民人均收入增长速度要明显高于国民经济增长速度，从而表明农民收入的大幅度提升已经成为我国农村经济发展的一个重要目标。然而，从目前我国农村经济的整体状况来看，农村地区农民收入水平与城镇居民收入差距很大，农村经济发展相对落后。农村居民收入占全国经济总量的比例较低，城乡居民收入水平存在较大差异。

在农村经济发展过程中，主要存在着两大问题：一是资源环境约束下发展农业的投资压力较大；二是在城乡二元结构和城乡经济结构调整过程中缺乏足够的劳动力支撑。

农业部发布的《2008 年中国农村统计年鉴》显示，2008 年全国农民人均纯收入为 3071 元和 1831 元。虽然我国农业产值占国民生产总值比例逐年下降，但从人均水平来看，我国仍然高于世界平均水平。2009 年我国农村居民人均可支配收入为 14 324 元，比上年增长 14.1%。2022 年我国农村居民人均可支配收入达到 20 133 元，比上年增长 4.2%。农村经济发展呈现农村劳动力转移速度加快、规模扩大、频率增加、形式多样化的态势。此外，农村居民收入差距拉大也是农村经济发展面临的主要问题之一。

(一)我国农民收入与城市居民收入差距较大

改革开放以来，伴随国家工农关系、城乡关系的变化，我国城乡居民收入差距保持高位，2021 年城乡居民收入比达 2.5，高于其他处于类似发展阶段国家的数据。这表明农村居民收入长期落后于城镇居民收入的现实没有改变，且城乡居民收入差距的绝对数依然偏大，成为制约中国式现代化的重要因素。新发展阶段下，深刻把握城乡融合发展的新导向，聚焦农村因地制宜缩小城乡居民收入差距，对促进区域协调发展、推进共同富裕具有重要意义。

第一阶段为 1978—1983 年，基本对应农村经济体制改革时期。中国的改革开放首先在农村取得突破，1978 年党的十一届三中全会原则通过了《中共中央关于加快农业发展若干问题的决定(草案)》，明确保障农民物质利益和加强农业物质支持的改革方向。1982 年的中央一号文件正式承认了包产到户合法性，极大地推动了农村社会生产力的发展，加之农产品收购价格提高和农村集市贸易发展，农村居民收入明显提高。而在同一时期，城市改革相对滞后，城镇居民收入涨幅相对偏低。在这一阶段，城乡居民收入比由 1978 年的 2.56 快速下降至 1983 年的 1.82，尽管收入比在农村经济体制改革的作用下趋于平缓，但农村和城镇间绝对收入的鸿沟仍然存在。

第二阶段为 1984—2002 年，基本对应城市经济体制改革时期。农村改革初步成功，对城市改革产生倒逼作用。1984 年党的十二届三中全会通过了《中共中央关于经济体制改革的决定》，将改革重心从农村转向城市。1994 年分税制改革赋予地方更多发展机遇，进一步奠定了城市偏向型政策总基调。伴随国有企业改革和非公经济发展，城镇居民收入空间被极大拓展，推动城镇居民收入快速上涨。而在同一时期，农村改革力度相对减弱，城乡居民收入差距又被拉大。在这一阶段，城乡居民收入比大致上呈 N 形变化，1984—1994 年，收入比迅速由 1.84 上升至 2.86，在接下来的三年中，受国家调高农副产品收购价格影响，收入比有所下降，1997 年下降至 2.47，此后城乡居民收入比 一路攀升，并在 2002 年破 3。

第三阶段为 2003—2009 年，基本对应城乡统筹发展时期。针对经济体制改革带来的城乡居民收入失衡问题，2003 年党的十六届三中全会通过了《中共中央关于完善社会主义市场经济体制若干问题的决定》，提出按照统筹城乡发展的要求，建立有利于逐步改变城乡二元经济结构的体制。从 2004 年开始，中央一号文件持续聚焦“三农”，形成了“以工促农、以城带乡”长效机制，注重减轻农民负担，进一步完善对农民的直接补贴，遏制了城乡居民收入差距进一步扩大。在这一阶段，城乡居民收入比基本保持稳定，并在 2007 年达到改革开放以来的历史峰值 3.14，城乡居民收入失衡开始缓和。

第四阶段为2010年至今,基本对应城乡融合发展时期。以工业偏向和城镇偏向为特征的非均衡发展战略,导致了农业、农村发展滞后。2013年习近平总书记创造性地提出精准扶贫、精准脱贫基本方略,推动了扶贫减贫理论创新和实践创新。2022年党的二十大报告提出全面推进乡村振兴,拓宽农民增收致富渠道,增强脱贫地区和脱贫群众内生发展动力。得益于顶层设计的加强和相关政策的落实,城乡居民收入又开始向均衡迈进。在这一阶段,农村居民收入增长明显高于城镇居民,城乡居民收入比实现十二连降,到2022年城乡居民收入比已回落至2.45,城乡融合发展格局雏形出现。

(二)中国农村地区的基础设施建设滞后,不利于进一步提高农民收入

一方面,农村基础设施建设水平低。农村基础设施建设是实现农业生产标准化和现代化的前提和必要条件,而在目前中国农村基础设施的投入方面,大部分集中于城市地区,而作为农村人口居住区域的基层基础设施建设明显滞后于城市。

另一方面,农业生产效率低、农产品商品化程度不高。虽然在我国农业发展中,我国政府也加大了对农业生产的支持及农业投入力度。但由于我国农民自身投资意识淡薄,对政府投入往往不够重视。

目前在我国部分地区,农产品流通渠道还未形成;大部分农民的农产品没有实现商品化;广大贫困农户在购买商品时还受到价格歧视问题……这些都制约着我国农业生产标准化水平和生产力水平的提高及农民收入增加。因此,要解决好这一系列问题,就必须加大对农村基础设施建设以及对农民增收的扶持力度,从根本上提高农民收入。

(三)中国农村劳动力转移形势严峻,增加了其收入水平

在社会主义市场经济条件下,农村劳动力的转移问题已经成为中国经济社会发展的一大难题。对于大多数农村地区来说,这种情况更加严重。据统计,在我国东部地区,每年转移出去的劳动力有两亿多人,其中约有一半是农民;中部地区每年转移出去的农村劳动力也有3 000万～4 000万人,其中约有四分之一是农民;西部地区每年转移出来的农民有1 000万～2 000万人。与此同时,在我国城市化发展进程中的劳动力短缺问题也日益突出。一方面是由于农村土地流转制度不健全;另一方面是因为中国传统的"重农抑商"政策和城乡二元户籍制度对农村劳动力产生了严重限制作用。

随着经济社会的不断发展,国家对农业结构调整也提出了新要求:一方面,通过大力促进小城镇建设以及城镇化进程来加快新型农业经营主体和农村二、三产业就业方式;另一方面,通过完善农村公共服务体系、加强人力资源开发、强化对农民职业培训等方式促进农民就业。

三、农民收入问题的主要原因

1. 农业发展水平低,生产要素投入不足

我国是一个农业大国,人口多又是农业的基础。农民收入问题与农业发展水平密切相关。

2. 土地资源相对集中、使用效率低,农民增产不增收的问题突出

我国是一个人多地少的国家,土地作为我国最重要的自然资源,不仅关系到每个家庭的生存需要(温饱),也关系着整个国家粮食安全和经济发展。我国目前人口超过14亿,耕地面积

却只有18亿亩左右;全国人均耕地面积不到1.3亩;全国粮食总产量已经超过6亿t,人均粮食占有量却仅为世界平均水平的1/4。

3. 农村基础设施落后,影响农民的增收

制约农民增收的因素主要表现在以下几个方面:收入差距扩大;农民务工难度加大、成本增加;农民创业难、资金不足;城镇就业机会多,就业岗位不足,工资水平偏低;进城就业的农民多,收入水平低;土地承包关系存在缺陷,导致一部分人失地、无地可种等。

4. 农村社会保障体系不完善,影响农民增收

农村最低生活保障制度尚不健全,缺乏对弱势群体的关爱和扶持以及对残疾人、老年人等特殊人群的救助。教育支出不断增加,但农民总体上享受教育机会少,教育投入水平低。农业科技进步速度缓慢,科技成果转化率低,制约了我国现代农业的发展和农民收入的提高。

5.“三农”问题的根本思路

要把“三农”问题摆在全党工作的第一位;坚持发展是“三农”问题的根本出路,坚持以人为本(以实现好、发展好最广大人民根本利益为最高标准)不动摇;坚持改革开放不动摇。

6. 完善农村社会保障体系建设的几点建议

①逐步完善农村社会保障制度体系。

②建立财政转移支付制度,逐步提高对农业和农村的转移支付力度,改善农村公共服务。

③尽快推进农村社会养老保险制度改革,实现城乡居民同等待遇。

④完善土地征用制度、补偿机制和税费体制改革。

⑤大力发展非公有制经济。

⑥加快农业产业化进程。

⑦提高农民的素质,特别是提高农民的综合素质。

⑧加大对农业补贴力度,稳定物价(尤其是粮食价格)等经济手段的运用。

四、促进农民收入增加的对策建议

(1)加大农村教育投入,提高农民素质　具体对策如下:

①加强农村教育基础设施建设,改善办学条件,加快普及义务教育的进程。

②建立健全农村劳动力培训体系和农民就业服务体系,促进农村劳动力向非农产业转移。

③加强职业技术培训和再就业培训工作,提高职业技术等级比例。

④大力发展新型职业农民教育和培训工作,提高农民的科学文化素质。

⑤加强农民法制教育和道德建设,增强农业经营者的法律意识。

⑥加大对“三农”资金投入。

⑦积极推行农业新技术示范基地建设。

(2)加快社会主义新农村建设步伐,缩小城乡差距　继续按照中央提出的“生产发展、生活宽裕、乡风文明、村容整洁、管理民主”的要求,积极推进社会主义新农村建设。

五、增加农民收入对国民经济增长的意义

随着农村经济的发展,农民收入水平逐渐提高。从全国来看,近几年农民收入增速明显高

于城镇居民收入增速和农民人均收入增速，成为农业和农村经济增长的主要动力和来源。因此，增加农民收入对国民经济的稳定增长具有重要意义。

首先，增加农民收入有利于改善我国农业生态环境状况。农业是一种比较特殊的行业，有其自身规律，农业生产对自然条件依赖程度较高，一旦发生自然灾害则难以恢复。而农民作为生产主体，在长期的生产活动中也形成了较强的抗灾害能力和经验积累。因此，必须从整体上改善农村生态环境状况。

其次，增加农村居民收入有利于促进我国经济发展。目前我国农业劳动力占总人口的比重已经超过40%，而且每年以5%以上比例下降。虽然国家采取了一系列措施来缓解这一矛盾，但由于土地承包期内农民收入增长缓慢问题并没有得到根本解决，而且还将进一步加剧；农产品价格在短期内也难以大幅度提高；农村基础设施建设投入不足等因素制约了农村经济社会发展。因此，要解决好这些问题，必须首先提高我国农业劳动人口的收入水平。当前农业生产中普遍存在着资源利用率低、环境污染严重、产品附加值低等问题；农业生产模式比较单一，机械化程度低下也影响了农村劳动力转移和农村剩余劳动力转移的速度和规模；国家对农业补贴过多等政策也造成了农村劳动力转移中存在严重就业困难和不稳定问题。因此，要实现经济转型，就必须加快农业结构调整和产业升级速度，实现高效率、低成本、高质量、高效益经济增长方式，同时，还要积极发展乡镇企业等非农产业来扩大农村剩余劳动力转移就业规模，以促进工业化、城市化建设进程。

最后，增加农民收入有利于构建和谐社会和解决社会稳定问题。中国是一个人口众多大国，也是一个发展中大国。和谐社会需要建立在稳定和协调的基础之上，维持和谐社会的正常运转需要稳定的秩序来保证。如果一旦内部出现了不平衡、不稳定或者是内乱外患都会影响到社会秩序乃至国家的正常运转，而导致无法正常发展经济社会事业与民族团结进步等。因此，稳定和协调对实现“中国梦”来说具有重要意义，必须从维护国家安定和谐这个大局来看待农村建设问题。

六、提高农民收入案例

衡阳县位于衡阳市西北部，湘江中游，土地总面积2 558 km^2，辖25个乡镇，443个村，48个社区，总人口约125万，全县粮食播种面积135万亩、粮食总产60万t，是典型的地域大县、人口大县、农业大县。近年来，获得全国农村创新创业典型县、全国农业现代化示范区创建县、全省实施乡村振兴战略先进县、全省农村人居环境整治先进县、全省美丽乡村建设示范县、全省乡村振兴示范创建县等一大批国家级、省级荣誉称号。

（一）主要措施及成效

近年来，衡阳县在各级党委、政府的坚强领导下，在上级部门的大力支持下，坚持农业农村优先发展，大力实施乡村振兴战略，按照“产业兴旺、生态宜居、乡风文明、治理有效、生活富裕”的总要求，开拓创新、积极探索、狠抓落实，加快推进农业农村现代化，走出了一条符合衡阳县实际的乡村振兴道路。

1. 以“党建引领”为抓手，凝聚乡村振兴合力

一是选优配强“领头雁”。持续发挥党建引领作用，坚持把选优配强驻村工作队作为巩固

拓展脱贫攻坚成果与乡村振兴有效衔接的重要抓手，以村级“两委”换届为契机，结合当地实际从农村致富能手、退役军人、大学毕业生中培育基层党组织书记，选举出了一大批“能力强、责任心强、素质高、群众信得过”的“两委”干部，有力提升村支“两委”班子战斗力。同时，因地制宜、分类施策、调整优化驻村工作队，精准选派数百名机关干部、成立百余支乡村振兴工作队。二是强化基层组织保障。以基层党建为抓手，强化党员的党性淬炼和基层党组织建设，创新完善“村（社区）党组织—村民小组（网格）党组织—党员联系户”体系，全面推行党员干部联系服务群众“五个到户”工作制度，扎实开展新一届乡镇领导班子和村（社区）“两委”班子集中轮训。深化基层“一门式”公共服务建设，所有村（社区）全部设立便民服务中心，高频服务事项在村（社区）实现一门受理、一站办结。三是强化人才科技保障。加强乡村人才队伍建设，着力培养适应农业现代化的新型职业农民；全力打造科技专家服务团，选强配齐科技专家团，帮助企业申报市级技术研发中心，引导培育高新技术企业。截至2022年，累计成功创建省级院士专家工作站2个（安邦、耀泓），争取省级科技特派员项目1个；创建部级星创天地1个，省级星创天地3个，市级星创天地1家，省级众创空间2家。

2. 以“产业兴旺”为重点，推进现代农业发展

一是做强基础产业。全面落实粮食生产各项补贴政策，积极发展规模农业、高效农业和订单农业，着力抓好粮、猪、油、菜四大基础产业，初步建成100万亩优质稻、100万亩优质油、年出栏100万头生猪、20万亩精品蔬菜等优质农副产品供应基地。保障粮食安全的经验作法代表湖南省入选国家《乡村振兴战略规划实施报告（2018—2022年）》典范案例。二是发展特色产业。大力推进“一乡一业、一村一品”，以“一特两辅”特色产业为重点，优化产业布局，推广综合种养、“三产”融合等绿色高效模式，制定出台《中共衡阳县委农村工作领导小组关于打造农业优势特色产业、促进乡村产业振兴的实施意见》。截至2022年，建成省级特色产业示范园7个、市级37个、县级65个，农产品加工企业11个，新增认定省级联合体5家。成功申报衡阳台源乌莲、衡阳湘黄鸡、寺门前土猪3个地理标志农产品，台源镇成功创建省级农业产业强镇。三是做大村集体经济。按“一村一策”发展思路，积极推行“公司＋村集体＋农户”合股经营模式，整合资金、项目、土地等资源要素，村集体资金入股村内企业参与分红，1万元以下的村集体经济空白村全面清零。西渡镇梅花村村集体收入突破100万元，台源镇东湖寺村入选“全国一村一品”示范村和“全国农业特色产业”亿元村。

3. 以“乡风文明”为保障，加快乡村文明进程

率先开展“厚德同心积分银行”、厚德关爱基金农村治理新模式工作，将村（居）民的日常行为用积分量化管理，每村（社区）建立了“厚德同心积分银行”阵地，每季度开展一次讲评，每年开展一次表彰，有效激发村民参与乡村治理的积极性和创造性。通过创新乡村治理模式，培育文明乡风、良好家风、淳朴民风，提高乡村社会文明程度。“厚德同心积分银行”乡村治理新模式先后被央视、新华社多家媒体予以报道，得到社会各界广泛认可。积极开展文明村镇创建活动，把开展扶志扶智宣传教育活动、文明信用户评选活动、开展文明创建等内容纳入各项创评之中，不断提升村民文明程度和素质，57个村入选省级乡村振兴示范创建村名单。强化乡镇综合文化站、村级综合性文化服务中心运行管理，建立了激励约束机制，严格落实省规定的免费开放项目和最低时限对公众开放要求，大大丰富了广大群众的文化和精神生活。

4. 以“治理有效”为基础，构建乡村治理体系

积极开展乡村治理示范村镇创建工作，选取“屋场”这个最小基层治理单元，按照“宣传宣

讲、释疑解惑、排忧解难、凝心聚力”十六字原则，推行屋场恳谈会制度，打通基层党组织联系服务群众“最后一公里”，实现政策在群众家门口宣讲、民意在群众家门口听取、矛盾在群众家门口化解、问题在群众家门口解决。严格实施“一村一策”和“六个一”工作方法，扎实抓好软弱涣散党组织整顿提升。着力落实基层群众性自治组织“三个清单”(依法自治事项清单、依法协助政府工作事项清单、减负工作事项清单)，提升村(社区)自治能力，切实减轻基层负担。西渡镇新桥村被评为第二批全国乡村治理示范村和省级特色精品乡村。

5. 以“生活富裕”为根本，提升乡村生活水平

一是优先保障资金投入。始终把乡村振兴作为财政优先保障领域和金融优先服务领域，加大涉农资金整合力度，加大公共财政倾斜力度。2021年，县财政衔接补助资金总量为1.036 4亿元，其中：用于产业振兴项目资金5 870.15万元，占比56.6%。坚持绩效优先，不断加强项目建设和管理，累计入库项目1 262个，已实施783个，涉及财政衔接资金1.036 4亿元。同时，提早谋划项目入库，截至2022年，已经入库项目791个，项目预算总投资3.029亿元。加大土地出让收入统筹力度，将土地出让收益的68%优先用于乡村振兴，打造乡村振兴“能量源”。二是强化公共服务。着力农村补齐水电路讯网等基础设施和医疗、教育、养老等公共服务短板。高质量推进“四好农村路”建设，累计完成各类公路62.19 km，农村公路安防设施133.89 km。全面加强农村医疗机构和队伍建设，实现“空白点”动态清零。加强中医药服务建设，全县乡镇卫生院都开设了中医馆，基本实现全覆盖。加强乡村小规模学校建设，累计投入资金634.43万元，改造小规模学校14所。三是巩固住房安全保障成果。扎实推进农村危房改造，累计完成改造650户，完成任务率100%，春节前可全部搬迁入住新房。建立健全农村脱贫人口及监测对象住房安全动态监测机制，累计复核脱贫户14 837户、贫困监测对象722户，并已全部落实住房安全鉴定或消除安全风险。

6. 以“农旅融合”为方向，激活乡村振兴新引擎

积极探索“文化＋农业＋旅游”的发展方式，以深厚的历史文化和乡村旅游资源，开发农家乐、观光旅游、观光采摘、休闲垂钓等旅游产品，并在当地开发一批特色农家乐和特色农庄，使旅游产业成为全县人民脱贫致富的新动力。成功打造衡阳县乡村振兴“五朵金花”，曲兰镇成功创建国家级农业产业强镇，台源乌莲小镇等农业特色小镇建设初具规模。“清花湾”“田园沐歌”“白石园稻田公园”等田园综合体建设成为网红打卡佳地。智慧农业、数字农业、“互联网＋”新业态探索卓有成效。库宗桥镇华山村成功举办了多届湖南省油菜花节衡阳县分会场暨衡阳县乡村旅游节，村民卖油、卖花、“卖”风景，实现了增收致富。

(二)主要经验

衡阳县以实现高质量发展为主线，以增加农民收入为核心，以壮大村级集体经济为突破口，以推进农村环境综合整治为着力点，以深化农村综合改革为根本动力，全面推进实施乡村振兴战略，推动了农业提质增效、农村文明进步、农民增收致富。主要经验体现在突出抓好乡村“四个振兴”上：

1. 突出抓好乡村人才振兴

人才是乡村振兴的内生动力，人才基数小、质量低、持久性不强是乡村人才的困境所在，破解乡村人才瓶颈就是要挖掘有特长有想法的“草根”、有乡村情结有服务精神的现有人才；要实行更加积极有效的人才政策，以识才的慧眼、爱才的诚意、用才的胆识、选好育好留好人才，把

“土专家”“田秀才”“读书人”“洋专家”和乡贤能人都统筹调动起来，汇集乡村真正“聚天下英才而用之”。开展村(社区)“两委”班子和乡村致富带头人集中轮训;在村“两委”换届时重点从农村致富能手、退役军人、大学毕业生中培育基层党组织书记。例如，西渡镇梅花村党总支书记、富农优质稻合作社监事长刘准，积极响应国家号召，在2009年广东卖皮鞋赚了钱后，带着南下淘金的全部身家回到家乡，带领村民发展现代农业，实现农户变商户、农村变景区、农产品变旅游商品，走出了一个又一个助农增收的新路子。

2. 突出抓好乡村产业振兴

实现“产业兴旺”是推动乡村振兴的根本，要大力推进一二三产业的融合发展，大力发展绿色、生态、有机、观光、智慧、数字农业，完善农村社会化服务体系，打造高标准、服务优、作用强的公共服务平台，建好“一村一特、一乡一业、一县一牌”等地方优势特色产业，形成品牌、规模效应。例如，金兰镇城坪村“公司＋农户”“公司＋基地”的模式，在发展乡村民俗风情、乡村特产、农事体验、山水观光、丛林探险、民宿生活等方面的优势，培育多样化、个性化的乡村旅游业态，提升乡村旅游发展的生态效益、经济效益和社会效益;洪市镇泰山村因地制宜发展集体经济，把老村部改造成购物广场，通过“四议两公开”的形式，发动全体村民入股，让村民变股民，共享集体经济“红利”，村集体收入从之前的每年1万元增长到现在的87万元;演陂镇鲁陂村采用“公司＋村集体合作社”的模式，发展生态稻种植，每年为村集体增加收入6万多元。

3. 突出抓好乡村改革振兴

观念决定方向，思路决定出路，答好乡村振兴这道全新课题，决不能局限于传统的思路和办法，不能拘泥于过去的经验和套路，必须提倡新思路、反对旧观念，革除“路径依赖”的思想藩篱，大胆改革创新，敢于先行先试。在发展新型农村集体经济上，充分发挥比较优势，推动资源变资产、资金变股金、农民变股东，发展多种形式的股份合作。例如，梅花村探索“村集体＋合作社＋公司＋农户”新发展模式，成立梅红果蔬种植专业合作社、梅香情缘旅游发展公司，村集体入股梅花村的饭店、梅花院子、梅花鱼庄3家星级农庄，可以大幅度增加村集体经济收入;岘山镇岘山村以“村为主体、集体所有”的发展思路，扎实开展新农村建设，工业、农业、旅游业齐头并起，产业发展越来越好，村容村貌越发整洁，全村人民生活条件得到极大的改善。

4. 突出抓好乡村文明振兴

乡村文化是乡村的灵魂，推动乡村振兴，发展环境是关键。大力弘扬社会主义核心价值观，深入推进文明村、“四好村”、星级农户、最美家庭、最美人物等创建评选活动，利用好屋场恳谈会、农民夜校、综合文化站等场所，加强爱国主义、集体主义、社会主义教育。充分发挥农村党员干部等重点人群示范引领作用，广泛开展身边好人、好儿女等评选表扬活动，在村(社区)推行导入银行管理模式，用积分量化村民文明道德行为，开设“厚德同心积分银行”，制定村规民约，推动形成文明乡风、良好家风、淳朴民风。

八、结语

提高农民收入是关系国家富强、民族振兴、人民幸福、社会稳定的大事。因此，必须采取有效措施，努力提高农民收入，增加城乡居民消费需求，促进农业和农村经济全面发展。同时加强农业基础设施建设，大力发展科技进步和农业机械化，加强农村教育工作和人才队伍建设，切实提高农民收入。

参考文献

白霞．加快农村经济发展，提高农民收入[J]．财经界，2014(2)：36.

曾德彬，卢海霞．农村电子商务提高农民收入和消费的原理研究：基于科斯的“交易成本”视角[J]．商业经济研究，2020(13)：138-141.

董明慧．完善农村社会保障提高农民收入水平[J]．北京观察，2022(6)：12-13.

董明慧．完善农村社会保障提高农民收入水平[J]．北京观察，2022(6)：12-13.

韩啸．两岸创意经济：技术生态与文化金融—评《两岸创意经济研究报告(2018)》[J]．学术评论，2019(4)：3.

胡昌建．山区县数字经济发展路径研究：以浙江省泰顺县为例[D]．武汉：湖北工业大学．

江激宇，蒋罗那，何玲玲．农业产业集聚对提高农民收入的影响[J]．沈阳大学学报(社会科学版)，2018，20(1)：35-39.

江激宇，蒋罗那，何玲玲．农业产业集聚对提高农民收入的影响[J]．沈阳大学学报：社会科学版，2018，20(1)：35-39.

李克强：落实中央一号文件提高农民收入[J]．农村牧区机械化，2013(2)：1.

李先玉．农村经济对提高农民收入的影响[J]．中外企业家，2018(27)：47.

刘东．新型农村科技服务体系的探索与创新[M]．化学工业出版社，2009.

刘锦，王帅．提高农民收入是我们的重要目标[N]．陕西日报，2011-06-01(010).

刘秀．农村经济对提高农民收入的影响[J]．农民致富之友，2018(17)：231.

刘宇杰．深化农村土地制度改革大幅度提高农民财产性收入[J]．中国农业会计，2019(9)：12-14.

卢莉．提高农民收入是建设新农村的关键[J]．农村实用技术，2023(12)：24-25.

罗鸣．推动农产品加工提档升级促进农民收入持续增收[N]．华兴时报，2022-07-28(005).

孟凡仲，王小迪，王义民．坚持创新思维促进科学发展[J]．新长征，2010(4)：2.

束蓉，孙振星．提升农副产品效益助力农民增收致富[N]．华兴时报，2022-08-02(001).

帅晓东．加快发展现代农业切实提高农民收入[N]．四川政协报，2018-09-18(003).

孙合国．农村经济发展对提高农民收入的影响研究[J]．乡村科技，2018(30)：48-49.

王开阳．对提高农民收入的有效途径的思考[J]．中国经贸，2017(19)：102.

王怡靓．提高农民收入是解决三农问题的核心[J]．金融经济，2019(2)：36-37.

王吟．结合自身优势找到提高农民收入的方式[N]．贵州政协报，2022-01-27(003).

王者勇，张少东．调结构转方式促进无棣县畜牧产业优化升级之我见[J]．江西饲料，2015(2)：5.

魏子凯．脱贫攻坚视域下乡村振兴的机制体制创新研究：评《乡村振兴的九个维度》[J].

科技管理研究,2021.

肖丽娜．大力发展农村经济提高农民收入[J]. 财经界,2013(32):26.

徐唯燊.改革开放以来中国城乡居民收入差距变迁与展望[J]. 商业经济研究,2023(14):185-188.

张娟,顾婷婷,王琴．非农就业与提高农民收入的全域旅游思考[J]. 金陵科技学院学报(社会科学版),2020,34(1):19-24.

张丽芬．浅析发展农村经济对提高农民收入的影响[J]. 现代经济信息,2020(2):5-7.

周明明．浅析发展农村经济对提高农民收入的影响[J]. 农民致富之友,2017(23):235.

周瑞端．促进农村剩余劳动力转移 提高农民收入水平[J]. 吉林农业,2015(5):118.

朱晓燕．在新的历史阶段提高农民收入若干问题研究[J]. 中州学刊,2017(9):60-63.

第十章
科技小院案例

案例：科技小院助力乡村振兴
——以布拖马铃薯科技小院为例

摘要：马铃薯是重要的粮菜兼用作物，营养价值高，单产高，耐贫瘠，经济效益好。在贫困地区，农民多种植马铃薯，并利用其快速增产的优点来增加收入，从而达到脱贫致富的目的。布拖县曾是国家级贫困县，凉山州马铃薯主产县之一，然而，当地传统的栽培方式和落后的储藏技术，使布拖县的马铃薯产业发展受到很大的限制。

2009年中国农业大学在河北省曲周县建立了我国首个优势突出、支持“三农”的科技小院。当前，各个科技小院都按照地方特点进行相应的发展，在我国新农村振兴中起到了很大的作用。“布拖马铃薯科技小院”在促进布拖县马铃薯产业发展中起到了较大的作用，帮助布拖县马铃薯生产实现了高产高效，也促进了马铃薯种植户的自身发展，同时为高校以及基层农业人才培养提供了可借鉴的经验。这种做法在其他贫困地区也有非常大的推广潜力。

习近平总书记指出，要推动乡村人才振兴，把人力资本开发放在首要位置，强化乡村振兴人才支撑。农业产业发展，离不开人才培养。一直以来，乡村改革发展任重道远。我国社会主义现代化建设新时期的基本特征决定了乡村不能衰败，振兴志在必行。为此，党的十九大报告首次提出“乡村振兴战略”，并指出振兴乡村是实现中华民族伟大复兴的必由之路。实施乡村振兴战略，关键在于人才，因此，农业人才的结构性改革被认为是新农村建设的关键要素。乡村振兴战略的号角早已吹响，并成为全国努力奋斗的目标。中国农业大学作为全国重点高校的一员，一直积极投身国家农业农村的建设。2009年中国农业大学创建了具有科学研究、人才培养和社会服务功能的科技小院。科技小院模式是研究生通过驻扎到农业生产一线，深入参与农村产业的产前、产中和产后工作，并针对关键生产环节问题进行生产技术的创新和集成，解决产业难题，创新和发展绿色生产技术。近年来，一些高校将学生派驻到农业生产一线，探索科技小院学生培养模式，强化乡村振兴人才支撑。科技小院的师生们，协力将科技成果加速转化为农民可用的田间技术，提升科技直接服务种田的能力；农户通过接受农技培训、参与科普活动、提升科学素质，真正成为当地的农业科技人才。随着国家脱贫攻坚工作的胜利，乡村振兴成为解决好“三农”问题的重中之重。我国乡村振兴战略的目标是实现农业农村现代化，总的要求是产业兴旺、生态宜居、乡风文明、治理有效、生活富裕，最终目的是实现乡村产业、人才、文化、生态、组织的振兴。科技小院作为“三农”服务的科技平台之一，在全国乡村振兴中发挥着重要的作用。

一、科技小院相关背景

（一）科技小院概况

科技小院是由中国农业大学张福锁院士团队创立的，由研究生直接驻扎在农村生产一线，开展科技创新、人才培养和“四零”服务（零距离、零时差、零门槛、零费用），指导农户增产增收，推进农业发展和乡村振兴的新模式。自 2009 年在河北曲周白寨乡建立第一个科技小院以来，截至 2023 年 4 月，中国农业大学先后在 24 个省（自治区、直辖市）的 91 个县（市、区）建立了 139 个科技小院，通常采用“农业科研院所＋地方政府部门”“农业科研院所＋农资生产企业”“农业科研院所＋农业生产企业”“农业科研院所支持的农业企业”等形式，形成了覆盖全国主要作物体系的全国科技小院网络，在促进农业高产高效技术创新、示范推广、农业科技人才培养和农业生产方式转变中发挥着重要作用。

（二）科技小院的建立背景

科技小院的出现，成功实现了将“以技术为中心”转化为“以农民为中心”，在发展的过程中，对农民进行有效的指导，为他们带去最新的技术。同时，科技小院还对各个农业院校的人力资源进行有效的整合，共同组建农业研发团队，主要研究的是农业生产过程中的“瓶颈”问题，利用复合型知识构架与国内外先进系统研究方法，有效突破农业发展的“卡脖子”问题。此外，还有效地培养了研究生“科技强农、实业兴农、组织助农”的创新创业精神。这一模式是学校在探索和解决“三农”面临的困难背景下的一次大胆尝试，通过组织高校教授和研究生开展研究，解决农业发展中亟须解决的重要技术问题。不定期为农业创新体系建设、农业科研体制改革和农业科技推广服务提供理论指导，更好地服务科技小院工作，更深一层实现乡村振兴。该模式做到了对距离、门槛、时差、费用等多项的零成本投入，专人专项地服务于当地农户及合作社组织，对提高农民的科学文化素质，促进高效、高产的现代农业技术的传播具有重要作用；同时，在“三农”人才培养上也取得了不错的进展。

（三）科技小院农业推广模式

2009 年，中国农业大学资源与环境学院在全国成立第一个科技小院，十多年来，在河北曲周、云南镇康、吉林梨树、陕西洛川、山西吕梁、山东莱西、安徽庐江等地建立科技小院，采用“科技长廊”“科技小车”“科技胡同”“田间观摩”等方式普及农业技术，破解农民与科技人员脱节、科研与生产脱节难题，打造“科教专家—政府推广—校企合作”多元化参与扶贫模式，牵头成立全国涉农高校科技小院研究生创新创业教育联盟，与中国科学技术协会联合发起中国农村专业技术协会科技小院联盟，共建研发团队，将科技与产业融合，发展地方特色优势产业。

（四）科技小院人才培养模式

科技小院为特色的农技推广服务模式与政府推广体系的一个重要区别在于：科技小院各

要素(政府、学校、教师、学生、农民、企业)间的良性互动打通了供需双向沟通渠道,经过实践证明,科技小院取得了很高的经济、科研及社会成效,是一种新型的研究生培养机制,解决了传统研究生培养中教育与实践生产脱节、人才培养与社会需求错位的问题;同时,也是一种行之有效的农业推广模式,围绕农业产业发展急需解决的技术问题,零距离、零门槛、零时差和零费用服务农户,大大推动了农业技术的传播。经过十多年的发展,科技小院遍布全国,在很多地方对产业建立以及发展起到了非常重要的推进作用。通过科技小院,我们能够深入了解导致产量差距的因素以及如何找到适当的解决方法,拉近与农民的距离,同时培养有积极农业情怀的学生。

(五)科技小院经营模式

建立科技小院的首要条件是保证每个点有1～2名长期驻扎的研究生,在导师和团队的指导下为当地特色产业服务。除了定期观察产物的生长情况,建立记录档案外,现场实践,结合生产模式创新、高产优质推广,跟踪观察中遇到的问题等也是必不可少的。在田间地头实际操作、反复检验、取得经验、结合生产、培训农户,实现新技术的应用、示范、推广,达到增产增收与优质健康的有效统一。在发展的过程中,省级科协为科技小院的创建和发展提供了有效的资金帮助,并结合发展需求,组织各单位及涉农院校、科研院所、技术推广机构等一同建设专家团队,为的就是对科技小院常驻研究生进行工作指导。

二、布拖马铃薯产业发展的限制因素分析

布拖县位于四川省凉山彝族自治州东南部,是彝族聚居的高寒山区半农半牧县,也是凉山州马铃薯种植面积最大最有优势的主产县之一,土地面积1 685 km^2,海拔2 000 m以上高寒山区占89%,农业耕地面积2.1万hm^2,2019年全县马铃薯种植面积1.44万hm^2,鲜薯总产达到33.45万t。

(一)脱毒种薯普及率低,种薯质量差

马铃薯是一种无性繁殖作物,生产中容易被病毒侵染而出现退化现象,病毒一旦侵入马铃薯植株和块茎,就会引起马铃薯严重退化,并产生各种病症,进而产量与品质大幅度下降。在马铃薯栽培过程中,主要表现为叶片皱缩卷曲,叶色浓淡不均,茎秆矮小细弱,块茎变形龟裂,产量逐年下降等。培育抗病毒品种和应用脱毒技术生产健康种薯是目前防止马铃薯退化的有效途径。凉山州马铃薯良种繁育体系建设起步较晚,基础薄弱,生产能力和产量水平较差,一些关键环节还存在十分突出的问题。较高的成本价格也导致种植户使用脱毒种薯的意愿不强,农户为降低成本普遍使用低级别种薯甚至自留种,造成植株田间退化较为普遍,1 hm^2产量不到15 t,显著低于全国平均水平,严重制约了农户增收,大力推广脱毒种薯的使用势在必行。

(二)管理粗放,生产经营模式落后

除种薯质量外,落后的栽培管理也是导致产量低的原因之一,我国西南贫困山区60%以上的地区以春作为主,绝大多数群众依旧采用粗放的种植方法、不合理的施肥以及散种散卖的

经营模式;加之贫困地区农田硬件设施不足,抵御极端天气影响的设防能力弱,马铃薯产量极不稳定。

布拖县农户生产规模小,分散经营,农户马铃薯种植规模普遍较小,1 hm^2 以上连片集中的种植基地总面积占比不到全县马铃薯总面积的3%,马铃薯种植不成规模,机械化种植推广困难。由于青壮年多外出打工,真正种地的多是老人和妇女,农村生产劳动力严重不足,也是制约布拖县马铃薯产业发展的重要因素之一。研究发现,转移就业能增加农户家庭收入和非农收入,对改善农民贫困、教育质量和人居环境有积极效应,但很难通过非农就业促进农业生产,并导致农村劳动力缺乏,农村散户农业发展越加困难。

布拖的马铃薯栽种方式多为平栽,而且布拖当地的农户没有养成施用化肥的习惯,只施用牲畜粪便沤肥,而这样的栽培管理远远无法满足马铃薯生长的需要,因此无法获得很高的产量。马铃薯是喜钾作物,每收获15 t马铃薯,就要从土壤中带走约75 kg氮、30 kg五氧化二磷、135 kg氧化钾等,如果1 hm^2 土壤中这些成分低于上述数量,则产量达不到15 t。据估计,如果只施用农家肥,1 hm^2 土地至少需要75 t农家肥才能够满足马铃薯生长的需要。多年种植导致土地肥力连年下降,土壤肥力不足也导致当地的马铃薯单产远远低于全国水平。

布拖县境内高海拔地区多,交通不便,运输成本高,缺乏有组织的整合销售,所以农民生产马铃薯多用于满足自家食用、喂猪等。另外,经济效益低也是导致农户对于采用新技术提高产量积极性不高的主要原因之一。

(三)疫病发生率高,严重影响种植效益

2008—2014年,全国马铃薯晚疫病发生面积约为154.94万~265.15万 hm^2,占马铃薯总种植面积的30.9%~47.2%。据中国科学院微生物研究所科技扶贫团队调研,乌蒙山集中连片特殊困难区跨云南、贵州、四川三省,是马铃薯种植面积增长最快的地区之一,但该地区暖湿多雨的气候容易导致病害的发生流行。每年5—6月,该地区大春马铃薯现蕾期和块茎膨大期与雨季持续阴雨高湿期重叠,极易造成早疫病和晚疫病大面积发生。而多数贫困户防控意识薄弱,有效药剂售价高昂,导致部分地区病害防治率不及10%,造成普遍减产20%以上,特殊年份产量损失甚至超过50%,产值损失超过70%。

布拖县位于乌蒙山区北部,病害发生严重,而当地农户大多采用传统的种植方式,管理粗放,几乎不进行病害防治。由于凉山州政府力推青薯9号,2018年青薯9号种植面积占全州马铃薯种植面积的43.75%,直接导致凉山州自育品种以及地方特色品种种植面积减少,品种多样性的减少也导致整体对病害的抗性降低,布拖作为凉山州马铃薯主栽县,当地主栽品种中有米拉、凉薯14和青薯9号,其中青薯9号种植面积最大。青薯9号是高抗晚疫病品种,但是在2018—2019年生产中,对于晚疫病的抗性显著降低,导致产量大幅度下降。因此,疫病是制约布拖县马铃薯产量提升、影响种植收益的重要瓶颈问题之一。

(四)贮藏条件差,无法满足应用需求

马铃薯在收获之后经过几个月的贮藏休眠期之后就会发芽,发芽会造成块茎营养损失,同时芽表面的水分蒸腾会使块茎大量失水,严重影响马铃薯的食用价值和加工价值。商品薯短时间无法全部出售,需要经过一段时间的贮藏,而不当的贮藏方式导致马铃薯品质下降,产生

烂窖、发芽和低温还原糖含量增加等问题，严重影响马铃薯的品质及利用价值。

布拖的马铃薯主栽品种米拉和青薯9号，在当地特殊的气候条件下，贮藏3～4个月就开始发芽，一般在8月底收获，能够贮藏到12月初。农户收获的马铃薯除出售外，一部分用于自留种，需要贮藏在第二年的2月底至3月初，剩余的马铃薯用作食用，通常要贮藏至第二年的8月，也就是新一年马铃薯收获的时候。而农户对于贮藏观念较为落后，贮藏条件较差，大多数农户家中没有专用于马铃薯贮藏的地方，通常散堆于角落中，这种马铃薯若用作种薯质量太差，从而导致产量较低；若食用，则不利于健康。

三、布拖马铃薯科技小院助力乡村振兴

(一)布拖马铃薯科技小院

2018年，在中国科学技术协会大力支持下，中国农村专业技术协会科技小院联盟成立，标志着国家级科技小院平台建立。联盟以科技助力乡村振兴、决胜脱贫攻坚战为战略指导，在四川首批授牌5个科技小院。

布拖马铃薯科技小院是中国农村专业技术协会科技小院联盟首批授牌的科技小院，建立在国家级重点贫困县凉山州布拖县，是四川省唯一地处低温贫瘠高原的科技小院。布拖马铃薯科技小院坚持以发展马铃薯产业为重点，以马铃薯创新科技为支撑，以促进农村生态美丽、农业提质增效、农民增产增收为目的，助力布拖县乃至凉山州致富奔小康。

布拖科技小院依托单位是凉山州布拖县布江蜀丰生态农业科技有限公司，共建单位为四川农业大学、四川省农村专业技术协会和中国农业大学。科技小院所在地布拖县是凉山州马铃薯主产县，也是凉山州名优特色马铃薯生产县，布拖马铃薯科技小院常驻研究生一名，其他研究生轮流入驻，除特殊节假日外，确保布拖马铃薯科技小院内里都有研究生入驻，真正做到“四个零”。科技小院针对生产一线问题开展课题研究，探寻科技支农、打通农业科技服务“最后一公里”难题的新路子，从而建立一套适合现代农业全产业过程的系统性的服务推广新体系。

(二)马铃薯在脱贫攻坚工作中的重要性

马铃薯属于重要的粮菜兼用作物，其营养价值很高，具有低脂、高碳、高维生素、高钾等特点，是全球第四大重要的粮食作物，仅次于水稻、小麦和玉米。近年来，我国马铃薯产业不断发展壮大，年种植面积约581万 hm^2，总产量超9 907万t，这两项指标均居世界首位，是我国具有竞争优势的重要产业。2015年农业部把马铃薯主粮化工作列入重要议程。马铃薯具有单产高、耐贫瘠、抗逆性强、经济效益高、产业链长等优点，可在耕地质量相对较差的边际农田和高海拔山区种植，在不挤占主粮作物用地的前提下，种植马铃薯能有效扩充粮食供给，有利于保障我国粮食安全，当前我国马铃薯每年人均消费量为72.5 kg，市场的需求缺口很大。我国马铃薯主产区分布于我国东北、西北和西南地区，其中部分地区的自然生态条件极为恶劣，马铃薯既是当地的主粮作物，也是家庭收入的重要来源之一。立足这一现实，以马铃薯种植方式和生产模式升级为抓手，培育技术密集型的现代马铃薯产业，是实现当地农户快速增产、增收的有效途径。

我国马铃薯西南种植区主要包括云南、贵州、四川等地，典型特征是地形复杂，气候类型多，其中四川是全国马铃薯生产第一大省，而位于四川省西南部的凉山彝族自治州，纬度低，海拔高，光照充足，昼夜温差大，有利于马铃薯生长，是四川省马铃薯主要产区。2019 年凉山州马铃薯播面 16.58 万 hm^2，总产量 407.1 万 t，马铃薯面积、产量、商品率、产值四项指标稳居全省第一位。目前，马铃薯已经成为凉山州重要的支柱产业，加快马铃薯产业化进程，有助于提高凉山州马铃薯的知名度和销售量，帮助贫困地区农民增收致富。

(三)解决方案

1. 农户培训与技术示范

布拖马铃薯科技小院针对生产中发现的问题，充分发挥布拖马铃薯科技小院的连接作用，充分利用各方资源，通过公司以及驻村干部，有效地解决了交通不便以及语言不同的问题，成功展开相关培训示范，在 2019 年开展大小型调研培训数十次，且不仅局限于马铃薯知识的推广，还对接四川农业大学支教活动，向年轻一代普及马铃薯的重要性，同时依靠驻村干部，在示范户的薯田内进行相关试验，取得了良好的效果。

2. 公司试验示范推广

布拖马铃薯科技小院的依托单位——布拖县布江蜀丰生态农业科技有限公司，是江油市对口帮扶布拖县的重点产业项目，于 2018 年建成并投入使用，是布拖县重要的马铃薯生产基地。其主要任务为马铃薯种薯繁育以及种植示范，以促进当地马铃薯产业发展，完成整个马铃薯全产业链的建成。其中，主要原原种生产区为布江蜀丰园区，拥有马铃薯雾培原原种繁育智能玻璃大棚 5 000 m^3，年产马铃薯原原种 400 万粒，经过标准的“原原种—原种—生产种—商品薯”的四级薯生产体系，可满足全县 1.4 万 hm^2 马铃薯种植的脱毒种薯供应。园区缺乏马铃薯高效生产技术方面的人才，在日常种植管理以及推广中也有很多问题，2018 年全年产量仅为 100 万粒左右，难以满足当地的实际需求。

布拖县是国家脱贫攻坚的主战场之一，布江蜀丰园区作为布拖县产业发展的关键，深受社会各界关注。布拖马铃薯科技小院不仅有高校的科技支撑，还在促进产业发展的同时，示范展示效果显著，也为其他地区的脱贫攻坚提供了可借鉴的经验。2019 年，科技小院助力所在布拖县特木里镇荣获全国科技助力精准扶贫十佳示范点。

3. 种薯推广

使用脱毒种薯能够有效提高马铃薯的产量和品质，但是对于农户来说，会增加很多的用种成本，对于还没有形成购买种薯的布拖普通种植户，推广难度很大。布拖县政府制定相关政策，确定适合种薯生产的地区，通过发放原原种进行原种生产，再进行收购，增加农户经济收入的同时，也增强了农户使用脱毒种薯的意识，并致力于打造一定规模的种薯生产基地，尽可能实现种薯生产的本地化，减少运输成本，降低贫困群众的用种支出；并且，加强对脱毒种薯的质量检测，能够从源头上确保种薯质量。

4. 晚疫病统防统治

布拖县农户农业种植的观念较为传统，没有施用农药的习惯，且当地地势复杂，劳动力缺乏，导致生产中病虫害防治几乎处于空白状态。晚疫病对于马铃薯是一种毁灭性的病害，经调查发现，布拖县晚疫病的发生会使马铃薯茎叶死亡，减少生长时间 40～45 d，产量损失在 30%

以上。2019 年 8 月，通过对布拖县特木里镇苏呷村、乃乌村、美撒乡莫此村的晚疫病进行调研，科技小院联合四川农业大学专家团队向布拖县政府提出"关于建立布拖县马铃薯无人机植保统防统治体系的建议"通过，并在 2020 年招标实施。

四、总结

基于布拖县马铃薯产业中存在的问题，依托布拖马铃薯科技小院，针对性地设计试验方案，制定相关的培训计划，通过散户进行小范围的示范试验，依靠公司进行大规模的生产示范，并通过政府推广，取得了良好的推广效果，可有效促进农民脱贫增收。在科技小院工作过程中，形成了特有的人才培养体系，通过培训示范工作，培养了一大批当地的农业人才，同时也能够带动更多的农民投入马铃薯产业，从而扩大科技小院的影响力。在研究生培养方面，学生可以充分了解农村农业发展的趋势，培养"三农"情怀，开阔眼界，综合素质大大提高。

布拖马铃薯科技小院运行过程中，在农业推广和人才培养方面取得巨大的成效。通过不断摸索，逐渐确定了一套专属于少数民族的工作方式。目前，主要依靠公司和政府去带动农户生产，期待今后通过不断的努力，达成以农户本身为主体进行生产的目的。

参考文献

曹皎皎．粮食安全视角下马铃薯主粮化研究[D]．南京：南京审计大学，2017.

曹晋福，苏曼琳，姜凌燕，等．凉山州创建全国绿色食品原料马铃薯标准化生产基地的实践[J]．西昌学院学报(自然科学版)，2009，23(3)：32-34.

陈学才，崔阔澎，卢学兰，等．凉山州马铃薯产业发展现状与对策[J]．四川农业与农机，2018(5)：10-12.

高静，武彤，王志章．深度贫困地区脱贫攻坚与乡村振兴统筹衔接路径研究：凉山彝族自治州的数据[J]．农业经济问题，2020(3)：125-135.

郭娟，伍静．凉山州马铃薯产业链研究述评[J]．北方经贸，2019(11)：118-119.

郭耀东，温日宇，姜庆国．费乌瑞它马铃薯脱毒技术研究[J]．安徽农业科学，2017，45(33)：49-51.

何新民，何虎翼，谭冠宁，等．广西冬种马铃薯回顾与展望[J]．中国蔬菜，2009(19)：5-7.

黄玉芳，叶优良，汪洋，等．基于科技小院的研究生实践基地建设与人才培养探索[J]．中国校外教育，2018(30)：81-83.

李成成，李晓林．科技小院：新时代农业科研、科技服务与人才培养有机融合的新模式[J]．民主与科学，2019(4)：20-22.

李洪浩，彭化贤，席亚东，等．四川马铃薯晚疫病菌交配型、生理小种、甲霜灵敏感性及 mtDNA 单倍型组成分析[J]．中国农业科学，2013，46(4)：728-736.

李军．促进凉山州马铃薯比较优势向竞争优势转化的对策[J]．四川农业科技，2007(2)：

15-16.

李梅，田世龙，程建新，等. 二氧化氯对贮藏马铃薯块茎的抑芽作用初探[J]. 甘肃农业科技，2017，(2)：33-36.

李树莲，孙茂林，李先平，等. 马铃薯抑芽剂戴科(DEECO)的效果评价[[J]. 中国马铃薯，2003(6)：349-351.

李晓林，王晓奕."科技小院"助力小农户增产增收[J]. 农民科技培训，2018(6)：26-28.

马跃峰. 建好科技小院助力乡村振兴[N]. 人民日报，2022-12-05(006).

梅猛，徐成勇，陈学才，等. 凉山州马铃薯种质资源调研报告[J]. 中国马铃薯，2019，33(5)：314-318.

闰东升. 马铃薯脱毒种薯行业发展前景分析[D]. 呼和浩特：内蒙古大学，2012.

唐瑾. 关于推进马铃薯主粮化战略实施的建议[J]. 世纪行，2015(3)：11-12.

田甲春，田世龙，葛霞，等. 马铃薯贮藏技术研究进展[J]. 保鲜与加工，2017，17(4)：108-112.

王红宝，杨建朝，李美羽. 乡村振兴战略背景下田园综合体核心利益相关者共生机制研究[J]. 农业经济，2019(10)：24-26.

王玉斌，朱洪启. 科技小院建设现状与发展趋向[J]. 国家治理，2023(15)：56-61.

魏旭明. 马铃薯高产种植要点[J]. 吉林农业，2019(23)：96.

文古莫子洛. 布拖县马铃薯产业化发展进程回顾[J]. 农家致富顾问，2017(6)：80-81.

吴瑞建. 科技小院：农技协服务乡村振兴的新平台和新抓手[J]. 学会，2019(7)：45-48.

吴郁魂，周黎军，赵军，等. 关于四川省马铃薯产业持续健康发展的思考[C]. 2018 年中国马铃薯大会，2018：6.

习近平. 决胜全面建成小康社会　夺取新时代中国特色社会主义伟大胜利[N]. 人民日报，2017-10-28(001).

熊春文，张彩华. 大学公益性农技推广新模式的探索-以中国农业大学"科技小院"建设为例[J]. 北京农学院学报，2015，30(4)：133-136.

徐成勇，陈学才，王宗洪. 凉山州马铃薯良繁体系建设回顾、存在问题与发展建议[J]. 中国种业，2020(4)：39-43.

徐勇，李华，朱春梅. 四川马铃薯产业形势分析及展望[J]. 农村经济，2013(2)：64-66.

严奉君，徐驰，余丽萍. 科技小院助力布拖县脱贫攻坚：四川布拖马铃薯科技小院纪实[M]. 化学工业出版社，2021.

晏蕾. 会泽县马铃薯产业现状及对策[D]. 昆明：云南农业大学，2017.

杨明，包媛媛，张新永，等. 不同贮藏温度对云薯 105 马铃薯生理品质的影响[J]. 江苏农业科学，2020，48(5)：189-193.

余丽萍，杨斌，王西瑶. 四川布拖：马铃薯"科技小院"的人才经[J]. 中国人才，2023(9)：74-75.

张福锁. 科技小院：知农爱农和强农兴农人才培养的先行者[J]. 科技导报，2020，38(19)：11-15.

张福锁. 科技小院实现教学科研推广与农民"零距离"[J]. 营销界(农资与市场)，2017(6)：39-40.

张桂花,王鑫．科技小院在助力乡村振兴中的作用:以曲周县前衙科技小院为例[J]. 现代农业科技,2022(19):208-211.

张磊,伏绍宏．劳动力转移促进还是抑制了贫困户脱贫?:基于凉山彝族聚居区 237 户农民的调查[J]. 云南民族大学学报(哲学社会科学版),2019,36(5):55-63.

仲乃琴,李丹,任园园,等．现代农业科技助力马铃薯产业精准扶贫:中国科学院微生物研究所马铃薯产业科技扶贫实践与启示[J]. 中国科学院刊,2019,34(3):349-356,244.

第十一章
美丽乡村建设案例

案例：武隆仙女山归原小镇乡村建设案例分析

摘要：美丽乡村示范点建设活动是中国示范村建设计划的重要组成部分，是中国乡村面向振兴进程的重大内在历史要求之一和必然政治选择。在我国各项战略安排部署落实及一系列政策支持下，各地美丽乡村建设示范工作实践已经逐步取得了较大的成效，也已经积累形成了一些经验。但个别方面仍会存在矛盾及一批新发生的问题，如生产质量标准落实不及时、设施运行管护制度欠缺等。因此，要深入调查探讨反映美丽乡村建设现状，找准开展美丽乡村文明建设实践的根本突破口。

一、乡村概况

荆竹村紧邻世界自然遗产地——天生三桥，距离仙女山国家5A级旅游景区、仙女山国家级旅游度假区约5公里，是中国首批"乡村旅游重点村"。

荆竹村属典型的喀斯特地貌，地块破碎、土壤贫瘠，石漠化严重，农业生产条件较差。以前，村民只能种植"三大坨"（土豆、玉米、红薯），几乎"户户都贫困，家家无余粮"。但这里也珍藏着原始的自然风光——森林、草场、天坑、峡谷、山峦、峭壁，四季风景变幻。2015年，仙女山成功创建"国家级旅游度假区"。依靠这块金字招牌，荆竹村随之迎来发展新机遇，并逐渐走出了一条"以现代创意活化传统乡愁"的乡村旅游发展之路。同年，荆竹村引进了归原小镇文旅项目。归原小镇采取"旅游景区＋田园综合体＋特色小镇＋美丽乡村建设"的全新融合模式进行开发：引入现代创意再造公共文化空间，保留原建筑石墙、灰瓦、木窗等元素，在旁边新建以夯土、玻璃、钢构为材料的现代空间，让当代设计融入古村落，形成新与旧的碰撞。同时，以"归原小镇"为龙头，荆竹村引进好院子、雪漫山、慢屋、等风山居、观梦等精品民宿，建成民宿聚落。据2022年数据统计，荆竹村每年吸引游客约50万人次。

武隆仙女山归原小镇立足于"产城景融合发展核心示范区"，发挥对仙女山、白马山的"联动作用"资源优势，打造成国内最卓具观光价值的旅游康养和度假胜地。项目公园总体规划将规划占地近3 000余亩，总设计用地建筑面积合共将约计45万 m^3，包含森林、草场、天坑、山峦、峭壁悬崖等的各种天然地貌。同时，通过将文化创意主题与科技创业、旅游业、农业等业态深度互动融合，呈现一种全方位多层次的体验式创新互动的文化创意主题休闲体验旅游度假场景。

引进归原小镇项目之前，荆竹村面临的问题：①村庄居住环境空心化严重，有一定的能力并吃苦耐劳的大部分青壮年纷纷辍学外出打工或回乡打工，仅有极其少部分村民在家务农；②为扶持农民增收和提高土地产出，大量土地流转，种植模式单一，植被生态环境遭到威胁。

荆竹村于1996年开始对村庄进行规划和空心村的治理，经过20多年的治理，特别是通过开展“三清一拆”和美丽乡村建设活动，现在形成了街道五纵四横、房屋坐落横平竖直、整齐划一的格局。清运长期积存垃圾8 000 m^3，拆除残垣断壁、违章建筑80多处，9 000 m^3，拆除街边厕所26个，拆除危房1 500 m^3，实现了道路畅通，街道整洁。同时，通过对村里现有绿化空地进行重新整理，建设标准化生态小菜园20个，观园赏叶树等各达300棵，美化墙体共达约18 000 m^3，铺设绿化生活及便道彩砖各约为4 500 m^3，村庄空气环境净化率明显提高。

二、美丽乡村的内涵

早在2005年中共十六届五中全会上，美丽乡村建设首次被提出，将其作为未来几年社会主义新农村的主要任务。在随后的几年中，美丽乡村的规划建设开始在全国范围内迅速发展，并在和理论实践上变得越来越成熟。2015年《美丽乡村建设指南》(GB/T 32000—2015)发布，该指南主要明确定义了美丽乡村规划建设是一个集生态、生活、生产的三位一体的系统性工程、同时也制定了五大具体要求、分别为规划科学、村容整洁、创建产业、乡风文明、管理民主，为后续美丽乡村规划和建设提供了导则和标准。

美丽乡村的内涵本质就是平衡经济与生态之间的关系，促进美丽家园建设，并实现人与自然的和谐相处；而美丽乡村规划就是基于其内涵要求、当地要求和国家标准进行的，依据长期战略部署的要求，主要用以促进乡村生态、产业、环境和文化方面的协调发展，引导乡村建立科学的规划体系，最终实现乡村的可持续发展。具体表现为乡村规划具有合理性和科学性，基础设施配置实现均等化；保护自然生态，营造乡村地域性人居环境空间；构建乡村产业体系，提升农业水平；加强乡村文化发扬与传承以及完善乡村自治机制，全方面促乡村更好地发展。

三、美丽乡村建设意义

美丽乡村建设是为适应当前我国农村资源环境利用开发新模式，推动农村产业与现代化快速发展的迫切现实需要作出的战略部署。

一是美丽乡村建设是推进生态文明城市建设的战略需要。党的十九大报告明确提出要建设美丽中国，为人民创造良好生活环境。开展美丽乡村示范村创建活动，重点在于推进新型生态农业示范村建设、推广高效节能与减排种植技术、节约开发和严格保护特色农业资源、改善新农村人居环境，是各地落实加强生态文明农村建设战略的一次重要创新举措。

二是美丽乡村建设是加强农业生态环境保护，推进农村经济发展的需要。农业快速发展从一定程度上来说，是建立在对土地、水等资源超强度开发利用和过度消耗基础上的，农村经济社会发展越来越面临着资源极度紧缺、生态退化严重、环境污染加剧等严峻挑战。开展美丽乡村建设，推进农业发展方式转变，加强农业资源环境保护，有效提高农业资源利用率，走资源节约、环境友好的农业发展道路，是发展现代农业的必然要求，是实现农业农村可持续发展的必然趋势。

三是美丽乡村建设是改善农村人居环境，提升社会主义新农村建设水平的需要。全国各地近年来推进“新四化”建设方面取得了一定的阶段性成绩，但农村地区基础设施依然薄弱，人居环境总体较差。推进统筹生态人居、生态环境、生态经济一体化布局，创建宜居农村与宜居、宜业、宜生态旅游型农村社区是落实全国城乡环境全面和谐发展的实际步骤。

四、美丽乡村建设措施

近年来，荆竹村全面奏响乡村建设文明、振兴乡村步伐的新农村新时代新乐章，着力规范与发展高效乡村农业产业，改善生态优美文明农村人居环境，丰富特色乡村文化事业。具体举措如下：

1. 用基础设施带动经济发展

近年来，荆竹村发展越来越快，归原小镇、页岩气开采、种植基地等项目先后落地。然而，基础设施发展“慢节奏”与该村发展“快步伐”的不对等，曾严重制约了当地的发展。

荆竹村茶坪社在半山腰上，那里有10余户村民无论是到仙女山镇，还是到武隆城区都极为不便。时常有村民打电话到村上询问多久能通路。虽然镇上已经通过了修路方案，只等实施，但是事情已经过了近一年时间，大家都很着急。事实上，2016年以前的荆竹村由于交通不便制约了村民发展的例子屡见不鲜，村民时常遭遇“东西卖不出、买不进”的尴尬处境。为了这条路能早日修通，村支两委班子三天两头跑到镇政府“软磨硬泡”，希望镇政府能够重视，协调联系资金，最终，经多方努力争取，项目落地。如今，荆竹村深入推进中国美丽数字乡村工程建设，不断完善美丽乡村基础设施环境建设，持续稳步加强乡村产业集群发展，先后完成人畜饮水池、烟水配套池改造，自来水进户基本实现全覆盖，解决了全村近1 600人的饮水难问题。积极配合农网升级改造，修建和改扩建公路50 km，公路养护37 km。

2. 用美丽环境助力乡村“蝶变”

荆竹村环境的新变化，离不开近年来该村委大力开展环境整治工作，为了逐步改变以前村民随处乱堆垃圾杂物的坏习惯，村委会还想了不少新招，村支书、党员带头包户，一个党员包一片，先进典型上门贴红标签。通过宣传教育工作，村民的生活习惯渐渐改变。如今，走进荆竹村，一大垄绿色土地，一排排绿色新房，条条大路笔直宽阔且平坦整洁，这是近年来全村开展建设美丽生态乡村示范点项目结出的丰硕果实。

3. 用特色产业带鼓村民腰包

以前村民以外出务工或者种植烤烟为主，但是随着仙女山旅游热辐射效应，许多外出务工村民开始返乡谋出路。一系列惠民政策的相继出台落地和基础设施的不断完善，让荆竹村的发展路子越来越宽，不再是以前的“唯烤烟独大”。村支两委班子利用自身优势，知道村里需要什么，哪些路子能红火，为大家建言献策，鼓励大家开农家乐、办采摘园。同时，还引进一些外地资金在本村流转土地发展蓝莓、葡萄、李子等果园基地。村支两委班子更积极帮助协调土地、用水、用电等事宜，让外地人在村里能安心扎根，同时也组织村民去基地务工或学习技术，增强“内生动力”。

开办的农业园主要围绕旅游来发展特色农业项目，全面打造观光园和体验园，建成后，不仅使特色产业发挥经济效益，带动当地农户，还为乡村旅游增添一道靓丽的风景线。推进特色小镇、农业综合体、产业基地等建设，荆竹村建成了一批农旅一体的龙头企业，促进农业与旅游融合发展。荆竹村计划种植各类果树达600亩、烤烟近3 400亩，发展休闲农家乐20余户、高山特色蔬菜等近1 000亩，有效激活乡村农业振兴原动力，加快促进全村农民群众富裕脚步。

得益于产业日渐兴旺，荆竹村整个村容村貌逐渐发生巨大的改变，村庄内处处焕发出无限生机与活力。荆竹村将特色产业项目发展思路与当地美丽乡村建设经验相协调相融合，根据当地发展特色，因地制宜创新农业发展项目模式，村美民富、具有持久生命力的新型美丽乡村正在加速成型。

4. 用悠悠乡愁留住外来游客

归原小镇项目借助当地乡村自然景区独特的地理风貌，依托当地得天独厚的农业自然资源生态优势，整合现有项目基地设施及其相关周边生态旅游项目优势资源，集现代高科技生态农业、观光旅游体验、静坐养生休闲调心、度假娱乐休闲度假生活功能等于一体，以着力打造综合性高端乡村自然休闲度假为主题的新开发产业形态，打造出乡村田园风情度假型温泉酒店，营造出“采菊东篱下，悠然见南山”的乡村田园意境。归原小镇的成功入驻，给荆竹村的乡村旅游发展也注入了活力，借力归原小镇带来的人气和影响，荆竹村进一步加强生态保护，深挖乡村特色，传承乡愁文化，打造水果基地，发展生态休闲农业。

推进乡村旅游建设，不仅让僻静的荆竹村成了热土，吸引了外来投资商，还调动了当地村民发展乡村旅游的积极性。如今，荆竹村绿色长廊曲径通幽，瓜果芳香扑鼻沁心，民居装饰古朴淡雅端庄，成了周边地区居民“农家休闲一日游”的主要目的地。每到周末节假日，许多城里人驾车专程来这里休闲、采摘等，让美丽乡村逐渐成了很多城里人向往的美好地方，也让很多村民朋友尝到了通过旅游致富带来的甜头。

五、美丽乡村建设模式

1. 文化传承型模式

(1)加强乡村历史文化普查　对全区乡村历史文化资源要进行一个全面系统调查、清点，登记在册、摸清档案，为全面保护与科学开发好农村传统文化资源提供有力的决策依据。

(2)加强对乡村物质文化保护　乡村物质文化类型极为丰富，既有中华传统民俗文化古村落，又蕴藏多种地方特色农业科技生产基地和肥沃的土地资源。加强国家对传统乡村物质文化遗产保护，要坚持“生产中保护，保护中生产”的工作原则，实现“保护传承”工作与实现“生产经营”工作双赢推进的和谐局面，助力乡村振兴。

2. 休闲旅游型模式

乡镇政府应规划开发特色乡村民宿旅游项目，引导广大村民依法有序继承利用与保护改造自家具有传统特色的民居，适度投资建设乡村民宿，在保护古建的基础上，因地制宜开展对现有建筑的修缮改造和再利用，促进旅游住宿新业态的融入。对民宿原住房屋全面进行维修或翻新，坚持就地取材，以维持古村落的历史感，打造缤纷的乡村民宿，凸显当地民宿的特色。

3. 环境整治型模式

请专人负责打扫，由乡镇人民政府或村委会聘请环卫工人，负责打扫农村街道、公共区域。

修建农村公共设施，在人口集中的地方修建垃圾池，每家每户摆设垃圾桶，方便村民收集和安置生活垃圾。定期转运处理垃圾，安排垃圾运输车辆，清运农村生活垃圾。从思想层面上来提高全体村民的科学环保意识，分类处理垃圾，进而实现循环再利用。

六、乡村建设存在的问题

1. 传统生产方式竞争力较弱

传统生产方式综合效率较低，生产成本较高，投入及产出比较低。采用传统加工生产方式进行生产流通的特色农产品的市场竞争力明显较弱，创收效益不显著。

2. 缺乏其他相关旅游资源

乡村产业规模化发展工程是一项复杂的社会系统工程，不仅会涉及技术、资金、人才、信息、市场、渠道以及法律法规等方方面面，而且乡村产业项目前期投资规模较大，见效慢，周期长，投资总回收期一般需要 5 年左右。部分地区城乡结构发展失衡，广大乡村因缺乏各类技术、资金、人才、信息、市场、渠道等资源，乡村产业规模化发展受到了较大制约。

3. 乡村产业的发展资金投入机制暂不完善

对于推动县域乡村产业集群健康发展，无论发展当地优势特色种植业、特色养殖业又或是开展县域乡村特色旅游业，都必须形成相对规范完善且合理有效的完整生态产业链。只有这样才能有效实现产业规模化、集约化发展，逐步壮大产业规模，提升乡村产业附加值。我国需要加快形成一个相对完善的中国乡村产业链，尽快建立相对完善的支持新型现代乡村产业体系创新与发展的政策机制。

七、推进美丽乡村建设的对策建议

1. 要充分听取尊重代表群众意见，鼓励农民群众自愿积极有序参与

加强宣传工作，呼吁广大乡村群众共同参与并自主决策，把知情权、选择权和相关社会监督权完全转交给广大农民群众。引导广大农民群众，以主人翁角色应有的自觉态度参与并推动美丽乡村建设工作。

2. 从严约束设计单位，细化图纸设计

切实加强前期谋划，将符合规划条件的项目应纳尽纳。同时，应公开择优选择施工图设计单位，加强施工图审核，对责任心不强、设计质量不佳又拒不整改的设计单位依据合同条款进行相应惩罚，必要时将其列入监管黑名单，确保施工图设计符合实际，并达到一定的设计深度。

3. 整合资金，切实发挥整体效益

美丽乡村规划建设资金需要更强有力、更好的国家财政项目支持，要注意加大各类规划项目经费统筹及整合协调力度。一是建议尽快整合好农业农村部、交通部、水利部等涉农部门具体负责承担的项目（如厕改、道路硬化、高标准农田建设等）资金，形成合力，提升资金使用效益。二是利用县属融资平台，充分利用政策性融资优势，争取各类资金，力争补上美丽乡村建设项目资金缺口。

4. 切实加强工程施工现场管理

建设单位要加强施工现场调度，细化量化建设任务，倒排工期，有序推进。必要时可以购

买第三方服务，专业协助施工管理，实现工程项目全过程规范运作。对施工单位偷工减料、私自篡改施工图的行为要按照法律规定合同条款进行严惩。

参考文献

柏艳．乡村振兴背景下农村生态治理与美丽乡村建设[J]．产业与科技论坛，2021(18)：7-8.

曹天地．乡村振兴战略背景下广西农业现代化建设中的经济管理问题与5对策分析[J]．现代农机，2021(4)：20-21.

曾粤兴，魏思婧．构建公众参与环境治理的“赋权—认同—合作”机制：基于计划行为理论的研究[J]．福建论坛(人文社会科学版)，2017(10)：169-176.

陈沁，刘硕，徐旻瑶．美丽乡村帮扶式改造提升技术研究：以归原小镇为例[J]．美与时代：城市，2019(3)：59-60.

程文勇．农村产业融合视域下美丽乡村建设困境研究[J]．中国地名，2019(5)：45-46.

从深山小村到最佳旅游乡村　重庆武隆荆竹村惊艳“出圈”[EB/OL]．[2023-03-24]．https://nyncw.cq.gov.cn/zwxx_161/mtbb/202303/t20230324_11806659.html.

崔梦飞．乡村振兴背景下农村生态建设存在的问题及对策[J]．乡村科技 2021，12(15)：114-116.

崔增辉．试论乡村振兴战略视域下的乡风文明培育[J]．管理观察，2018(23)：69-71.

邓青，张思彤，黄雨晴．美丽乡村建设背景下农村垃圾回收处理存在的问题及对策研究[J]．农村经济与科技，2021，321：230-232.

董蜀．建设生态宜居乡村助推乡村振兴战略[J]．农村经济与科技，2019，30(11)：35-36.

方浩俊，程晗．乡村振兴背景下村落景观建设中存在的问题及对策[J]．农村经济与科技，2021，32(18)：249-251.

傅春，唐安来，吴登飞．乡村振兴：江西美丽乡村建设的路径与模式[M]．南昌：江西人民出版社，2017.

耿言虎，夏涛．安徽省美丽乡村生态文明建设：成效、挑战与应对[J]．河南工业大学学报(社会科学版)，2021(2)：8-13.

海景景．乡村生态宜居问题探析[J]．山西农经，2018(14)：12.

韩琳琳，李倩，吴明君．乡土文化在当代美丽乡村建设中的作用与传承[J]．农业经济，2020(11)：41-43.

何苑，邓生菊．美丽乡村的规划建设与模式选择：基于甘肃的经验[M]．北京：经济管理出版社，2019.

洪大用．复合型环境治理的中国道路[J]．中共中央党校学报，2016(3)：67-73.

黄克亮，罗丽云．以生态文明理念推进美丽乡村建设[J]．探求，2018(3)：5-12.

李北平．新时代乡村文化建设研究[D]．芜湖：安徽工程大学，2019.

李日生．当前乡村振兴战略视野下美丽乡村建设之我见[J]．绿色环保建材，2020(12)：195-196.

李晓庆，郑逸芳．基于生态理念的福建省美丽乡村建设路径探讨[J]．中南林业科技大学学报(社会科学版)，2017(1)：12-16.

刘恩林．湖南省美丽乡村建设初探[J]．中南林业调查规划，2018，37(1)：20-24.

刘海宏．广东省农业生态经济的时空变异分析[J]．中国农农业资源与区划，2019，40(6)：170-177.

刘彦随，周扬．中国美丽乡村建设的挑战与对策[J]．农业资源与环境学报，2015，32(2)：97-105.

龙宣辰，陈诚．归原小镇：一个“空心”村庄的再生[J]．当代党员，2020，(18)：47-49.

娄红淑，牟小燕．武隆：“美丽乡村”内涵解读[J]．农家科技：城乡统筹，2013(8)：52-57.

卢玉英．乡村振兴战略背景下乡村文化建设路径研究[D]．信阳：信阳师范学院，2020.

鹿风芍，齐鹏．乡村振兴战略中美丽乡村建设优化策略研究[J]．理论学刊，2020(6)：141-150.

马平．乡村振兴背景下吉林省农业品牌建设问题与对策研究[J]．吉林工程技术师范学院学报，2021，37(3)：49-52.

孟桂敏．乡村振兴背景下安徽歙县美丽乡村规划研究[D]．杭州：浙江农林大学，2020.

排木帮．乡村振兴模式下生态宜居乡村的实现路径[J]农村经济与科技，2019，30(6)：222-223.

孙庆忠．枣缘社会：陕西佳县泥河沟村文化志[M]．上海：同济新大学出版社，2018.

汪宏伟．乡村振兴背景下泗县地区美丽乡村建设路径研究[J]．城市建筑，2021，18(8)：35-37.

王丹玉，王山，潘桂媚，等．农村产业融合视域下美丽乡村建设困境分析[J]．西北农林科技大学学报(社会科学版)，2017，17(2)：152-160.

王章春．乡村振兴背景下美丽乡村景观绿化建设中存在的问题及对策[J]．科技资讯，2021，19(24)：55-56.

吴平．美丽乡村建设中传统村落保护与营建：以贵州省黔东南州为例[J]．中南民族大学学报(人文社会科学版)，2020，40(6)：27-33.

夏小萍．解锁武隆旅游出圈的“流量密码”[J]．今日重庆，2023(10)：58-59.

杨苹苹．乡村振兴视域下生态宜居乡村的实现路径[J]．贵阳市委党校学报，2017(6)：59-62.

尹海东，郭丽娜，程琳书．农村产业融合视域下美丽乡村建设困境分析[J]．城市建设理论研究(电子版)，2017(21)：91-92.

余志勇．美丽乡村离不开文明滋养[N]．遵义日报，2021-03-29(4).

俞白桦，罗贤宇．基于提升生态自觉的美丽乡村建设研究[J]．山西农业大学学报(社会科学版)，2017(7)：17-21.

张洁．乡村振兴战略的五大要求及实施路径思考[J]．贵州大学学报(社会科学版)，2020，38(5)：61-72.

张丽娜．重庆荆竹村 从贫困山村到世界最佳[J]．中国国家旅游，2023(3)：112-113.

张萍，赵一．乡村振兴背景下甘肃省美丽乡村建设实践问题与策略探究[J]．建筑设计管理，2019，36(9)：28-31．

张铱格．乡村振兴背景下庆阳市美丽乡村建设实践与启示[J]．居业，20021(2)：55-56．

朱筠梅．全域旅游视域下的广州从化乡村旅游发展思路探究[J]．现代农业研究，2020，26(6)：11-13．

朱丽君，施六林，王艳．美丽乡村建设视域下农村产业融合路径研究[J]．农业经济，2018(8)：12-14．